Sauer Heimerziehung

Kritische Texte:
Sozialarbeit
Sozialpädagogik
Soziale Probleme

Herausgegeben von
Hanns Eyferth
Paul Hirschauer
Joachim Matthes
Wolfgang Nahrstedt
Hans-Uwe Otto
Hans Thiersch

Martin Sauer

Heimerziehung und Familienprinzip

Luchterhand

CIP-Kurztitelaufnahme der Deutschen Bibliothek
Sauer, Martin
Heimerziehung und Familienprinzip / Martin Sauer.
Neuwied, Darmstadt: Luchterhand, 1979
(Kritische Texte Sozialarbeit, Sozialpädagogik, soziale Probleme)
ISBN 3-472-58042-9

Gesamtherstellung: Druck- und Verlags-Gesellschaft mbH, Darmstadt.
Printed in Germany, April 1979.

Inhalt

Einleitung

»Das Pflegekindwesen ist (wieder) ›in‹« – so hieß es im Thesenpapier einer Arbeitsgruppe beim Kongreß »Kinder in Ersatzfamilien« (Berlin 1975). – Tatsächlich: Trotz sinkender Geburtenziffern steigt die Zahl der Pflegefamilien seit einigen Jahren beständig an. Und auch in »der« Heimerziehung ist derselbe Trend zu familialen Strukturen – zu Kleinstheimen, Kinderhäusern, Außenwohngruppen, Familiengruppen usw. – zu beobachten. Die inzwischen (wohl nicht ganz zu Recht) leiser gewordene Kritik an der Heimerziehung, die ihren Höhepunkt Ende der 60er, Anfang der 70er Jahre hatte und in der sich – so *Thiersch* – bei aller Berechtigung im einzelnen »eine negative Voreingenommenheit gegen kollektive Erziehung« verriet (1974, 99), hat ihr scheinbar positives Gegenstück gefunden – die Ersatzfamilie.
So erfreulich die damit verbundene Ablehnung der alten großen, unüberschaubaren, oftmals unmenschlichen Anstalt ist . . ., die Geschwindigkeit, mit der sich die Entwicklung hin zur Ersatzfamilie vollzieht, ist doch erstaunlich (oder aber ein Beispiel dafür, wie relativ mühelos politisch und pädagogisch fortschrittlich gemeinte Ansätze von der Sozialverwaltung, den Trägerverbänden und einem Teil der Fachleute aufgesogen, umgeformt und neutralisiert werden können.) Denn dieselbe Bewegung, die die Mängel und den unterdrückenden (repressiven) Charakter der Heimerziehung in das Bewußtsein einer breiteren Öffentlichkeit brachte und durch spektakuläre Aktionen manches Heim und manche Behörde in reformerischen Zugzwang setzte, hatte (auch hier den Einsichten sozialistischer Pädagogen der 20er Jahre folgend) ebenso die Kritik der bürgerlichen Kleinfamilie auf ihre Fahnen geschrieben. Dem von der Studentenbewegung geprägten Pädagogen (wie jedem kritischen Sozialwissenschaftler) muß es nun tatsächlich als »fahrlässige Kritiklosigkeit« erscheinen, wenn jetzt sehr schnell der Glorienschein der intakten, funktionstüchtigen Familie als der Keimzelle alles Guten in unserer sozialen Ordnung einfach auf die Pflegefamilie und familienähnliche Gruppen übertragen wird und wenn die »Literatur zum Pflegewesen . . . an der sozialwissenschaftlichen Diskussion zur Familie spurlos« vorbeigeht (*Bonhoeffer/Widemann* 1974, 12 f.). Oder, wie es einer der »Väter« der Kinderladenbewegung auf dem schon erwähnten Berliner Kongreß formulierte: »Die Frage ist allerdings, inwieweit wir hier nicht vom Regen in die Traufe« gekommen sind, »denn Familie ist unter heutigen gesellschaftlichen Bedingungen in der Regel immer weniger ein kultivierender Schutzraum, wo Individualität und Produktivität sich ausbilden könnten. Familie ist gewissermaßen ein

Hochleistungsreaktor mit eingebauter Zeitbombe: Die Energieerzeugung ist außergewöhnlich hoch, die Umweltbelastung hat aber bereits das erträgliche Maß überschritten« (*Wolff* 1976, 103).

Damit ist das Thema dieser Arbeit schon umrissen: Sie möchte untersuchen, ob die kritiklose Übernahme familialer Strukturen in den Bereich öffentlicher Ersatzerziehung tatsächlich ein Weg »vom Regen in die Traufe« ist. Sie will die Spannungen etwas deutlicher machen, die zwischen Formen kollektiver Anstaltserziehung und individueller Erziehung in Ersatzfamilien bestehen – und sie will auch jene Spannungen beschreiben, die in der ersatzfamilialen Erziehung selbst liegen, sie möchte – sozusagen als Gegengewicht gegen die derzeitige »Ersatzfamilien-Euphorie« – auf die Kehrseiten ersatzfamilialer Erziehung hinweisen.

Damit ist vom Gegenstand her schon eine Einschränkung gemacht: Es geht nicht um den »Sinn« oder »Unsinn« von Familienerziehung allgemein, sondern um öffentliche Ersatzerziehung, um Formen stationärer Dauerunterbringung, um jene Fälle von Fremdplazierung also, in denen die Herkunftsfamilie nicht nur zeitweilig für die Erziehung des eigenen Nachwuchses ausfällt, sondern für lange Zeit oder dauernd ersetzt werden muß. Alle Formen öffentlich organisierter *Zusatz*erziehung – also etwa Kinderkrippen, Kindergärten, Hort, Tagespflegestellen und Tagesmütter, aber auch manche Internate und Landerziehungsheime – sollen ausgegrenzt bleiben.

Für diese Einschränkung spricht – neben dem formalen Argument der größeren Übersichtlichkeit – m. E. folgender Unterschied zwischen Zusatz- und Ersatzerziehung: Während die (gewisse Defizite ausgleichende) *Zusatz*erziehung einerseits auf bestimmte Strukturstärken der familialen Sozialisation (z. B. ihre große Verbindlichkeit, ihr übersichtliches Angebot an Bezugspersonen, die Dichte ihrer Kommunikation und Interaktion, ihre Sicherheit bietende »Wärme« usw.) bauen und andererseits bestimmte Strukturschwächen (z. B. Überemotionalisierung, hierarchische Abhängigkeiten, kognitiv und sozial eingegrenzte Lernfelder, eher traditionelle Rollenverteilung usw.) relativ gezielt angehen kann, geht es bei der *Ersatz*erziehung um die Gestaltung eines angemessenen Sozialisations- und Lebensraumes überhaupt. Der Ersatzerziehung stellen sich daher spezifisch andere Aufgaben und teilweise andere Probleme als der Zusatzerziehung.

Die Arbeit gliedert sich in 3 Hauptteile, die je einen thematischen Schwerpunkt besitzen. Im *ersten Teil* geht es um die geschichtliche Entwicklung des Familienprinzips in der öffentlichen Ersatzerziehung.

Kleine Kinder sind darauf angewiesen, daß sie ökonomisch, psychisch und pädagogisch von Erwachsenen versorgt werden. In fast allen uns bekannten Gesellschaftsformen wurde und wird diese Existenzsicherung von – sehr unterschiedlich organisierten und strukturierten – Familien- bzw. Verwandtschaftsverbänden geleistet.

»Familie« hat also zunächst eine sehr handfeste, im weitesten Sinne ökonomische Funktion im Reproduktionsprozeß der Gesellschaft zu erfüllen – eben deshalb, weil Kinderleben gerade dann, wenn man Kinder aus dem Verwertungsprozeß herausnehmen und ihnen ein eigenes »Recht auf Zukunft« zugestehen will, eine ökonomische Grundlage haben muß.

Grundsätzlich kann man vier Fälle unterscheiden, in denen »Familie« in Frage gestellt und durch geeignete Maßnahmen ergänzt oder ersetzt werden muß:

Erstens, wenn sie aus irgendwelchen Gründen in ihrer Versorgungs- und Erziehungsfunktion ausfällt (Findlinge, Waisen, Sozial- und Scheidungswaisen . . .); *zweitens,* wenn alle erwachsenen Familienmitglieder in den Produktionsprozeß eingegliedert werden wollen oder müssen (Vollerwerbstätigkeit beider Eltern, Kibbuz, Kolchos . . .); *drittens,* wenn sie die gesellschaftlich erwünschten Aufgaben nicht mehr zufriedenstellend erfüllen kann (Eintreten von zusätzlichen Sozialisationsinstanzen: Kindergarten, Schule, Jugendgruppen, Berufsausbildung . . .); *viertens,* wenn die von ihr erzielten Ergebnisse ideologisch nicht mehr erwünscht sind (Kibbuz, Kinderläden, pädagogische Provinz . . .).

In diesen Fällen kann eine familienähnliche Ersatzgruppe oder kollektive Ersatzerziehung an ihre Stelle oder ergänzend an ihre Seite treten. – Dabei darf man nicht vorschnell »Etiketten kleben«: Die Geschichte zeigt, daß familiale Erziehung nicht in jedem Fall konservativ-systemstabilisierend sein muß und daß kollektive Erziehung nicht ohne weiteres mit dem Bilden eines »neuen Menschen« gleichgesetzt werden kann. Zunehmende Hochschätzung der Familie als primäre Sozialisationsinstanz kann – wie die Gegenwart deutlich zeigt – mit einer zunehmenden Vergesellschaftung der Erziehung (Schulpflicht, Kindergarten, Vorschulsendungen . . .) durchaus gekoppelt sein, wobei sich beide – Familie und außerfamiliale Einrichtungen – erheblich gegenseitig beeinflussen können.

Der geschichtliche Teil dieser Arbeit soll – entsprechend der oben gemachten Themeneingrenzung – nicht die ganze Breite der hier angedeuteten Fragen aufgreifen, sondern aufzeigen, wie sich die Versorgung von auf öffentliche Ersatzerziehung angewiesenen Kindern im Laufe der Geschichte entwickelt und bis heute ausgebildet hat. Dabei soll der Schwerpunkt der Darstellung auf dem »Familienprinzip« liegen – auf dem Bemühen also, Kinder, die in öffentliche Erziehung eingewiesen sind, in einem Raum zu erziehen, der dem Organisations-, Interaktions- und Kommunikationssystem »der« Familie nachgebildet ist. Bei dieser Darstellung sollte deutlich werden, daß das Familienprinzip keine Erfindung dieses Jahrhunderts ist, sondern schon immer das Gegenstück zu kollektiver, anstaltsmäßiger Erziehung war und mit dieser immer wieder in ideologischer Auseinandersetzung und im Wettstreit um die besseren Erziehungserfolge stand; verschiedene Kombinationen sind im Laufe der Jahrhunderte erdacht und erprobt worden.

Als geschichtliches Phänomen müßte das Familienprinzip auch im historischen Zusammenhang analysiert und erklärt werden, also im Zusammenhang mit den ökonomischen Gegebenheiten einer Epoche und ihren geistesgeschichtlich-ideologischen Strömungen; ebenso müßten die Wandlungen der Familienform und der Familienideologie und die ökonomischen Bedingungen, die zu diesen Veränderungen führten, in die Analyse einbezogen werden. Allerdings kann das im Rahmen dieser Arbeit aus Raumgründen nur knapp andeutend geschehen; zu einer schlüssig beweisenden materialistischen und kritisch-interaktionistischen kausalen Interpretation müßten wesentlich mehr Materialien und verschüttete Quellen aufgearbeitet werden.

Trotz dieser deutlichen Mängel soll auf einen historischen Aufriß nicht verzichtet werden: Zu viele Traditionsstränge ziehen sich bis in die heutige Theorie und – insbesondere – Praxis und bestimmen (nicht zuletzt als »kulturelles Erbe«) heutiges Denken und Handeln. Nur einige Beispiele: Auch in neueren Veröffentlichungen wird auf die pädagogische Autorität *Pestalozzis* Bezug genommen; die Bedeutung *Wicherns* wird besonders bei der Inneren Mission immer wieder beschworen; in der gegenwärtigen Diskussion um die Wiedereinführung der Geschlossenen Heimerziehung wird an die alte Tradition der Zwangserziehung fast bruchlos angeknüpft. Die inhaltliche Diskussion um Pflegefamilien und Heimerziehung wird heute noch mit z. T. denselben Argumenten geführt wie zu Beginn der Neuzeit usw. – Besonders auch die ausführlich beschriebenen gegenwärtigen Formen des Familienprinzips lassen sich ohne den historischen und ökonomischen Bezug in ihrer Tragweite – und in ihrer Relativität! – kaum verstehen.

Die weithin unkritische Hochschätzung der Ersatzfamilie, die in einer »positiven Voreingenommenheit für Familie« überhaupt wurzelt (*Thiersch* 1974, 99), soll im *zweiten Teil* hinterfragt und durch das Aufzeigen der »Kehrseite« und der möglichen »Nebenwirkungen« familialer Erziehung relativiert werden. Aus in der Einführung zum 2. Hauptteil dargelegten methodischen Gründen soll dieses mithilfe eines Umweges über die kritische Darstellung der möglichen Folgen der Erziehung in der »Normalfamilie«, der bürgerlichen Kleinfamilie, geschehen.

Es geht in diesem Teil letztlich darum, »die Möglichkeiten und Schwierigkeiten« von familienanaloger Erziehung »im Kontrast der ›emanzipativen‹ Familienkritik« abzuwägen (*Thiersch*, a. a. O.).

»Emanzipative Familienkritik« – damit ist das Stichwort gegeben für den Maßstab, für die Kriterien, mit denen in diesem Teil gearbeitet werden soll, oder, um den etwas abgegriffenen Begriff der Emanzipation zu umschreiben: Maßstab der Darstellung soll eine Parteilichkeit sein, die sich »gegen Macht und für die Unterdrückten, ... für die Potentialität einer herrschaftsfreieren Gesellschaft« einsetzt und sich konkret versteht als »Solidarität mit den (mithilfe einer bestimmten Ideologie, d. Vf.) Unterdrückten« (*Thiersch* 1974 b, 247).

Um gleich hier ein mögliches Mißverständnis auszuräumen: Es geht im 2. Teil nicht darum, die Familie »schlecht« zu machen oder sie gar vorschnell abzulehnen. Familie und Ersatzfamilie haben unbestrittene und unbestreitbare Stärken, besonders in der Phase der frühkindlichen Sozialisation (der sog. Babyphase). Aufgabe des 2. Teils ist nur, neben den allseits bekannten und genannten Stärken der familialen Erziehung auch ihre Schwächen, ihre, nach emanzipativen Maßstäben unerwünschte, Kehrseite herauszuarbeiten, um so zu einer sachlicheren und dem oben genannten Ziel angemesseneren Einschätzung der jeweiligen Stärken und Schwächen kommen zu können.

Im *dritten Teil* sollen im interessebezogenen Abwägen der Vor- und Nachteile familialer oder familienanaloger Erziehung Urteile gebildet und vorläufige Alternativen überlegt werden. Dazu wird zunächst danach gefragt, was Kinder in öffentlicher Erziehung für eine erfolgreiche Sozialisation »brauchen«. Daran anschließend möchte ich vier Konzepte vorstellen und begründen, die meiner Meinung nach die Vorteile familialer Erziehung nutzen, ihre negativen »Nebenwirkungen« dabei aber weitgehend vermeiden. Die Schwierigkeiten, diese Konzepte auch zu verwirklichen, werden abschließend kurz angedeutet. – Indem die vorgestellten Konzepte die ideologiebeladene Institution Familie kritisch in Frage stellen und vielleicht Möglichkeiten bieten können, Kinder auf andere Ziele als »zur Familie hin« zu erziehen, möchten sie als Versuche parteilicher Sozialarbeit verstanden werden.

1. Geschichte: Öffentliche Erziehung zwischen Anstalt und Pflegefamilie

1.1. Waisen-, Armen- und Findelfürsorge im Mittelalter (bis etwa 1500)

In der streng hierarchisch gegliederten Feudalgesellschaft des Mittelalters mit ihren vergleichsweise stabilen Sozialbeziehungen war das Problem der Versorgung der Armen-, Waisen- und Findelkinder noch nicht sehr brennend: Zwar ließen die hohe Müttersterblichkeit, Kriege, Kreuzzüge und Pestzeiten viele Kinder zu Halb- und Vollwaisen werden – sie wurden aber meist selbstverständlich, sozusagen ohne »Verwaltungsaufwand«, von der in der Regel großen, in nächster Nähe wohnenden Verwandtschaft, von ihren Paten, von ihrer Sippe aufgenommen, versorgt und erzogen.

Die Sippe – jene zuweilen machtvolle, aus verschiedenen selbständigen familialen und ökonomischen Einheiten gebildete Familienform, die »durch die Bande der Blutsverwandtschaft« vereinigt war und ein gruppenhaftes Selbstbewußtsein und ständig lebendiges Zusammengehörigkeitsgefühl besaß – war im Fall der Verwaisung die Trägerin der Vormundschaft: Fehlte der leibliche Vater, so stand das Kind nach germanischem Rechtsbrauch unter der »Munt« des nächsten männlichen Blutsverwandten aus dem Mannesstamm. Und es war selbstverständlich, daß diese Vormundschaft immer mit der tatsächlichen Aufnahme des Kindes in die Familie des Vormundes verbunden war [1]*. Die vorherrschende Familienform des Mittelalters, die »große Haushaltsfamilie«, kam einer solchen Regelung sehr entgegen: In dieser Lebens- und Wirtschaftsgemeinschaft, die für die Zwecke der gemeinsamen Produktion, Bearbeitung und den Verkauf der Produkte besonders geeignet war und der nicht nur Blutsverwandte, sondern ebenso Mägde, Knechte, Bediente und Gesellen angehörten, war für ein Pflegekind immer noch ein Platz frei (vgl. *Weber-Kellermann* 1975, 14 f.; 50; *Scherpner* 1966, 19).

Auch für die Kinder aus dem Stand der Armen (Lohnarbeiter, Taglöhner und Bettler) war keine besondere Fürsorge oder gar Fremdenerziehung notwendig und üblich; soweit sie ganz oder teilweise auf Almosen angewiesen waren, wurden sie zusammen mit und in ihren Familien

*) Anmerkungen s. S. 188

unterstützt, waren also nicht Objekte besonderer Aufmerksamkeit (vgl. *Scherpner* 1966, 16).
Eine spezielle Kinderfürsorge war nur für die Gruppe derjenigen Kinder angezeigt, die keiner Sippe oder Familie zugeordnet werden konnten: Findelkinder – also verlassene, ausgesetzte und verlorene Kinder, deren Herkunft und Abstammung unbekannt waren – mußten vom Gemeinwesen versorgt werden, wollte man sie nicht jämmerlich zugrunde gehen lassen.
Im frühen und im Hochmittelalter war die Zahl dieser Kinder, die »öffentlich« aufgezogen werden mußten, allerdings noch recht gering [2]; erst zum Ende des Spätmittelalters wuchs die Zahl der Findel- und Waisenkinder in einem solchen Ausmaß an, daß beispielsweise die Straßburger Stadtväter strenge »Aufnahmebeschränkungen« durchsetzen mußten (vgl. *Scherpner* 1966, 22).
Der größte Teil dieser verlassenen Kinder entstammte un- oder außerehelichen Beziehungen. »Freie Liebe«, offene Prostitution und zahlreiche illegale Verhältnisse gehörten im Mittelalter – in einer Zeit also, in dem nicht »Liebe« oder »sexuelles Interesse«, sondern Sippenwohl, ökonomische Gesichtspunkte oder der direkte Zwang von seiten des Grundherrn Veranlassung zum Eingehen einer Ehe gaben – zu den Selbstverständlichkeiten des Lebens. Der nichteheliche Nachwuchs wurde zunächst den ehelichen Kindern gleichgeachtet; nur den Stand des Vaters erbte er nicht. Erst mit der strengeren Durchsetzung des Monogamiegebotes durch die Kirche verschlechterte sich ganz wesentlich die Lage der unehelichen Kinder; unverheiratete Mütter unterlagen zunehmend negativen Sanktionen und gesellschaftlicher Ächtung bis hin zur Hexenverfolgung (vgl. *Weber-Kellermann* 1975, 38 ff.). Um dem zu entgehen, versuchten viele junge Frauen, eine nichteheliche Schwangerschaft zu verheimlichen und sofort nach dem Entbinden ihr Kind auszusetzen. Beliebte Plätze waren die Kirchen. Hier konnte man davon ausgehen, daß die Säuglinge bald gefunden und in Klöster oder städtische Einrichtungen gebracht und wenigstens notdürftig versorgt wurden. Oder man legte die Kleinen heimlich vor die Tür eines Waisenhauses oder Hospitals, falls es eine solche Einrichtung in erreichbarer Nähe gab, zog die Handglocke und verschwand (vgl. *Scherpner* 1966, 21).
In den romanischen Ländern war dieses Vorgehen noch weitaus verbreiteter als bei uns: Dort waren Klöster und Waisenhäuser häufig mit einer Drehlade versehen (»torno« oder »ruota«) – ein drehbares Gestell, das an einer fensterlosen Wand der Anstalt angebracht war und mit dessen Hilfe die Ab- und Übergabe des Kindes unbemerkt und im geheimen stattfinden konnte; der Makel der unehelichen Schwangerschaft war damit getilgt

(vgl. *Scherpner* 1966, 20; *Villaret* 1888, 607) [3].

Für die Unterbringung dieser unehelichen Kinder und derjenigen, die von ihren Eltern verlassen waren und keiner Sippe mehr zugeordnet werden konnten, gab es prinzipiell zwei Möglichkeiten: Teilweise wurden sie in Findel- oder Waisenhäusern untergebracht [4], die jedoch – zumindest in Deutschland – keine eigenständigen Institutionen waren, sondern dem »Hospital« oder »Spital« angeschlossen waren, einer Einrichtung für diejenigen, die sich nicht einmal mehr durch Betteln erhalten konnten: Alte, Kranke, Gebrechliche, Sieche, Irre und Kinder (vgl. *Ahlheim* u. a. 1971, 18; *Uhlhorn* 1895, 228). Diese »Waisenabteilungen« muß man sich sehr bescheiden vorstellen: Waisen und Findlinge waren oft in nur einer einzigen Stube des Spitals untergebracht (vgl. *Liermann* 1921, 2).

Säuglinge wurden allerdings wegen der in den Hospitälern großen Säuglingssterblichkeit meist sofort zu Ziehmüttern gegeben, die sie angemessen nähren konnten. Den Ziehmüttern wurden neben dem Ziehlohn Strohsäcke, Windeln, Hemden, Decken usw. von seiten des Waisenhauses gestellt (vgl. *Rüger* 1934, 81). In einzelnen Fällen wurden auch Ammen im Waisenhaus angestellt; man machte aber mit ihnen keine guten Erfahrungen: Wegen des geringen Ammenlohnes ließen sich meist nur arme Frauen aus der niedrigsten Schicht verpflichten, die dann häufig die nötige Hygiene und Sorgfalt mißachteten oder den Säuglingen nicht genug zu trinken gaben, um auf diese Weise noch einen zweiten Ammenlohn dazu zu verdienen oder nebenbei ihren eigenen Säugling ernähren zu können. Der Zustand der Säuglinge war dementsprechend schlecht und die Sterblichkeit hoch (vgl. *Stein* 1923).

Im Alter von 5 bis 7 Jahren wurden die bei Ziehmüttern untergebrachten Kinder dann ins Waisenhaus zurückgenommen. Dort wurden sie von Ordensschwestern oder von durch den Stadtrat bestellten Frauen in großen, kaum strukturierten Gruppen überwacht und konnten so lange bleiben, bis sie selbständig »nach dem Almosen gehen« konnten. Der Tageslauf in den Anstalten war dem klösterlichen Leben nachgebildet; von Erziehungs- oder Bildungszielen ist aus dieser Zeit nichts bekannt: Die Kinder wurden zu religiösen Übungen angehalten, sammelten Spenden ein oder bettelten, sangen bei Beerdigungen oder beteten auf Bestellung – und blieben so selbstverständlich in ihrer Schicht, im Stand der Armen (vgl. *Scherpner* 1966, 23 ff.).

Erst gegen Ende des 15. Jahrhunderts, als sich mit der Fortentwicklung der Produktivkräfte (besonders im Bergbau, in der Textilindustrie und im Verlagswesen; vgl. *Streisand* 1974, 53) die gesellschaftlichen Widersprüche zuspitzten, begannen sich auch der Berufsgedanke und das bürgerliche Arbeitsethos allmählich zu entwickeln (vgl. *M. Weber* 1969, 126;

129 ff.). Gleichzeitig begann man in den Waisenhäusern, sich erste Gedanken über die Beschäftigung und die »Ausbildung« der Waisenkinder zu machen. –

Gleichwertig neben dieser Form der Unterbringung zunächst bei Ziehmüttern und dann im Waisenhaus, gab es eine zweite, nämlich die Dauerunterbringung bei Bürgersleuten in Privatpflege. In diesem Fall mußte dann das Hospital bzw. der Rat oder eine fromme Stiftung für das Pflegegeld aufkommen (vgl. *Uhlhorn* 1895, 294).

Irgendwelche allgemeingültigen Regelungen, unter welchen Umständen ein Kind für dauernd in Familienpflege und wann es zunächst zu einer Ziehmutter und dann ins Hospital kam, hat es wohl nicht gegeben. Familienpflege kam dann in Frage, wenn eine Gemeinde entweder kein Hospital besaß oder aber alle in dieser Einrichtung zur Verfügung stehenden Plätze besetzt waren. Pädagogische Überlegungen haben – so scheint es – bei der Auswahl damals noch keine Rolle gespielt, nicht einmal finanzielle, die doch später in dieser Frage so entscheidend werden sollten. Offensichtlich wurde auch nicht eine bestimmte Gruppe Kinder (etwa Bürgerskinder oder Kinder von Beisassen oder fremde Findlingskinder) für eine bestimmte Kategorie vorgesehen; die Entscheidung fiel aufgrund zufälliger und äußerlicher Bedingungen (vgl. *Büttel* 1913, 39 f.). Allerdings scheint es die Tendenz gegeben zu haben, Ziehmütter in den ländlichen Gegenden im Umkreis einer Stadt zu suchen (vgl. *Scherpner* 1966, 23), während »Dauer-Pflegefamilien« eher unter den Stadtbewohnern ausgewählt wurden.

1.2. Armenkinderpflege in der Neuzeit

1.2.1. Die Fürsorgetheorie des J. L. Vives und die Praxis der Waisenversorgung (ca. 1500–1650)

Obwohl der Übergang vom Mittelalter zur Neuzeit in politischer, ökonomischer und weltanschaulicher Hinsicht einen nahezu totalen Umbruch bedeutete, ist der Beginn der Neuzeit kaum exakt zu datieren. *Dörschel* betont mit Recht: »Spätmittelalter und Neuzeit begegnen sich in einer Mischepoche, in der die beharrenden Kräfte alter Autoritäten mit der schleichenden Werbung, der offenen Unruhe und der unaufhaltsamen Expansion neuer Ideen, Bewegungen, Erfindungen, Entdeckungen, Strukturbildungen in allen Lebensbereichen einen chaotisch anmutenden Vielfrontenkrieg aufnehmen müssen« (*Dörschel* 1972, 66). Vieles von dem, was sich im Spätmittelalter schon abzeichnete (und deshalb im vorigen Kapitel auch schon angedeutet werden mußte), brach nun durch und prägte die folgenden Jahrhunderte. Die Fortschritte in der Entwicklung der Produktivkräfte (mit Spezialisierung, zunehmender Arbeitsteilung und Entwicklung neuer Produktions- und Vertriebsmethoden) führten nach und nach zu einer Auflösung der feudalen Gesellschaftsordnung des Mittelalters und damit für weiteste Teile der Bevölkerung zu einer radikalen Veränderung ihrer Existenzform. (Dieser Prozeß zog sich gesamtgesellschaftlich über etliche Jahrzehnte, ja Jahrhunderte, hin, der einzelne jedoch wurde meist sehr plötzlich und existenziell davon betroffen.)

Diese wirtschaftlichen Veränderungen und die von ihnen abhängigen neuen geistigen Strömungen (Reformation und Humanismus) führten zu einer höheren Bewertung der Arbeit und zur schärferen Betonung der Arbeitspflicht. Die Erziehung und strenge Verpflichtung aller arbeitsfähigen Armen zur Arbeit sollte nach verbreiteter Meinung der Schlüssel zur Lösung der enormen sozialen Probleme sein, nicht mehr mildtätige Unterstützung, wie man es bisher geübt hatte. »Sozialutopische« Ideen, wie die des englischen Staatsphilosophen *Thomas Morus* (»Utopia«, 1516), der die Armut durch eine Neuverteilung des Besitzes an Land und an Produktionsmitteln besiegen wollte, wurden (natürlich) von den herrschenden Schichten strikt abgelehnt.

Dabei wurden die wirtschaftlichen Ursachen der Entwurzelung und die Frage, ob überhaupt Arbeit zu finden sei oder nicht, meist gar nicht berücksichtigt. Die Tatsache des Nicht-Arbeitens reichte zur Verurteilung, Vertreibung, Zwangsarbeit oder Schlimmerem (vgl. *Ahlheim* u. a. 1971, 21).

In der ländlichen und städtischen Bevölkerung verdrängte tief wurzelndes Mißtrauen das bisher vorherrschende Mitleid; auch die wirklich Armen, die Arbeitslosen und die aus ethischen Gründen Bettelnden (z. B. bestimmte Mönchsorden) gerieten nur zu leicht in den Verdacht, arbeitsscheues Gesindel zu sein [5] (vgl. *Scherpner* 1966, 27 f.; 30 f.; *Uhlhorn* 1890, 52 ff.).

Welche Auswirkungen hatte nun diese veränderte Einstellung zur Arbeit auf die Fürsorge für Waisenkinder?

Theorie und Praxis klafften hier zunächst weit auseinander. Statt Versorgung – Erziehung! ... das ist der Kerngedanke der ersten systematischen Abhandlung der Neuzeit über das Fürsorgewesen von *Johannes Ludovicus Vives* (1492–1540). Deutlich ist bei Vives die Tendenz zu erkennen, Findel-, Waisen- und Armenkinder (die jetzt, anders als im Mittelalter, zusammengefaßt werden) möglichst früh den »unmoralischen und unsitt-

lichen« Einflüssen ihrer Herkunftsschicht zu entziehen [6].
Findlinge und Waisen sollen deshalb – entgegen der bisherigen Praxis – bis zum 6. Lebensjahr in einem Spital unter der Aufsicht von Frauen, die sie an Stelle ihrer Mütter versorgen, aufgezogen werden. Vom 7. Lebensjahr an sollen sie – von da an zusammen mit den Armenkindern, die bis zu ihrem 7. Lebensjahr in ihren Familien bleiben sollen – in der »öffentlichen Schule« unterrichtet und erzogen werden; diese Schule solle eine Art Internatsschule sein. Nur so schien es Vives möglich zu sein, die Kinder dem Straßenbetteln zu entziehen und sie unter dem Einfluß von humanistisch gebildeten Männern zu sittsamen, sauberen, fleißigen und genügsamen Menschen zu erziehen. (Und solche Menschen brauchte man nun mehr denn je zuvor: Die sich entfaltende Haus-, Manufaktur- und Fabrikindustrie benötigte unbeschädigte, disziplinierte Arbeiter!) Der Erziehung in der Internatsschule sollte deshalb – je nach Begabung und Neigung des einzelnen Kindes – eine Berufs- oder sogar eine akademische Ausbildung folgen (vgl. *Scherpner* 1966, 28 f.; 1974, 78 f.; *Ahlheim* u. a. 1971, 23).
Zwar hatte Vives auch die finanzielle Seite seines Vorschlages mitbedacht – die Obrigkeit solle diese Ausgaben nicht scheuen; mit geringen Kosten werde hier großer Nutzen zuwege gebracht – aber zumindest vordergründig scheiterte sein ehrgeiziges Projekt doch am Geld. Statt seinem Vorschlag zu folgen, versuchte man, die Arbeitserziehung der Armen- und Bettlerkinder auf billigere und bequemere Weise durchzusetzen: Aufgrund der Bettelordnungen, mit deren Hilfe das »Bettelunwesen« bekämpft werden sollte [7], konnten diese Kinder ihren Eltern jetzt weggenommen und in Dienst- und Arbeitsstellen untergebracht werden, so daß sie weder ihre Eltern noch den »Armenkasten« – die organisatorische Vereinigung sämtlicher Armenmittel in einer Kasse unter Aufsicht des Stadtrates [8] – belasteten (vgl. *Krimm* 1963, Dok. 1 u. 2, S. 18 ff.). Armenkinder, die sich dieser Regelung entziehen wollten, wurden u. U. eingesperrt (vgl. *Scherpner* 1966, 51). Waisen- und Findelkinder dagegen wurden weiterhin entweder im Hospital oder in Pflegefamilien untergebracht.
Die flandrische Stadt Ypern änderte die Vorschläge von Vives in auffälliger Weise ab: Statt Internate einzurichten, baute sie ihr »Pflegefamiliensystem« für kurze Zeit großzügig aus: Armenkinder, die in schlechten Familienverhältnissen lebten, wurden ebenso wie Findlinge und Waisen in Pflegestellen untergebracht und mußten die Schule besuchen; ältere Kinder kamen zu Handwerksmeistern in die Lehre. Die Pflegeeltern bzw. Meister erhielten für Versorgung und Ausbildung eine Vergütung.

Bevor wir dem »Gang der Geschichte« weiter folgen, soll hier kurz eingehalten werden. Lag es wirklich nur am Geld, daß Vives' Programm im 16. Jahrhundert noch so wenig zum Zuge kam?
Wohl kaum. Vives hatte die Zeichen der Zeit zwar sehr deutlich erkannt, eilte aber seiner Zeit schon voraus: Gerade zu seiner Zeit, in der ersten Hälfte des 16. Jahrhunderts, hatte die patriarchalisch geordnete Familie noch weitgehende ökonomische Bedeutung; sie war – soweit sie noch selbständig war – nicht nur Reproduktions-, sondern ganz wesentlich Produktionsstätte; daher lebten in ihr nicht nur die ihr blutsmäßig Zugehörenden, sondern ebenso »wackere« Dienstboten, Knechte, Mägde, Gesellen, Lehrlinge und u. U. auch Pflegekinder. In ihrem manchmal autarken, auf jeden Fall aber in sich geschlossenen Verband konnte man nahezu alles fürs Leben Wichtige lernen und erleben (vgl. *Weber-Kellermann* 1975, 73 ff.). *Diese* Familien hatten diejenigen vor Augen, die sich – wie in Nürnberg und Ypern – für die Familienerziehung von Waisen- und Armenkindern aussprachen. Vives dagegen war bei seinem Vorschlag eindeutig von der z. T. schon realen, z. T. noch bevorstehenden Zerstörung der Familie des freien Lohnarbeiters ausgegangen. Er sah sehr richtig, daß sich bei konsequenter Fortentwicklung der Produktivkräfte die Trennung von Arbeitsplatz und Wohnbereich immer mehr durchsetzen würde und damit die Familie weitgehend ihre Funktion verlieren und von Auflösung bedroht sein würde. Es war nur konsequent, öffentliche Einrichtungen für eine funktionierende Ersatzerziehung zu fordern (vgl. *Heinsohn/Knieper* 1974, 216 ff.).

In Ypern jedenfalls zeigte sich bald ein grundsätzliches Dilemma; ein Dilemma, das die Erziehung in Pflegefamilien beinahe zu jeder Zeit kennzeichnete: Gebildete und wohlhabende Familien in guten Wohnverhältnissen, die eigentlich die besten Voraussetzungen gehabt hätten, Pflegekinder angemessen zu erziehen, nahmen nur in sehr wenigen Fällen fremde Kinder auf. Die armen Familien dagegen, die auf einen kleinen Nebenverdienst durch das Pflegegeld angewiesen waren und daher Kostkinder aufnehmen mußten, waren meist nicht in der Lage, ihre Pfleglinge im gesellschaftlich erwünschten Sinne zu erziehen. Der Ypernsche Versuch, Kinder verwahrloster Eltern in arme Pflegefamilien unterzubringen, erwies sich schnell als »vollkommener Mißerfolg«. Trotz der hohen Pflegekosten lernten die Kinder häufig außer »Raubauten und Betteln« nichts. Insbesondere aber wurde in diesen Familien die für die Verinnerlichung des Arbeitsethos so wichtige religiöse Erziehung schändlich vernachlässigt (vgl. *Scherpner* 1966, 33) [9].
Da man auch andernorts mit der Erziehung von Findlings-, Waisen- und Armenkindern in Privatpflege schlechte Erfahrungen machte, wurden im Laufe des 16. Jahrhunderts – wie von Vives vorgeschlagen – nach und nach mehr spezielle Waisenhäuser errichtet, in denen den Kindern auch Unterricht erteilt werden sollte. Interessant ist bei diesen Neugründungen, daß jetzt auch darauf hingewiesen wurde, die Kosten für das einzelne Kind seien in Anstalten (!) wesentlich geringer als bei Unterbringung in Familienpflegestellen (vgl. *Scherpner* 1966, 38; *Liermann* 1921, 2) [10].

Eine ausgesprochene Erziehung der Waisenkinder zur Arbeit war mit dieser Tendenzwende hin zur Anstaltserziehung (und mehr als eine Tendenzwende war es tatsächlich noch nicht [11]) allerdings noch nicht verbunden. Vives' Plan blieb in dieser Hinsicht zunächst noch Theorie. Zwar finden sich in Frankreich, England, Flandern und Holland schon seit Mitte des 16. Jahrhunderts Beispiele extremer Arbeitserziehung in Anstalten; in Deutschland aber wurden erst zu Beginn des 17. Jahrhunderts [12], zuerst in Hamburg, Lübeck und Bremen nach holländischem Vorbild Arbeits- und Zuchthäuser errichtet, in denen Erwachsene und Kinder eingesperrt wurden und die in ihrer pädagogisch-politisch-ökonomischen Zielrichtung eindeutig waren.
Hamburg ist aber auch ein Beispiel dafür, daß die Erziehung von Waisenkindern einerseits und die von Armenkindern andererseits häufig unterschiedlich nebeneinander herlaufen konnte. In dem 1604 gegründeten *Waisenhaus* wurden 4- bis 10jährige *Waisenkinder* versorgt; vom 10. Lebensjahr an wurden sie in Lehr- und Arbeitsstellen untergebracht. Die *Armen- und Bettelkinder* dagegen mußten im 1622 erbauten *Armen- und Zuchthaus* Zwangsarbeit leisten.
Zunächst jedoch blieben diese Arbeits- und Zuchthäuser noch vereinzelt; der 30jährige Krieg verhinderte ihre weitere Verbreitung (vgl. *Scherpner* 1966, 40).

1.2.2. Armen- und Waisenkinderfürsorge unter dem Einfluß von Frühkapitalismus und Pietismus (ca. 1650–1770)

Am Ende des 30jährigen Krieges war Deutschland total ausgeplündert, 50 bis 70 % der arbeitsfähigen Bevölkerung war vernichtet, ganze Landstriche waren verwüstet, die meisten Produktionsmittel zerstört und die Außenhandelsbeziehungen unterbrochen, die Restbevölkerung erschöpft und demoralisiert. Die Not war allgemein, besonders aber bei der Unzahl verwaister und verlassener Kinder unvorstellbar groß. Der Wiederaufbau gestaltete sich in den Jahren 1648 bis etwa 1680 nur sehr langsam und qualvoll. Am Ende dieser Periode zeigten sich in den deutschen Staaten Ansätze zum Manufakturkapitalismus, die Hand in Hand gingen mit der stetigen Verfestigung eines territorialstaatlichen Absolutismus, also einer unumschränkten Fürstenherrschaft (vgl. *Streisand* 1974, 83 ff.; *Dörschel* 1972, 77 ff.; *Uhlhorn* 1895, 189 ff.).
Weltliche wie geistliche Fürsten suchten durch expansive Bevölkerungspolitik (Förderung von Eheschließungen und Einwanderungen; Auswanderungsverbote ...), durch Intensivierung der Arbeitsproduktivität und durch verstärktes Hinzuziehen von Frauen und Kindern in den Produk-

tionsprozeß sowie durch konsequente Förderung von Großunternehmen und neuen Gewerbezweigen die wirtschaftlichen und sozialen Zustände zu verbessern und so ihre absolute Herrschaft zu stabilisieren. »Macht und Reichtum eines Staates beruhten (nämlich) nach der herrschenden merkantilistischen Auffassung auf der Volksmenge und auf der durch Produktion und Ausfuhr von Wirtschaftsgütern ins Land gezogenen Geldmenge« (*Scherpner* 1966, 40; vgl. *Dörschel* 1972, 78 f.; 81).
Da durch den ungeheuren Bevölkerungsverlust und die immer noch bestehende feudale Gesellschaftsverfassung noch über viele Jahrzehnte Industriearbeitskräfte knapp blieben [13], mußten die Landesherren mit allen Mitteln versuchen, auch noch die letzten Reserven für produktive Arbeit zu mobilisieren. In Frage kamen dazu einerseits der immer noch hohe Anteil an »arbeitsscheuer«, vagabundierender Bevölkerung (15–20%; vgl. *Dörschel* 1972, 80), andererseits die z. T. unter direkter landesherrlicher Kontrolle (»Fürsorge«) stehenden Armen- und Waisenkinder (vgl. *Alt* u. a. 1970, 46). Die Fürsorgepolitik wurde nun getreu dem ausländischen Vorbild in die Wirtschaftspolitik eingegliedert [14]; »Politik, Wirtschaft und Erziehung (wurden) in einem großen hierarchischen Zwecksystem vereinigt, das allerdings über die Rangfolge der Bereiche keinen Zweifel aufkommen« ließ (*Dörschel* 1972, 78).

Armen- und Waisenkinderfürsorge nach dem 30jährigen Krieg

Soweit man das den wenigen aus der Zeit des 30jährigen Krieges und den folgenden Jahrzehnten erhaltenen Urkunden und Berichten entnehmen kann [15], gab es auch in der Zeit bis etwa 1680/90 keine durchgreifenden und allgemein verbreiteten Änderungen im System der Waisenversorgung. Zu berichten ist wieder nur über Tendenzen:
Während und nach dem 30jährigen Krieg galt es zunächst einmal, die Fülle der durch Krieg und Pest verwaisten Kinder mit dem Lebensnotwendigsten zu versorgen. Die Kinder lagen – so wird es aus Dresden, aber auch aus anderen Städten berichtet – nachts auch bei größter Kälte vor den Türen der guten Bürger und schrien jämmerlich (vgl. *Liermann* 1921, 4), oder sie wurden einfach, z. T. krank, schwach und fast verhungert, von durchziehenden Flüchtlingsscharen oder Soldatenhorden zurückgelassen (vgl. *Rüger* 1934, 86).
Angesichts der großen eigenen Armut waren diese vielen fremden Kinder kaum zu verkraften – in Nürnberg, dessen Waisenhaus für 90 Kinder eingerichtet war, mußten z. B. in einem Jahr 294 Kinder neu aufgenommen werden! Die Stadträte und Armenpfleger versuchten daher in Nürnberg zu Beginn des Krieges zunächst, möglichst viele Kinder in Familien-

pflege unterzubringen. Die Ziehmütter wurden dabei – soweit es ging – vom »Findelvater« – dem Waisenhausleiter – ausgesucht und beaufsichtigt. Ab 1633 jedoch versuchte der Staat, das Ziehkinderwesen möglichst einzuschränken. Mehrere Gründe führten zu einem Rückgang der Zahl der in Privatpflege untergebrachten Kinder:
Erstens ging durch Verwüstung und Pest die Zahl der zur Verfügung stehenden Pflegestellen zurück; zweitens wollte man Kinder von Eltern, die an der Pest gestorben waren, nicht in gesunden Pflegefamilien unterbringen, um eine Ansteckung zu vermeiden – man brachte sie statt dessen in einem besonderen Raum im Findelhaus unter; drittens konnten die Ziehmütter nicht ausreichend beaufsichtigt werden, der Verdacht der »Engelmacherei« (aktive oder passive Tötung der Pflegekinder) tauchte auf. Darüber hinaus konnte die Zahl der öffentlich zu versorgenden Kinder allgemein dadurch abgebaut werden, daß einerseits die näheren und weiteren Verwandten, Taufpaten und Vormünder zur kostenlosen Aufnahme des Kindes veranlaßt wurden, andererseits man die unehelichen Geburten zu vermindern suchte, indem man das unverheiratete Elternpaar notfalls mithilfe von Kerker und Zwangstrauung zur Verehelichung brachte und daraufhin die Kinder legitimieren konnte (vgl. *Rüger* 1934, 69 ff.; *Scherpner* 1966, 52; 55 f.).
In den Jahren und ersten Jahrzehnten nach dem Krieg wurden zur Versorgung der zahllosen Kinder in vielen deutschen Städten neue Waisenhäuser gegründet (vgl. *Uhlhorn* 1895, 207). Die Privatpflege nahm dabei in ihrer Bedeutung beständig ab, wurde aber durchaus auch weiterhin noch durchgeführt (vgl. *Büttel* 1913, 39). Zusammenfassend kann man wohl folgende Gründe für das zunehmende Übergewicht der Waisenhauserziehung vor der Pflegefamilienerziehung nennen:

(a) die insgesamt nicht zufriedenstellenden Erfahrungen mit den Sozialisationsleistungen der Pflegefamilien (s. o.);
(b) die starke Verminderung besonders auch der Landesbevölkerung durch den Krieg (s. o.);
(c) insbesondere die deutlich stärkere Ausrichtung der Waisenerziehung auf eine Arbeitserziehung hin;
(d) die ständig zunehmende direkte Verwendung von Waisenkindern in der gewerblich-industriellen Produktion, die den Waisenhäusern nun angegliedert wurde.

Die Verbindung von Frühkapitalismus und Pietismus und die Armen-, Waisen- und Arbeitshäuser

Die Tendenz, Armen- und Waisenkinder systematisch an Arbeit zu gewöhnen, wurde in der Zeit nach 1680 – als langsam auch ein wirtschaftlicher Aufschwung zu verzeichnen war – durch die Ausbreitung des Pietismus verstärkt. Der Pietismus, der als Reaktion auf den auch geistig-religiösen Zusammenbruch nach dem großen Krieg stark gefühlsmäßig, erlebnismäßig bestimmt war, strebte »Weltverwandlung durch Menschenverwandlung« an (*Schmidt* 1961, 371), er wollte in streng individualistischer Sicht den »inneren Menschen« läutern und bessern. Ziel des Pietismus war also nicht etwa die Gestaltung der Welt nach göttlichem Gesetz (wie im Calvinismus), sondern die religiöse, seelische Rettung des Hilfsbedürftigen; damit verbunden war aber auch die diakonische Hinwendung zum einzelnen Armen. So lag es im Wesen des Pietismus, daß von ihm zahlreiche Anstöße zur Reform des Fürsorgewesens und der Waisen- und Armenkinderversorgung ausgingen.

In Frankfurt beispielsweise, wo *Philipp Jacob Spener* (1635–1705), der führende Theologe des Pietismus, Leiter des Predigerministeriums war, waren zwar durch zahlreiche Stiftungen die verarmten Bürger und Bürgerwaisen [16] einigermaßen versorgt, arme Beisassen (Einwohner ohne Bürgerrecht) und nicht-bürgerliche Waisen waren dagegen auf den Bettel angewiesen (vgl. *Hess* 1921, 18). Um diesen Menschen geistlich und materiell zu helfen – und um sie zu produktiver Arbeit zu veranlassen –, wurde in Frankfurt längere Zeit über den Bau eines Armen-, Waisen- und Zuchthauses nach Amsterdamer bzw. Hamburger Vorbild diskutiert. In einer Eingabe an den Rat der Stadt schrieb Spener 1670, die Einrichtung einer solchen Anstalt sei notwendig, weil die Bettler dadurch, daß sie nicht arbeiteten, sich an sich selbst versündigten; weiterhin versündigten sie sich, wenn sie auch ihre Kinder an Nichtstun und Bettelei gewöhnten. »Es finden sich wol gar so gottlose Eltern unter denselben, die mit allem Fleiß (also absichtlich, d. Vf.) ihre Kinder verwahrlosen, damit sie elend und Krüppel werden und damit bei dem Betteln bleiben möchten« (*Spener*, zit. n. *Hess* 1921, 33).

Damit trat zu dem staatlichen Interesse – statt Almosen zu bieten, ökonomischen Nutzen aus den Bettlern zu ziehen – eine religiöse Begründung: Nichtarbeit ist Sünde – und der Staat hat die Pflicht, die Untertanen vor dieser Gelegenheit zu sündigen zu bewahren.

Im Frankfurter Armen-, Waisen- und Zuchthaus, das 1679 bezogen wurde und das den Hauptzweck hatte, den Bettel zu beseitigen, wurden nicht-bürgerliche Kinder [17], Alte, Gebrechliche und Schwachsinnige

aufgenommen; für Vagabunden hatte es zudem die Funktion einer Strafanstalt; »unartige Jugend« und andere »in liederliches Thun und Wesen gerathene Personen« [18] sollten hier ebenfalls gezüchtigt werden.
Alle Hausinsassen mußten hart arbeiten und so ihren Lebensunterhalt mit verdienen; nur die ganz kleinen Kinder waren davon befreit und wurden von den alten Frauen des Hauses in einer besonderen Abteilung großgezogen. Die Arbeit für die Kinder, insbesondere das Wollspinnen, war anstrengend; die Kinder haßten es. Zeit zum Spielen gab es nicht; ein Tag verlief wie der andere und war mit Arbeit, Schule und Gottesdienst ausgefüllt. Während der täglich 8stündigen Arbeitszeit wurden biblische Historien erzählt oder Psalmen gesungen, »um denen armen Leuten ... auch an ihren Seelen durch Wort GOttes zu helfen« (*Spener*, zit. n. *Scherpner* 1966, 69). Arbeitszeit und religiöser Unterricht wechselten so in Schichten ab, daß die Produktion nicht unterbrochen werden mußte (vgl. *Hess* 1921, 47 ff.).
Obwohl die Zwangsvereinigung von Waisen, Armen, Alten, Kranken, Dirnen und Zuchthäuslern in einem Haus und auch die harte Kinderarbeit nicht unkritisiert blieben (vgl. *Lempp* 1910, 7 f.), wurde Frankfurt/M. besonders für die Staaten, die mit der Bettelbekämpfung zu tun hatten, zum häufig nachgeahmten Vorbild (vgl. *Hess* 1921, 65); das ist nicht verwunderlich, wenn man bedenkt, in wie »sauberer« und gewinnbringender Weise diese Einrichtungen die wirtschaftlichen und religiösen Interessen von Staat und Kirche zusammenbrachten. »Der für die neue Ära der Manufakturen und Großbetriebe nötige Stamm von Arbeitskräften wurde hier vorgeformt« (*Scherpner* 1966, 55).

A. H. Franckes Hallische Waisenhäuser

Einen gewissen, wenn auch nicht lange anhaltenden Umschwung im Bereich der Kinder- und Jugendfürsorge brachte erst *August Hermann Francke* mit seinen »Hallischen Waisenhäusern«, die ab 1695 aufgebaut wurden. Er war es, der die Trennung der Waisenhäuser von Armen- und Zuchthäusern vorantrieb.
Francke (1663–1727), ein Freund Speners und ebenfalls Pietist, von Beruf Pfarrer und Orientalistikprofessor in Glaucha bei Halle/Saale, war ein frommer, aber auch genialer Finanzmanager, zudem ein bekannter Prediger und beachtenswerter Pädagoge (vgl. *Reble* 1959, 120). Aus kleinsten Anfängen (Predigten und Speisungen für die Armen) errichtete er eine hochdifferenzierte Bildungsinstitution, die von einer Waisenanstalt bis hin zum Lehrerseminar und zur Adelsschule reichte, der verschiedene Betriebe (Buchhandlung, Druckerei, Versandapotheke) angeschlossen

waren und die im Jahre 1727 von ca. 2300 Kindern und Jugendlichen besucht wurde. Ein Großteil dieser Kinder wurde ihm geradezu aufgedrängt, so daß er manchmal den Stoßseufzer losließ: »Das Waysenhaus ist meine Last nicht . . ., aber das ist meine Last, was außer dem Waysen-Hause ist, und gerne hinein will, oder sonst Hülffe bey mir suchet« (*Francke* 1962, 47). Es waren meist sehr verarmte und im ursprünglichen Wortsinn »verwahrloste«, »unerzogene« Kinder [19], die ihm zur Versorgung und Erziehung gebracht wurden.

Franckes Erziehungshaltung läßt sich im folgenden Zitat seiner programmatischen Schrift »Von der Erziehung der Jugend zur Gottseligkeit und Klugheit« zusammenfassen: »Hiernechst ist zu mercken, daß insonderheit drey Tugenden seynd, welche man vor allem suchen muß und denen Kindern bey noch zarten Jahren einzupflantzen, so sie anders zu einer gründlichen und beständigen Gottseligkeit angeführt werden, nemlich: Liebe zur (göttlichen) Wahrheit, Gehorsam und Fleiß. Da denn die entgegengesetzte Laster zugleich mit eben so grossem Ernst werden vermieden werden, nemlich Lügen, Eigen-Wille und Müssig-gang« (*Francke* 1871 a, 65; vgl. *Reble* 1959, 120 f.).

Daraus folgte eine strenge, aber wohl liebevoll gemeinte Erziehungspraxis: Religiöse Unterweisung als Grundlage des Schulunterrichts (daneben wurden aber auch Realien und lebenspraktisches Wissen gelehrt; eine »revolutionäre Erweiterung des Unterrichtes« – *Hegel* 1968, 21) – Pflege der Tugenden – Erholung der natürlichen Kräfte durch nützliche körperliche und geistige Beschäftigung [20] – Einüben einer utilitaristischen Grundhaltung usw. Der Gesundheitsfürsorge – ein dunkles Kapitel in der damaligen Zeit, in der eine völlig unzureichende Körperhygiene häufig zu schweren körperlichen Schäden führte – wurde im Hallischen Waisenhaus besonders große Aufmerksamkeit geschenkt.

Im Waisenhaus versuchte Francke, durch eine Fülle genauester, bis ins Einzelne gehender Dienstanweisungen (»Instructionen«) für alle pädagogischen und hauswirtschaftlichen Kräfte einerseits eine kontinuierliche, lebendige Beziehung zwischen Erziehern und Kindern aufzubauen, andererseits für eine dauernde, rastlose Beschäftigung der Kinder mit vielerlei nützlichen Tätigkeiten zu sorgen. Die Kinder sollten zwar ständig auf die Berufs- und Hausarbeit [21] hingewiesen und so zu einem rational kontrollierten und bewußten Leben unermüdlicher Tätigkeit erzogen werden, die *Ausnutzung* der kindlichen Arbeitskraft sollte aber ausgeschlossen bleiben.

Wie weit das aber nicht doch bei dieser reglementierten und den Kindern keinerlei Freiheit zur eigenen Entfaltung lassenden Erziehung und der zeitbedingten Auswahl an Arbeit geschah (neben allen Hausarbeiten

besonders Wolle reißen, krempeln, streichen und spinnen sowie Strümpfestricken), mag dahingestellt bleiben [22].
Interessant ist, daß Francke eigentlich gar keine große Anstalt hatte errichten wollen; seinen eigenen Vorstellungen hätte ein »Pflegestellen-Verbundsystem« viel mehr entsprochen: Die ersten vier Waisen, die er im Herbst 1695 aufnahm, brachte er bei »christlichen Leuten« unter und gab ihnen »für jedes Kind wöchentlich einen halben Thaler, sie zu erziehen« (*Francke* 1969, 35). Nach wenigen Tagen hatte er schon, ganz ohne sein Dazutun, »ihrer Neune beysammen, welche bey unterschiedlichen Christlichen Leuten erzogen wurden. Für solche ward ein Studiosus Theologiae zum Aufseher bestellet ...« (a. a. O., 36). Doch schon bald, im Frühjahr 1696, mußte er die Kinder zusammen mit ihrem Aufseher in ein eigenes, notdürftig hergerichtetes Haus verlegen: Zu wenige »christliche Familien« waren bereit gewesen, die Verantwortung und die Mühe der Pflegekinder-Erziehung auf sich zu nehmen (vgl. *Hegel* 1968, 15).
Was J. L. Vives 150 Jahre früher vorhergesagt hatte, war nun eingetreten: Die Familie des freien Lohnarbeiters war ihrer Funktion weitgehend beraubt und damit tendenziell zerstört worden; sie konnte nicht nur keine zusätzlichen Pflegekinder aufnehmen und angemessen erziehen, sondern benötigte für die eigenen Kinder »öffentliche Ersatzerziehung«. Franckes ursprünglicher Plan, der vom alten Bild der intakten bürgerlichen (»christlichen«) Familie ausging – die er wahrscheinlich selbst als Kind erlebt hatte und wohl auch in seinem Pfarrhaus noch zu verwirklichen suchte –, mußte geradezu zwangsläufig scheitern. Als nüchterner Mann zog er daraus schnell die Konsequenzen und schuf ein großes, anstaltsmäßiges Erziehungssystem, das den Ideen Vives' in vielem sehr nahe war.

Nachahmungen und Entstellungen der Franckeschen Einrichtungen

Es lag ohne Zweifel am Charakter der Erziehungsziele Franckes und an ihrer inneren Nähe zu den ökonomischen Idealen und zur Wirtschaftspolitik der absolutistischen Herrscher, daß die Hallischen Anstalten sehr schnell Anlaß und Vorbild für die Gründung zahlreicher ähnlicher Einrichtungen wurden (vgl. *Uhlhorn* 1890, 251 f.). Denn in dieser rein ökonomistisch ausgerichteten, der Aufklärung vorangehenden Zeit galt aus leicht durchschaubaren ideologischen Gründen die kollektive Erziehung zu »Arbeit und Sitte« viel, die individuellere Erziehung in der Familie aber recht wenig.
Das ökonomische Element, das in Franckes Erziehungskonzept nur zweitrangig gewesen war, verselbständigte sich in der Folgezeit mehr und mehr und schob die theologischen und pädagogischen Anliegen total in

den Hintergrund. Unabhängig davon, ob eine Anstalt zunächst aus religiösen, ethisch-diakonischen Motiven oder direkt aus wirtschaftspolitischen Überlegungen [23] gegründet worden war . . ., mit schöner Regelmäßigkeit wurde sie schon bald zum reinen Arbeitshaus und stellte für den fürstlichen Landesherrn das gegebene Mittel dar, neue Arbeitszweige im Land einzuführen und damit neue Geldquellen zu erschließen [24] (vgl. *Lempp* 1910, 18; *Stein* 1923, 65).

Fürsorgeeinrichtungen wurden fortan häufig den Wirtschaftsministerien untergeordnet. Von Berufs- und Arbeitserziehung war nicht mehr die Rede (vgl. *Stein* 1923, 65); die Kinder, die z. T. unter den unmenschlichsten Bedingungen dahinvegetierten, wurden mit Schlägen zur Industriearbeit gezwungen [25]. In manchen Einrichtungen wurden schon Kleinkinder im zartesten Alter (3- und 4jährige) gegen einen Festpreis geschäftstüchtigen Unternehmern als Arbeitskräfte überlassen, geradezu verdingt. Hinzu kam, daß die Leitung dieser Einrichtungen oft miserabel war; man setzte Kriegsveteranen, ausgediente Seeleute, selbst ehemalige Häftlinge an die Spitze von Waisenhäusern (vgl. *Liermann* 1921, 4). So klagte A. H. Francke – wie mit ihm viele andere Autoren –, daß die Waisenhausvorsteher kräftig in die eigene Tasche wirtschafteten (vgl. *Francke* 1962, 80). Die Aufsicht während der Arbeitszeit – teilweise wurde Akkord (!) gearbeitet (vgl. *Stein* 1923, 63) – führten die Unternehmer, und zweifelsohne spielten dabei keinerlei pädagogische Überlegungen, sondern nur die reine Arbeitsleistung eine Rolle [26]. Sehr bezeichnend ist hierfür die »Fundamentation« des Kopenhagener Erziehungshauses: »Diese Kinder sollen in gedachtem Hause notdürftig, aber nur mit ordinärer Kost, Kleidung und Hausgeräte und so geringe und hart, wie es die Gelegenheit leiden will, unterhalten und versehen, einfolglich darselbst dergestalt erzogen werden, damit sie ein jedes Employ (Beschäftigung, d. Vf.) und Condition, so ihnen dermaleins zu Teil werden wird, als eine Verbesserung ihres Zustandes anzusehen haben mögen« (zit. n. *Liermann* 1921, 11).

Ähnlich deutlich faßt der spätere Schulrat *Gans* seine Untersuchungen über die 1724 im Potsdamer Waisenhaus herrschenden Zustände zusammen: »Es mag sein, daß durch diese Art der Ausbildung der Zweck erreicht und ein Stamm geschickter Industriearbeiterinnen geschaffen wurde, unser Gefühl jedenfalls sträubt sich gegen diese barbarische Ausnützung der Kinderkräfte . . .« [27].

Neben der platten Absicht, sich den von den Kindern erzeugten Mehrwert anzueignen, zeigt sich an diesen Zitaten sehr offen, welches Ziel eine solche Erziehung verfolgte: Die Kinder des städtischen Proletariats und der armen Landbevölkerung sollten – neben einem äußerst sparsamen

Elementarunterricht – so zur Arbeit abgerichtet werden, daß sie sich den Lebensbedingungen der manufakturkapitalistischen Entwicklung gut anpassen und sich als treue Untertanen widerspruchslos oder sogar noch dankbar in die bestehenden gesellschaftlichen Verhältnisse einordnen könnten (vgl. *Alt* u. a. 1970, 47).

Interessant – und bezeichnend dafür, wie erfolgreich hier ideologisches Denken verbreitet worden war – ist die Tatsache, daß diese Waiseneinrichtungen lange Zeit in einem so guten Ruf standen, daß in ihnen wohlhabende Halbwaisen als Pensionäre untergebracht waren, währenddessen »moralisch minderwertige«, also uneheliche (= erblich belastete!) Kinder keine Aufnahme fanden. Ihnen stand nur Familienpflege offen (vgl. *Scherpner* 1966, 92; 88). –

1.2.3. Der Waisenhaus-Streit (ca. 1770–1820): Anstaltserziehung contra Privaterziehung

Bewegung kam in diesen traurigen Bereich öffentlicher Erziehung erst im letzten Viertel des 18. Jahrhunderts. Es war jene unruhige, spannungsgeladene und schillernde Zeit des wachsenden Selbstbewußtseins der Bürger und der – auch pädagogischen – Fortschrittsgläubigkeit, der französischen Revolution und des machtpolitischen Denkens der napoleonischen Kriege, der Bauern- und Bürgeraufstände und des Zerfalls der feudalen Ordnung, der menschenfreundlichen Aufklärung und des sich verhärtenden Pietismus, der blühenden Literaturproduktion und des krisenhaften, zum nun einsetzenden Liberalismus tendierenden Merkantilismus.

Die verschiedenen Versuche der Landesfürsten, die Industrie in ihrem Lande zum Blühen zu bringen, scheiterten häufig. Wegen mangelnder Rentabilität brachen viele Betriebe zusammen. Die Aufhebung der Feudalabhängigkeit (von Steinsche Reformen) befreite die Bauern zwar von ihren Feudalverpflichtungen, machte sie aber zugleich auch zu besitz- und schutzlosen Taglöhnern oder zu Kleinbauern, die z. T. auf Zusatzverdienst angewiesen waren. Schließlich führte die Einführung der Gewerbefreiheit zu einer weiteren Proletarisierung des Handwerks und – besonders durch die weiter zunehmende Frauen- und Kinderarbeit – zum Lohnverfall. Die hohen Kriegskosten brachten gleichzeitig inflationäre Preissteigerungen.

Arbeitslosigkeit und Verarmung waren die Folgen; das Bettelwesen nahm erneut in ungeahntem Ausmaß zu, die Menschen in den Slumgebieten der Großstädte lebten in ungeheurem Elend; »die Armenfrage wurde zum Zentralproblem des ausgehenden 18. Jahrhunderts« (*Scherpner* 1966, 97 f.; vgl. *Dörschel* 1972, 113 ff.; bes. 116 f.; *Streisand* 1974, 103 ff.; 139 f.).

Diese ökonomische Situation hatte natürlich erhebliche Auswirkungen auf die Lebensform der arbeitenden Bevölkerung. Die Masse der Kleinbauern, die z. T. tagsüber Lohnarbeit verrichten mußten, waren für ihre eigene Landwirtschaft auf jede zusätzliche, auch kindliche Arbeitskraft dringend angewiesen; unter diesen Bedingungen waren die »zwischenmenschlichen Beziehungen ... weitgehend auf den Nutzen reduziert, den die Mitglieder der Hausgemeinschaft für die Wirtschaft besaßen ... Der Geist einer solchen Hausgemeinschaft stand unter dem Motto der maximalen Ausnützung der zur Verfügung stehenden Menschen und Güter ...« (*Weber-Kellermann* 1975, 94).

Anders, aber nicht besser, sah die Lage bei den städtischen Arbeiterfamilien aus. Die Arbeit in den Werkstätten, Manufakturen und Fabrikhallen führte zunächst zu einer Trennung von Arbeitsbereich und Wohnbereich, wobei diese stundenmäßig genau abgegrenzte Arbeitszeit nicht nur die männlichen Arbeiter, sondern ebenso ihre Frauen und nicht selten auch die Kinder, die wegen der niedrigen Löhne häufig mitarbeiten mußten, betraf. »Die Auflösung des ›ganzen Hauses‹ als Wohn- und Arbeitseinheit, als Produktionsstätte einer gemeinsamen wirtschaftenden und hausenden Familie war damit besiegelt, wenn sich dieser Prozeß auch bis weit ins 19. Jahrhundert hinein erstreckte« (*Weber-Kellermann* 1975, 100 f.). Aber nicht nur die Produktion, sondern zugleich auch die Erziehungs-, Ausbildungs- und Sozialisationsfunktionen der Familie waren damit stark eingeschränkt. Es gab in diesen Familien nur wenig zu lernen, und es war auch niemand da, der die Kinder hätte beständig anleiten und betreuen können. Die wachsende Zahl von Bürger-, Armen- und Industrieschulen übernahm teilweise diese Aufgabe (vgl. ebd. 107). Die ökonomische Situation der Arbeiterfamilien war in dieser Zeit dermaßen eingeschränkt, daß sie keinerlei finanzielle Grundlagen etwa für eine Kinderstube oder gar für die Anschaffung von Spielzeug hergab [28]. Nur äußerst selten fand sich jemand, der Zeit und Interesse gehabt hätte, sich mit den Kindern in kindgemäßer Weise zu beschäftigen; vielmehr wuchsen diese sehr bald in die Welt der Erwachsenen hinein – und das hieß für die Kinder der Armen: die Welt der Arbeit oder des Bettels (vgl. ebd. 110 ff.).

In krassem Gegensatz zu diesen gesellschaftlichen und wirtschaftlichen Gegebenheiten blühte allerdings der Erziehungs- und Bildungsoptimismus der fortschrittsgläubigen Aufklärung und suchte nach Wegen, die Armut grundlegend zu beseitigen. Man fand einen Weg – wie kaum anders zu erwarten – in der Bildung und Erziehung der Armen zur Arbeit! Bildung und Erziehung wurden jetzt allerdings umfassender verstanden. Welch »glücklicher Zufall«, daß sich diese verstärkte Wendung hin zur Bildung genau mit dem Interesse der Industrie traf, deren

Ausbreitung besonders auf dem Lande durch den empfindlichen Mangel an geschulten Arbeitern behindert wurde (vgl. *Liermann* 1921, 39).
So wurden wieder Arbeitsanstalten errichtet, die jetzt allerdings auf Freiwilligkeit beruhten [29] und die Aufgabe hatten, die Armen zur Arbeit anzuleiten und ihnen Arbeit zu vermitteln (vgl. *Scherpner* 1966, 98). Die Armenkinder wurden, soweit sie nicht in Werkstätten und Fabriken arbeiteten, in den Spinn-, Arbeits- und Industrieschulen in einfache Arbeiten eingeführt (wie Flachs-, Baumwoll- und Wollspinnen); das gab ihnen die Möglichkeit zu frühem Verdienst [30] und gewöhnte sie durch stete Übung an die in ihrem späteren Leben geforderte Aufmerksamkeit. Mancherorts wurden schon 4jährige Armenkinder und auch die in Familienpflege befindlichen Kinder in diese Industrieschulen geschickt [31]. Der allgemeinbildende Unterricht kam dabei allerdings meist zu kurz. Und das hatte seinen guten Grund: »Man darf den Pöbel nicht zu klug machen . . ., sonst will er nicht mehr gehorchen«, weiß der Waisenhausinspektor in *Salzmanns* Roman auf eine entsprechende Frage zu antworten [32].
Hinter den z. T. umfassenden Versuchen der letzten Jahrzehnte des 18. Jahrhunderts, das Armen- und Fürsorgewesen zu reorganisieren (vgl. *Scherpner* 1927; 1966, 98 ff.), stand – neben den für diese Zeit besonders charakteristischen humanitären Gründen – die ökonomische Einsicht, daß kein kapitalistisches System ohne seine Armen erfolgreich produzieren und konkurrenzfähig bleiben könne, da »Mangel an Armen den Arbeitslohn hochtreibt« [33].
Ziel der fürsorgerischen Maßnahmen mußte es also sein, sowohl die in ihren Familien lebenden Armenkinder als auch die in Anstalten untergebrachten und die »Kostkinder« durch Unterstützung, Arbeitserziehung und etwas Elementarunterricht auf ihren Stand, den Stand der arbeitenden Armen, vorzubereiten. Ein angenehmer ökonomischer Nebeneffekt aus dieser Kinderarbeit war, daß damit die Produktion gesteigert und zugleich das Lohnniveau niedrig gehalten werden konnte.
Ideologisch gestützt wurde dieses Konzept durch die hohe Bewertung, die die Pädagogik der Aufklärung körperlicher Arbeit, gesundheitlicher Abhärtung und einem einfachen Lebensstil zukommen ließen (vgl. *Scherpner* 1966, 101).

Erster Widerstand gegen die Waisenhauserziehung

Als in der zweiten Hälfte des 18. Jahrhunderts die erschreckend hohe Sterblichkeitsquote der Anstaltskinder bekannt wurde – 25% und mehr waren durchaus nicht selten [34] –, regte sich erster Widerstand in der aufgeklärten Öffentlichkeit. Doch auch dieser Widerstand war zunächst von ökonomischen Interessen gekennzeichnet: Der Oberkonsistorialrat *J. P. Süßmilch* schrieb in einem 1761 erschienenen und weitverbreiteten Buch, er fürchte, daß bei Eltern durch die Aussicht, daß ihre Kinder in ein Waisenhaus zu Findlings- und Hurenkindern kämen, falls sie – die Eltern – einmal stürben, die »eheliche Fruchtbarkeit« leiden könne. Und das mußte für jeden, der in einer großen Bevölkerungszahl die Grundlage des Reichtums eines Staates sah, eine geradezu schreckliche Vorstellung sein! Außerdem, so argumentierte Süßmilch, seien die Lebensmittelpreise in den Städten so hoch, daß es wesentlich billiger sei, die Kinder in gesunder Umgebung auf dem Lande in arbeitsame Bauernfamilien zu geben (vgl. *Jacobs* 1931, 20 f.).

Diese politisch-ökonomische Kritik (die von Süßmilch eigentlich theologisch gemeint war: Aufgrund gewisser Gesetzmäßigkeiten über Geburten und Sterbefälle wollte er einen neuen Beweis für das ordnende Walten Gottes erbringen! – vgl. *Scherpner* 1966, 92) wurde von der dünnen, aber tonangebenden Schicht der gebildeten und interessierten Bürger stark beachtet; zahlreiche Zeitschriftenartikel, Einsendungen auf Preisfragen, Bücher und Gutachten wurden in der Folgezeit veröffentlicht. Besonders die Philanthropen (»Menschenfreunde«) erwiesen sich als handfeste und publikumswirksame Kritiker der herrschenden Waisenversorgung [35]. Ebenso, wie sie schonungslos die sozialen Verhältnisse der damaligen Zeit brandmarkten (ohne dabei allerdings zu einer die Ursachen aufdeckenden ökonomischen Analyse vorzudringen), geißelten sie auch die maßlose Profitgier, die brutale Arbeitszucht und die dumpfe Religiosität der Anstalten und plädierten für neue Formen der Kindererziehung, für eine »vernünftig-natürliche« Erziehung: für freie Entfaltung der Kinder in heiterer, munterer Atmosphäre, entweder in ländlichen Pflegefamilien oder in Landerziehungsheimen. –

Über Jahrzehnte hinweg wogte der literarische und sozialpolitisch-praktische Kampf gegen die Mißstände und um die Frage, welcher Erziehungsform der Vorzug zu geben sei. Ich möchte im folgenden versuchen, die wichtigsten Argumente zusammenzufassen und den Streit in seinen verschiedenen Phasen kurz darzustellen. Damit dieses nicht ebenso verwirrend geschieht, wie es in Wirklichkeit war, werde ich stark systematisieren und vereinfachen [36].

Argumente gegen die Waisenhauserziehung: Die 1. Phase des Streites

Die Argumente der Gegner bewegten sich zwar auf recht unterschiedlichen Ebenen – einige gingen die Waisenhausfrage vorwiegend pädagogisch an, andere argumentierten rein volkswirtschaftlich und finanziell, wieder andere wandten sich nur gegen die hygienischen Mängel der damaligen Waisenhausversorgung –, insgesamt aber ging es doch immer wieder um diese acht Punkte:

Erstens wenden sich zahlreiche Kritiker gegen die Vereinigung so unterschiedlicher Klientengruppen in einem Haus: Kinder und Erwachsene, Gesunde und Kranke, Alte und »Irre«, Zöglinge und Züchtlinge werden häufig immer noch zusammengezwängt. Die negativen Auswirkungen liegen auf der Hand: »Größere Verführung, heimliche Bosheit und Verdorbenheit des Herzens«.

Zweitens werden die hygienischen Verhältnisse angeprangert; viele Waisenkinder starrten vor Schmutz; Wasch- und Abortanlagen seien gänzlich unzureichend; drei bis vier Kinder müßten sich nachts einen Strohsack teilen; eigene Handtücher und Leibwäsche besäßen die Kinder nicht, sie benützten alles durcheinander. Die Verpflegung sei ungesund; Bewegung und Spiel an der frischen Luft genössen die Kinder selten oder nie [37]. Haut- und Augenkrankheiten, Verkrüppelungen, Epidemien, Mangelkrankheiten wie Skorbut und die schon erwähnte hohe Sterblichkeit seien die Folgen.

Der *dritte* Angriffspunkt ist die überstrenge Arbeitszucht. Zwar waren auch alle Kritiker von der Notwendigkeit von Kinderarbeit fest überzeugt; dieses Ausmaß aber sei gesundheitsschädigend [38] und lasse den Kindern keine Zeit zur Ausbildung ihrer geistigen, körperlichen und sittlichen Fähigkeiten. Außerdem sei die Art der Arbeit ungeeignet; mit dem, was sie im Waisenhaus lernten, könnten die Kinder später ihren Lebensunterhalt nicht verdienen [39].

Damit im Zusammenhang steht das *vierte* Argument: Die Waisenhausschulen seien zu schlecht, die Unterrichtszeit zu kurz. Die häufig miserabel oder gar nicht ausgebildeten Lehrer achteten mehr auf eine Steigerung der kindlichen Erwerbstätigkeit als auf einen geordneten, von den Inhalten her sinnvollen Unterricht.

Fünftens wandten sich besonders die philanthropischen Kritiker gegen das Übermaß religiöser Erziehung. Aus dem Dresdener Waisenhaus beispielsweise ist bekannt, daß dort der ganze Tageslauf – im Sommer ab 4 Uhr morgens – mit Gebeten, Gesängen, Katechismusstücken und Bibeltexten durchsetzt war, die sich täglich auf ca. 90 Gebete und Gesänge, darunter 15mal das Vaterunser, summierten.

Die Religion müsse so zum Ekel werden, zu Heuchelei und Verstellung führen – besonders dann, wenn diese Gebete und Lieder auf Bestellung und gegen Bezahlung zu jeder Tages- und Nachtzeit durchgeführt würden [40].

Daß die Kinder in keiner Weise individuell erzogen würden, war das *sechste* Argument. In der Massenerziehung werde auf besondere Anlagen und Fähigkeiten keine Rücksicht genommen, alles habe sich einer Schablone unterzuordnen. Auch fehle es an der Bildung des »moralischen Charakters«; zwischen Waisenhausvorsteher und -zögling gäbe es keine menschlichen Beziehungen; den Kindern würden keine Identifikationsmöglichkeiten geboten, denn die Vorsteher seien nicht als Vorbilder anzusehen.
Als *siebtes* wird bemängelt, daß die Kinder nicht auf das Leben »draußen« vorbereitet würden. Die Knaben erlernten keinen Beruf, die Mädchen erwürben nicht die notwendigen hauswirtschaftlichen Kenntnisse. Nach ihrer Entlassung könnten die Kinder nur Stehlen, Lügen und Betteln – zu anderen Arbeiten seien sie inzwischen auch zu krank, zu schwach und verkrüppelt. Vor den »Gefahren der Welt« seien sie im Waisenhaus zwar geschützt, später seien sie ihnen aber um so unvorbereiteter ausgeliefert. Da sie den vielen neuen Anforderungen nicht gewachsen seien, fielen sie dem Staat nur aufs neue zur Last.
Achtens schließlich wird in vielen Stellungnahmen und Gutachten nachgewiesen, daß die Privatpflege wesentlich billiger sei als die Unterbringung im Waisenhaus [41], mit gleicher Geldmenge könne man also bei Verzicht auf ein Waisenhaus mehr Personen helfen [42].
Einige – aber durchaus nicht alle – dieser Kritiker sangen zugleich der Pflegefamilie ein Loblied: Wenn man nur mit etwas Sorgfalt die richtigen Familien aussuche, werde das Beispiel tugendhafter Eltern und Verwandter allein schon unterrichtend auf die Kinder wirken – der Knabe sähe die Arbeit des Vaters und lerne von ihm, das Mädchen erlebe die Mutter beim Kochen, Nähen, Putzen, Waschen usw. und werde unmerklich an diese Tätigkeiten herangeführt und gewöhnt. Das Mittenhineingestelltsein in das Leben mit allen seinen Wechselfällen gäbe den Kindern früh einen Begriff von dem, was später von ihnen verlangt werde. Die Kinder hätten in den Familien viel mehr Bewegungsfreiheit; und gerade die Bewegung in frischer Landluft und die einfache, aber doch schmackhafte und reichliche Nahrung mache sie gesund und kräftig. Vormittags könnten sie die – zugegebenermaßen noch verbesserungsbedürftige – Dorf- oder städtische Freischule besuchen, nachmittags ihren Pflegeeltern beim Handwerk, im Haushalt, auf dem Hof oder in der Fabrik helfen; so würden sie beizeiten zum bürgerlichen Erwerbsfleiß erzogen; Fleiß und Arbeitsamkeit würden ihnen alsbald zur Natur.
Schließlich dürften – so wird betont – politische und volkswirtschaftliche Gesichtspunkte nicht übersehen werden: Denn erstens bürge nur die Familienerziehung für gesunde und brauchbare Bürger, zweitens könnte

durch die vom Waisenhaus zu zahlenden Kostgelder manche arme Familie unterstützt werden, die dann vielleicht eher in der Lage sei, Miete und städtische Abgaben zu entrichten (!!). Auch erhielten auf diese Weise Fabrikanten, Künstler und Handwerker billige Arbeitskräfte, könnten folglich ihre Fabrikate preisgünstiger verkaufen und seien konkurrenzfähiger; die Unterbringung der Kinder auf dem Lande dagegen habe den Vorteil, daß so dem schädlichen Mangel an Landleuten abgeholfen werden könne.

Die praktischen Konsequenzen, die diese Argumente gegen die Anstalts- und für die Privaterziehung hatten, waren unterschiedlich: Nicht wenige Waisenhäuser wurden binnen kurzer Zeit geschlossen und alle Kinder in Kostfamilien untergebracht. Die Kinder wurden dabei regelrecht an aufnahmewillige Eltern versteigert; wer das geringste Pflegegeld forderte, erhielt den Zuschlag.

Andere Träger waren vorsichtiger. Einige ließen erst gelehrte Gutachten anfertigen oder stellten das Problem öffentlich als Preisfrage; andere brachten für eine ein- oder mehrjährige Probezeit einen kleineren Teil ihrer Kinder in Pflegefamilien unter und werteten zunächst die damit gemachten Erfahrungen aus. Eine weitere Gruppe von Anstalten behielt die Kinder und versuchte, ihre Einrichtungen nach und nach zu reformieren.

Insgesamt jedenfalls wurden in dieser ersten Phase, in der die Gegner der Waisenhauserziehung stark überwogen, Tausende von Kindern in Pflegefamilien verlegt; Halbwaisen wurden häufig gegen Kostgeld an ihre Mütter zurückgegeben; wo es möglich war, zog man Verwandte oder Freunde oder doch Einwohner des Geburtsortes als Pflegeeltern vor, weil man bei ihnen noch am ehesten ein ehrliches Interesse für das Kind erwarten durfte.

Argumente gegen die Privaterziehung: Die 2. Phase des Streites

Schon von Anfang an, verstärkt aber nach den nicht immer sehr ermutigenden Erfahrungen mit Waisenhausauflösungen, meldeten sich die Verteidiger der Waisenhauserziehung zu Wort. Es waren meist Männer mit praktischen Erfahrungen in der Versorgung von Unterschichtskindern; viele von ihnen waren Anstaltsleiter, -pfarrer oder Kuratoriumsmitglieder, so daß schwer zu unterscheiden ist, was von ihren Äußerungen unvoreingenommene Beobachtung und Beurteilung und was parteiliches »Interesse« ist. Soweit ich das überblicken kann, verteidigt niemand von ihnen die zu Recht kritisierten und unbestrittenen Mißstände in den Waisenhäusern; sie halten diese aber nicht für grundsätzliche Mängel,

sondern glauben, daß sie durchaus abzuändern seien.
Die Pflegefamilien-Erziehung aber geißeln sie mit harten Worten. Ohne Zweifel kannten viele von ihnen die Lebenswirklichkeit der arbeitenden und armen Klasse besser als die wohlhabenden und gebildeten, aus »heilen« Familien stammenden Befürworter der Pflegefamilienerziehung. Hinter ihren sechs Hauptargumenten steht die Erfahrung von der Situation der Arbeiterfamilien, wie sie in der historischen Einleitung zu diesem Kapitel kurz beschrieben wurde.
Erstens berufen sich fast alle Waisenhaus-Verteidiger auf das Fiasko, das man mit der Durchführung der Familienerziehung erlebt habe: Gewöhnlich erklärten sich nur Familien der niedersten Volksschichten zur Aufnahme von Kindern bereit, Familien, die aufgrund ihrer eigenen mißlichen Lage gezwungen seien, Pflegekinder eher aus finanziellen Gründen als aus christlicher Nächstenliebe aufzunehmen. Diese Familien, die in ständiger Sorge um den täglichen Lebensunterhalt stünden, müßten ja schon ihre eigenen Kinder von frühester Jugend an zu jeder Arbeit anhalten – wieviel mehr würden sie da die Pflegekinder ausbeuten? Außerdem müßten sich diese Eltern so sehr um ihren Verdienst mühen, daß die Kinder häufig ohne Aufsicht blieben.
Zweitens stehe es mit der Ausbildung der Pflegekinder besonders arg. Auf dem Lande würden die Knaben als Hirtenjungen eingesetzt und müßten oft monatelang auf den Weiden beim Vieh ihr Leben fristen, mitunter würden sie sogar zum Betteln angehalten; die Mädchen müßten meist die Kinder der Pflegeeltern versorgen. Andere Tätigkeiten gäbe es in diesen armseligen Haushaltungen kaum zu lernen.
Überhaupt – *drittens* – die Schulverhältnisse auf dem Land! Sie seien so unsagbar schlecht (vgl. dazu auch *Kuczynski* 1968, 9 ff.), und der Unterricht spräche die Kinder so wenig an, daß auch die schlechteste Waisenhausschule noch mehr bieten könne. Außerdem besuchten die Kinder die Schule oft nur sehr unregelmäßig; ein Schulzwang könne auf dem Lande nicht durchgesetzt werden; im Waisenhaus dagegen gehöre die Schule zur Hausordnung.
Die hygienischen Verhältnisse – so wird *viertens* angeführt – sind in den Waisenhäusern zwar oft zu Recht kritisiert worden; sie könnten aber den Vergleich mit denen der meisten armen Privatfamilien gut aushalten. Das träfe sowohl auf die sanitären Anlagen als auch auf die dumpfen und engen Stuben, die schmutzigen und überfüllten Schlafstätten, die Zubereitung der Speisen, die Pflege der Kleidung und besonders auf die oft jeder Beschreibung spottende Behandlung in Krankheitsfällen zu. Krankheiten und Todesfälle seien hier nicht seltener als im Waisenhaus.
Das Hauptproblem aber sei *fünftens* die Auswahl und die Überwachung

geeigneter Pflegefamilien. Die Bewährungszeugnisse von Predigern und Behörden seien nicht ausreichend [43]. Die Familienverhältnisse stellten Bilder erschreckendster Ungebildetheit und Verrohung der Sitten dar; Aberglaube und Vorurteile herrschten hier ungebrochen.
Schließlich habe man *sechstens* die Erfahrung machen müssen, daß einfach nicht alle Kinder für eine Privaterziehung geeignet seien.
Welche Möglichkeiten böten da doch – jedenfalls grundsätzlich – die Waisenanstalten! Hier fänden die Kinder eine geregelte Versorgung, eine Erziehung zur Furcht und Ermahnung zum Herrn, Unterweisung in Schreiben, Rechnen und Handarbeiten (Waisenanstalten eigneten sich auch sehr zur Ausbildung von angehenden Lehrern!); hier seien sie nicht der Ungebildetheit und Willkür der Pflegeeltern ausgesetzt, sondern könnten, statt ausgebeutet zu werden, ein ordentliches Handwerk lernen.
Auch diese Argumente verfehlten ihre Wirkung nicht. Manches Waisenhaus, dessen Schließung schon geplant war, blieb nun doch bestehen; an anderen Orten versuchte man es mit Mischsystemen, etwa, daß nur die Mädchen, oder nur die Bauernkinder, zu einer kleineren Anzahl besser ausgewählter Familien in Pflege kamen, während die anderen Kinder in der Anstalt blieben. Mancherorts wurden aufgrund dieses argumentativen Gegenschlages sogar die alten Waisenhäuser wieder eröffnet oder neue Einrichtungen gegründet.

Ergebnisse des Waisenhausstreites: Systematisierung der Kostkinder-Unterbringung

Insgesamt blieben diese jahrzehntelangen Auseinandersetzungen nicht ganz ohne Erfolg, u. a. brachten sie eine gewisse Systematisierung der Pflegekinder-Versorgung mit sich:
Schon von alters her hatte man die Frage gestellt, ob Kinder besser auf dem Lande oder in der Stadt unterzubringen seien. Zur Beantwortung dieser Frage mußte häufig der soziale Status des Kindes mit herangezogen werden – für Bürgerwaisen zog man oft – aber durchaus nicht immer – Stadtfamilien (Handwerker, Kaufleute) vor; für Findelkinder eher die billigere Landpflegestelle, denn da man die Herkunft dieser Kinder nicht kannte, konnte das bäuerliche Leben auch keinen sozialen Abstieg bedeuten. Stadtpflegestellen standen außerdem nie in ausreichender Menge zur Verfügung. Bei Armenkindern zog man wohl die billigste vorhandene Unterbringung vor und richtete sich bei ihnen am deutlichsten nach wirtschaftlichen Gesichtspunkten, konkret: nach dem Bedarf an Arbeitskräften.
Diese alten Unterscheidungen waren aufgrund der sozialen Veränderun-

gen jetzt nicht mehr so wichtig; Kinder, die öffentlich versorgt werden mußten, gehörten zum ganz überwiegenden Teil zur Klasse der Armen und Besitzlosen.

Die Frage, die jetzt verstärkt diskutiert wurde, war die nach der Auswahl, der Überwachung und der Betreuung der Pflegestellen. Zwei Systeme schälten sich heraus: Die »Waisenkolonie« und die »Streusiedlung«.

Der Plan der *Waisenkolonie* sah vor, eine größere Anzahl von Kostkindern an demselben Ort, am besten in einem kleinen Landstädtchen, unterzubringen. Die Kinder, die unter der Aufsicht eines besonderen, am Ort wohnenden Direktors stehen sollten, leben einzeln oder zu zweien oder dreien in Pflegefamilien; dadurch ergibt sich der »Vorteil einer vereinfachten Aufsicht und die Möglichkeit zu rascherem Eingreifen, da, wo es nötig werden sollte, Kinder vor physischen und moralischen Schäden zu bewahren« (*Liermann* 1921, 23). Größere, schon verwahrloste »Elemente« müsse man allerdings über das Land verteilen, damit sie keinen ungünstigen Einfluß ausüben. Das Hauptproblem einer solchen Kolonie sei es, einen Ort zu finden, in dem sich genügend geeignete Pflegefamilien fänden [44].

Bei der *Streusiedlung* handelt es sich um die – althergebrachte – Unterbringung der Waisen über das ganze Land verstreut. Pflegeeltern, Vormünder, Lehrer und Ortsprediger sollen jährlich über den Zustand der Kinder und über alle wichtigen Vorkommnisse berichten. Einmal im Jahr müssen alle Pflegeeltern mit ihren Schutzbefohlenen vor einer Pflegekommission erscheinen, oder der Direktor der Waisenanstalt visitiert die Pflegefamilien in regelmäßigen Abständen. Der Mangel dieses weit verbreiteten Systems liegt außer in der schon erwähnten Unzuverlässigkeit der örtlichen Behörden »in der Schwerfälligkeit des ganzen Apparates«. Für eine effektive Aufsicht benötigt man einen großen, teuren Beamtenstab, »der unausgesetzt das Wohl der Kinder im Auge behält« (*Liermann* 1921, 25) [45].

Unabhängig von diesen beiden Unterbringungs-Systemen erwies es sich als günstig, ein kleines Waisenhaus zur Aufnahme und Beobachtung der Kinder zur Verfügung zu haben. Diese Einrichtungen, die Kinder bis zur Weitergabe in geeignete Familien, beim Scheitern des Pflegeverhältnisses oder auch bei ernsthaften Krankheiten aufnahmen, trugen den (scheußlichen) Namen »Waisendepots«.

Veränderungen in der Anstaltspflege

Insgesamt wohl noch einschneidender waren die Veränderungen, die in manchen Waisenhäusern durchgeführt wurden. Neben der Verbesserung der hygienischen Verhältnisse und der Verpflegung bemühte man sich um die Verringerung der Kinderarbeit und die Ausweitung und Modernisierung des Schulunterrichtes. Bei Neubauten machte man sich jetzt Gedanken über den pädagogisch geeigneten Standort und sorgte für Gärten und Spielplätze. Insbesondere aber versuchte man, die Vorteile der Familienerziehung mit denen der Anstaltserziehung zu verbinden und sprach sich für kleinere Gruppen [46] aus, die in voneinander getrennten Häusern oder doch in abgetrennten Abteilungen wohnen sollten, so daß die Kinder zu ihrem Hauselternpaar (eine ganz neue Vorstellung!) besser ein persönliches Verhältnis gewinnen könnten, »um solchen verlassenen Kindern vollen Ersatz zu geben für das, was sie durch den Tod ihrer Väter und Eltern verloren haben« (zit. n. *Liermann* 1921, 31). Teilweise richtete man auch geschlechtsgemischte Gruppen ein.

Außerdem wollte man sich bemühen, für eine angemessene Berufsausbildung durch Handwerksmeister bzw. für die Vermittlung von mehr hauswirtschaftlichen Kenntnissen an die Mädchen zu sorgen. Durch Wanderungen, Reisen und Ausflüge sollten die Kinder auf die Welt »draußen« besser vorbereitet, durch Feste und Feiern ihr Alltag aufgelokkert und bunter werden.

Die Vertreter dieser »Reform-Position« hatten den taktischen Vorteil, sich auf zwei so angesehene Pädagogen wie *Salzmann* und *Pestalozzi* berufen zu können. Zwar war Salzmanns Kritik gegenüber den alten Anstalten von ätzender Schärfe gewesen, genauso vernichtend aber hatte er sich auch gegenüber den Familienzuständen seiner Zeit geäußert. Er versuchte in seinem Landerziehungsheim (»Philanthropin«) Schnepfenthal den Nachweis zu erbringen, daß man auch in Anstalten das vielgepriesene Ideal der Familienerziehung nachahmen und eine naturgemäße Erziehung garantieren könne (vgl. *Jacobs* 1931, 108). Um das zu erreichen, legte er großen Wert »auf die innigste Verbindung des Anstaltslebens mit dem seiner eigenen Familie« (*Ruth* 1927, 15).

Pestalozzis Bemühungen gingen in ähnliche Richtung; in seinen Schriften und in seiner Praxis versuchte er, die Merkmale einer rechten Familienerziehung (»Wohnstubenerziehung«) in den öffentlichen Erziehungseinrichtungen nachzuahmen (»nationale Wohnstubenerziehung«; vgl. ausführlicher 1.2.4.).

Außerdem konnten die Waisenhausverteidiger die Ideen eines damals viel Aufsehen erregenden Philosophen für sich in Anspruch nehmen: *Johann Gottlieb Fichte* (1762–1814) forderte in seinen »Reden an die deutsche Nation« (ersch. 1808) eine gänzlich neue Erziehung für die junge Generation, eine deutsche Nationalerziehung, die möglichst weitgehend unbeeinflußt von den schädlichen Einflüssen der Gegenwart und von den überkommenen Anschauungen der alten Generation stattfinden solle. An die Stelle der im Zerfall befindlichen Familien müßten Institutionen des Staates treten.

Die Methode dieser Nationalerziehung entlieh Fichte weitgehend den Erziehungsgedanken Pestalozzis; in der Betonung der Familie stimmte er jedoch durchaus nicht mit ihm überein: »Was aber unsern höhern Begriff einer Nationalerziehung anbelangt, so sind wir fest überzeugt, daß diese, besonders bei den arbeitenden Ständen, im Hause der Eltern, und überhaupt ohne gänzliche Absonderung der Kinder von ihnen, durchaus weder angefangen, noch fortgesetzt, oder vollendet werden kann« (*Fichte*, 9. Rede; 1944, 153). Vielmehr sei ein »trennender Einschnitt« erforderlich (ebd. 154).

In den isolierten, ländlichen Gemeinwesen, in denen die Jugendlichen mit ihren Erziehern leben sollten, sollten sie gemeinsam wirtschaften und möglichst alles, was sie für ihr gemeinsames Leben brauchen, selbst herstellen. Hauptbeschäftigung sollten Acker- und Gartenbau sowie Viehzucht und die Grundkenntnisse einiger Handwerke sein. Lernen und Arbeiten sollten in dieser »pädagogischen Provinz« zu einer Einheit werden (vgl. *Fichte*, 10. Rede; 1944, bes. 169 ff.). –

Diese pädagogisch-politischen Ideen kamen manchen der Waisenhausverteidiger für ihre eigene Argumentation äußerst gelegen; wenn ein Mann wie Fichte sogar für die Kinder, deren Eltern noch leben, gemeinsame staatliche Erziehungsanstalten fordere, dann – so meinten sie – könne man erst recht eine solche Erziehung für diejenigen Kinder vertreten, die der Fürsorge des Staates ganz überlassen seien (vgl. *Jacobs* 1931, 39 f.; 113; *Hegel* 1968, 38 f.). –

Nicht wenige der veränderungsbereiten Waisenhäuser entschieden sich allerdings sehr pragmatisch für das oben schon erwähnte Mischsystem von Anstalts- und Außenpflege. Der Vorteil dieses Systems sollte darin liegen, daß man Kinder je nach Eignung, Entwicklung, Gesundheitszustand und »Lebensperspektive« in Pflegestellen geben oder sie in Anstaltsgruppen lassen könne. Außerdem konnte man so die »Erfolge« der unterschiedlichen Versorgungsarten gut vergleichen.

Über die Todesfälle in Anstalts- und in Familienpflege gibt beispielsweise eine Statistik des großen Friedrichs-Waisenhauses in Berlin Auskunft: Bei insgesamt starken Schwankungen liegt die durchschnittliche jährliche Sterberate zwischen 1812 und 1821 in der Anstalt bei 7%, in Außenpflege bei 5,2%. Todesursachen waren meist Auszehrung und Schwindsucht – Krankheiten, die die Kinder oft schon bei der Einlieferung mitbrachten. Interessanterweise machte man hier und auch andernorts schlechte Erfahrungen mit der Unterbringung von Säuglingen in Privatpflege; von ihnen starben so viele, daß man sich nach anderen Versorgungsmöglichkeiten umsehen mußte (z. B. Ammen im Heim; vgl. *Liermann* 1921, 65 f.; *Stein* 1923, 115). –

1.2.4. Johann Heinrich Pestalozzi (1746–1827)

Einer der wichtigsten pädagogischen Denker dieser Zeit war J. H. Pestalozzi. Seine Ideen wirkten zwar in erheblichem Umfang auch in den Waisenhausstreit hinein, gehen aber in ihrer pädagogischen Bedeutung und Wirksamkeit weit über diese Epoche hinaus. Da seine Gedanken besonders auf die nachfolgenden Generationen großen Einfluß ausübten, soll über ihn erst an dieser Stelle ausführlich berichtet werden.

Lebenslauf und -werk J. H. Pestalozzis waren von der Umbruchstimmung seiner Zeit besonders geprägt. In seinen jungen Jahren »bewegte ihn am meisten das wegen seiner revolutionären Gedankengänge in der Schweiz verbotene Buch ›Emile‹ von J. J. Rousseau: ›Alles ist gut, wie es aus den Händen des Schöpfers der Dinge hervorgeht; alles entartet unter den Händen des Menschen‹« (*Ueckert* 1962, 167).

Nachdem er, der »Zurück-zur-Natur-Mode« seiner Zeit folgend, vergeblich sein Glück als Landwirt versucht hatte und dann ebenso als Baumwollverleger gescheitert war, gründete er auf dem Neuhof eine Anstalt für Kinder armer Leute; schon als Textilfabrikant hatte er nämlich etwa 30 Kinder als Arbeitskräfte gehabt und wußte, »daß sie . . . bey geringer Arbeit . . . ihren Unterhalt frühe selbst verdienen können«. Jedoch – auch dieses Unternehmen scheiterte; er konnte pädagogisches Bemühen und wirtschaftliches Geschick einfach nicht zusammenbringen; er litt, wie er selbst einmal sagte, an »unübertrefflicher Regierungsunfähigkeit« (*Uhlhorn* 1890, 297).

Während der politischen Wirren hatte er den Titel »Ehrenbürger der französischen Revolution« erhalten und hatte sich nach dem Umsturz in der Schweiz (1798) in den Dienst der »Helvetischen Republik« gestellt. Immer wieder setzte er sich für den Aufbau eines Volksbildungssystems ein; ihm wurde jedoch trotz seines inzwischen guten Rufes als Verfasser populärer volkserzieherischer Bücher lange Zeit keine praktische Erziehungsaufgabe übertragen. Ende 1798 konnte er endlich in Stans (Kanton Nidwalden) die Leitung eines Hauses für verarmte und verwaiste Kinder übernehmen. Hier versorgte er unter ungeheuer schwierigen Bedingungen etwa 80 durch Kriegsfolgen elternlos gewordene oder gesundheitlich und »moralisch« heruntergekommene Kinder und erprobte ein Konzept kombinierter »Menschenbildung« und Arbeitserziehung. Nahezu ohne fremde Hilfe und unter immensem persönlichen Einsatz betreute und

unterrichtete er diese Kinder und versuchte, ihnen »Vater und Mutter zugleich« zu sein. Dabei blieb die – sicher anstrengende – Kinderarbeit immer dem allgemeinen Erziehungsziel untergeordnet: dem Armen dazu zu verhelfen, sich selbst ein menschenwürdiges Dasein zu verschaffen, ihm »Hilfe zur Selbsthilfe« zu geben. Arbeit, ob sie in der Familie oder in der Armenerziehungsanstalt geleistet wurde, war für ihn also kein Selbstzweck, sondern ein Mittel, das dem »wahren Endzweck der Sittlichkeit, der Bildung und Lenkung der Herzen zu allem Guten« dienen sollte (*Pestalozzi*, zit. n. *Alt* u. a. 1970, 107). Insofern betrachtete er sie nie – wie z. B. *Francke* – auch oder insbesondere unter merkantilen Gesichtspunkten, sondern immer unter dem der »körperlichen Übung zu Arbeit und Verdienstfähigkeit« als Voraussetzung und Weg zur Selbständigkeit (*Pestalozzi* XIII, 26).
Hinter diesen Ideen Pestalozzis stand die Ablehnung jeder Tyrannei und die »utopische Auffassung ..., daß eine Verbesserung der sozialen Zustände nicht durch eine gewaltsame Umgestaltung der Gesellschaft, sondern durch die ›innere Veredelung‹ des Menschen zu bewirken sei ...; auch dem Armen soll die Entfaltung seiner Kräfte ermöglicht werden, zu wirtschaftlichem Nutzen und menschlicher Vervollkommnung« (*Günther* u. a. 1973, 187) [47].
Dieses volkserzieherische Anliegen suchte Pestalozzi in seinen vielgelesenen Schriften, in der Erziehungsarbeit und später als Lehrer und Schulleiter zu verbreiten. Persönliche Querelen und Richtungskämpfe bei seinen Mitarbeitern einerseits, seine gewisse politische und wirtschaftliche Naivität und Gutgläubigkeit andererseits ließen ihn häufig scheitern.

Pestalozzis pädagogisches Konzept

Pestalozzi dachte sich das Leben in konzentrischen Kreisen aufgebaut, deren innerster die Wohnstube, das Vaterhaus ist; darum schließen sich der Berufskreis und das Vaterland. Für den Menschen und seine Bildung ist das Wichtigste der Familienkreis, die Spannung »zwischen dem Mutterherzen und dem festen Vernunftwillen des Vaters«, die »Gesundheit der Wohnstube«, die das Gegengewicht gegen das entfesselte Erwerbstreiben und die leerlaufende Betriebsamkeit bildet (vgl. *Günther* u. a. 1957, 183 f.). Eine Erneuerung der unteren Schichten des Volkes konnte seiner Meinung nach nur von der Familien- und Hauserziehung ausgehen, von einer sittlichen, gesunden Lebensweise. Daher war die erneuernde, läuternde, kräftigende, befähigende Einwirkung auf das Familienleben sein zentrales Anliegen; die Reform der Schule, die aufgrund seiner zahlreichen Veröffentlichungen zur Elementarerziehung und seines epochemachenden Einflusses auf das deutsche Volksschulwesen als sein Hauptwerk erscheinen könnte, mußte sich diesem Ziel unterordnen. Beispielhaft zeigte er in seinem Erziehungs- und Familienroman »Lienhard und Gertrud« (erschienen 1781–1787), wie er sich in den Dorfgemeinden einzelne verständige Hausväter und Hausmütter als »Keimzellen« eines besseren, geordneteren Familienlebens vorstellt. Und in seinem Stanser Brief schrieb er: »Jede gute Menschenerziehung fordert, daß das Mutteraug in der Wohnstube täglich und stündlich jede Veränderung des Seelenzustandes ihres Kindes mit Sicherheit in seinem Auge, auf seinem Munde und seiner Stirn lese. Sie fordert wesentlich, daß die Kraft des Erziehers reine und durch das Daseyn des ganzen Umfangs der häuslichen Verhältnisse allgemein belebte Vaterkraft sey« (*Pestalozzi* XIII, 8).

Die Wohnstube – oder: »das Heiligtum der Wohnstube« – ist für ihn Inbegriff des liebevoll Geordneten, der herzlichen Bindungen, der gemeinsamen Arbeit ..., der Ort eben, an dem allein Erziehung umfassend und im eigentlichen Sinne geleistet werden kann, an dem die Mutter das Leben ihrer Kinder formt. Im 14. Brief seines methodischen Hauptwerkes »Wie Gertrud ihre Kinder lehrt« (erschienen 1801) singt er denn auch wahre Oden auf die Mütter. Er ist überzeugt davon, daß »in den Händen der Mütter ... sich das Schicksal der Generationen« formt (*Schohaus* 1927, 28).

Ebenso wie die Familienerziehung muß auch die öffentliche Erziehung und ebenso die Arbeit der Kinder den »Gesetzen der Wohnstube« unterliegen. In diesem Sinne kann er auch von einer »nationalen Wohnstubenerziehung« sprechen (vgl. dazu *Collong* 1929, insbes. 21 ff.). Das Anliegen seiner praktischen Versuche war es, zu »beweisen, daß die Vorzüge, die die häusliche Erziehung hat, von der öffentlichen müsse nachgeahmt werden, und daß die letztere nur durch die Nachahmung der Ersteren für das Menschengeschlecht einen Werth hat. Schulunterricht ohne Umfassung des ganzen Geistes, den die Menschenerziehung bedarf, und ohne auf das ganze Leben der häuslichen Verhältnisse gebaut, führt in meinen Augen nicht weiter, als zu einer künstlichen Verschrumpfungsmethode unseres Geschlechts« (*Pestalozzi* XIII, 7).

Um diesen Wohnstubencharakter auch in größeren Einrichtungen zu erzeugen und zu erhalten, müssen Erzieher und Zöglinge ihr Leben miteinander teilen: »Ich war vom Morgen bis Abend ... in ihrer Mitte. Alles, was ihnen an Leib und Seele Gutes geschah, gieng aus meiner Hand. Jede Hülfe, jede Handbietung in der Noth, jede Lehre, die sie erhielten gieng unmittelbar von mir aus. Meine Hand lag in ihrer Hand, mein Aug' ruhte auf ihrem Aug'. Meine Thränen flossen mit den ihrigen, und mein Lächeln begleitete das ihrige. Sie waren ausser der Welt, sie waren ausser

Stans, sie waren bey mir, und ich war bey ihnen« (*Pestalozzi* XIII, 9). Der Erzieher muß es bei diesem Zusammenleben durch seine vorbildliche Liebe und Sorge so weit bringen, daß auch unter so vielen Personen der »einfache Geist einer großen Haushaltung« herrscht (*Pestalozzi* XIII, 14).

Pestalozzis Bedeutung für die öffentliche Erziehung

Pestalozzis Bedeutung für die Weiterentwicklung des Elementarunterrichtes und der Volksschul-Methodik ist unbestritten und weit erforscht; angehende Lehrer »wallfahrteten« geradezu in Scharen nach Yverdon, wo Pestalozzi einige Schulen leitete. – Bezüglich seines Einflusses auf die öffentliche Ersatzerziehung liegen die Dinge nicht so einfach. Pestalozzi hat kein »Modell« geschaffen, das man hätte nachahmen können. Seine praktischen Versuche scheiterten alle mehr oder weniger direkt. Vielleicht konnte ihm auch gar kein »Modell« gelingen: Seine stark aufs Individuum zentrierte Denkweise war (notwendig?) ungeschichtlich; sein Familien- und Wohnstubenideal spiegelte Zustände in der Schweiz wider, die zu seiner Zeit schon längst in Auflösung und Verfall geraten waren [48] und wegen der fortschreitenden Weiterentwicklung der Produktivkräfte auch so nicht wieder herzustellen waren. Er mußte also zwangsläufig im wirtschaftlichen und politischen Bereich auf Widerstände stoßen.
Auf der anderen Seite war ein Teil seiner Ideen zukunftsweisend, z. B. seine Betonung der »Hilfe zur Selbsthilfe« für die Armen, die ihn eine kombinierte Elementar-, »Menschen-« und Arbeitserziehung entwickeln ließ, und ebenso seine Hochschätzung des individuellen pädagogischen Bezuges und die zahlreichen Hinweise auf die Notwendigkeit von »Geborgenheit« und »Liebe«, von »Menschlichkeit«, »Wärme« und »Geduld« in der Erziehung.
Beides – seine ungeschichtlich-ideologischen wie seine zukunftsweisenden Ideen – hat bis heute in der öffentlichen Ersatzerziehung weitergewirkt und seine Auswirkungen gezeigt: vom Waisenhausstreit über die Rettungshausbewegung bis hin zur Kinderdorfidee, zu *Mehringers* Ruf zur »Reform der Anstalt« und zur heutigen Erzieherausbildung.

1.2.5. Die Rettungshausbewegung (ca. 1820–1850)

Die letzten Kapitel erweckten vielleicht den Eindruck, daß die Zeit um die Wende des achtzehnten Jahrhunderts den großen Durchbruch für eine pädagogisch verantwortliche Erziehung der Waisen- und Armenkinder gebracht und ihr Los entscheidend verbessert habe. Doch dieser Eindruck täuscht: Zwar war tatsächlich vieles in Bewegung geraten und manches verbessert worden – aber die politische, wirtschaftliche und soziale Lage machte auch diese erfreulichen Ansätze bald wieder zunichte (vgl. *Uhlhorn* 1890, 300 f.). Nach den Befreiungskriegen (1813–1815) war die Wirtschaft schwer angeschlagen, Staat, Kommunen, Institutionen und einzelne waren verarmt. Mißernten und krisenhafte wirtschaftliche Veränderungen, die ihre Ursachen im verstärkten Aufkommen von Maschinen hatten, erhöhten die Lebenshaltungskosten. Zugleich war durch die Kriege der letzten Jahre die Zahl der verwaisten und unversorgten Kinder stark angestiegen.

Insbesondere aber hatte sich der Geist des Individualismus und des politischen und ökonomischen Liberalismus ausgeweitet; der Staat gestand sich selbst nicht mehr das Recht zu, in das Leben der Gesellschaft, der Wirtschaft oder der Familie einzugreifen – er hatte nur die Aufgabe, den Bürger und seine Interessen zu schützen und »die Ordnung« aufrechtzuerhalten. War er zuvor an der Herstellung des Verhältnisses von Lohnarbeit und Kapital aktiv beteiligt gewesen, so bestand seine Aufgabe nun vornehmlich in der Erhaltung und Sicherung dieses Verhältnisses, d. h. der Konkurrenzbedingungen des Kapitals; er wurde zum »Nachtwächterstaat« (*Lassalle* – vgl. *Ahlheim* u. a. 1971, 34; *Scherpner* 1966, 117 ff.).

Von diesem Staat war kein soziales Engagement mehr zu erwarten, er konnte auch weder Interesse an einer familienartigen Ausrichtung der Waisenhäuser noch gar an der Einrichtung einer »pädagogischen Provinz« haben.

Reduktion der staatlichen Fürsorge

Im Bereich der staatlichen Kinder- und Armenfürsorge wurden diese liberalistischen Tendenzen durch die Bevölkerungstheorie des Engländers *Thomas Robert Malthus* gestützt (1. Aufl. 1798), die in der sehr vergröberten Form, Armut sei ein selbstverschuldetes Los und nur moralische Enthaltsamkeit könne das Schicksal der Armen verbessern, recht populär wurde [49]. Malthus verwarf in dieser Theorie u. a. jede öffentliche Verpflichtung zum Unterhalt der Armen; ganz besonders sei die Kinderfürsorge überflüssig und schädlich, da sie frühes und leichtsinniges Heiraten und die leichtfertige Erzeugung von Kindern fördere. Viele Kinder und damit ein starker Bevölkerungszuwachs seien aber durchaus nicht wünschenswert, da sich die Menge der Lebensgüter langsamer vervielfältige als die Größe der Bevölkerung; Hunger und Armut seien daher naturgegeben und unvermeidlich; durch öffentliche Fürsorge würden sie letztlich noch vergrößert (vgl. *Klumker* 1913, 11 f.; *Scherpner* 1966, 117 f.).

Krasser Liberalismus, leere Kassen, Malthussche Bevölkerungstheorie [50] – alles das führte sehr bald zu einer starken Einschränkung der staatlichen Kinderfürsorge. In Württemberg beispielsweise war der Mangel an staatlichen Einrichtungen in den zwanziger Jahren so groß, daß nur ein Bruchteil der unversorgten Kinder aufgenommen werden konnte; »seine königliche Majestät« befahl daher der »Centralleitung des Wohltätigkeitsvereins, freiwillige Privatgesellschaften ... zur weitern Begründung von Anstalten ... aufzumuntern« (*Lange* 1824, 20. Beilage ..., S. 187; *Ruth* 1927, 6).

Die Reduktion der Kinderfürsorge hatte in zwei Richtungen hin Folgen: Auf der einen Seite wurde die Arbeitskraft der Armenkinder, die durch keine Überwachung mehr geschützt waren, ungehindert von der aufstrebenden Industrie, aber nicht weniger von ihren eigenen Eltern, ausgebeutet [51]; von hier führte dann ein gerader Weg zur Kinderfabrikarbeit; viele Kinder blieben außerdem einfach unversorgt und mußten sich irgendwie »durchschlagen« – oder starben. Auf der anderen Seite setzte jetzt, wo die öffentlichen Instanzen versagten, wieder verstärkt private Initiative ein (vgl. *Scherpner* 1966, 119; *Dörschel* 1972, 120; *Kuczynski* 1968, 62 ff.).

Der Ursprung der Rettungsbewegung

Diese Initiativen wurden besonders von christlichen Kreisen aus der »Erweckungsbewegung« getragen – einer Bewegung, die schon Ende des 18. Jahrhunderts besonders in Württemberg, am Niederrhein und im Siegerland entstanden war und in der sich die »Stillen im Lande« zusammenfanden. Mit ihren antiaufklärerischen, zum Mystisch-Okkultischen neigenden, neupietistischen und missionarischen Zügen stellte die Erweckungsbewegung eine Reaktion auf den übertriebenen Rationalismus und Utilitarismus dar und pflegte elementare Zweifel am aufklärerischen Optimismus dieser Zeit (vgl. *Beyreuther* 1958, 623 f.).

Vielfach unter Berufung auf die pädagogischen Ideen *Pestalozzis* gründeten diese mit ungeheurem persönlichen Engagement arbeitenden Kreise zunächst besonders in Süddeutschland zahlreiche »Rettungshäuser« zur Aufnahme von leidenden, entwurzelten und unerzogenen Kindern. Im norddeutschen Raum, wo die Erweckungsbewegung wesentlich weniger stark verbreitet war und der Krieg weit schlimmere Folgen hinterlassen hatte, faßte die Rettungshausidee langsamer und erst später Fuß. Neben dem pietistischen Einfluß waren es hier auch die »Moralpredigten« *Kants* und *Fichtes* sowie – insbesondere – der mächtige Eindruck der Befreiungskriege sowie Einflüsse aus England, die zur Gründung kleiner Vereine vor

allem gebildeter Frauen führten, die sich auf der Grundlage der sich nun entwickelnden vaterländischen Gesinnung mitverantwortlich für das »Volksganze« fühlten, karitativ arbeiteten und so auch die Errichtung und Unterhaltung von Rettungshäusern vorantrieben (vgl. *Uhlhorn* 1890, 326 ff.; *Scherpner* 1966, 123 f.).
Die Rettungshäuser unterschieden sich von vielen der früheren Anstalten u. a. dadurch, daß der Eintritt in sie freiwillig erfolgte (ähnlich wie es schon der Pietismus geplant hatte) und daß in ihnen der persönlichen Freiheit des Zöglings ein etwas größerer Spielraum zugestanden wurde. Der Name »Rettungshaus« gab zugleich ihr Programm an: Im Mittelpunkt der Arbeit stand die »Seelenrettung« der Kinder, ihre religiöse Bildung und Bindung; Gebet und rastlose Arbeit dienten hierbei als »bewährte« Erziehungsmethoden, doch wurde die strenge Frömmigkeit und Arbeitsaskese durch die familiäre Atmosphäre gemildert, die einen gewissen Raum ließ für Freude und Spontaneität.
In den folgenden Abschnitten sollen nun einige Einrichtungen der Rettungshausbewegung und die in ihnen herrschenden Erziehungsprinzipien kurz vorgestellt werden [52]. Man sollte dabei, meine ich, bedenken, daß sich die der Rettungshausbewegung zugrunde liegenden Motive ohne Zweifel objektiv mit manchen fragwürdigen politischen Ideologien und wirtschaftlichen Interessen ihrer Zeit vermischten – subjektiv aber fühlten sich die Vertreter dieser Bewegung gewiß auf dem Weg der rechten Nachfolge Christi. Diese Unterscheidung scheint mir deshalb wichtig, weil die feststellbare Spannung zwischen Anspruch und Wirklichkeit zu subjektiv (!) ungerechten Urteilen führen könnte.

Beispiel A: Zellers »Freywillige Armenschullehrer und Armenkinderanstalt in Beuggen«

Zum Reformationsjubiläum 1817 wurde in Basel ein »Armenschulverein« gegründet, der 1820 in Beuggen am Oberrhein unter der Leitung des früheren Juristen *Christian Heinrich Zeller* (1779–1860) und seiner Frau Sophia (1791–1851) eine Anstalt eröffnete, die zugleich die Erziehung armer, verwahrloster Kinder und die Ausbildung von Lehrern für Armenschulen bezweckte. Diese Anstalt, ihre Organisationsform und ihr Erziehungskonzept wurden bald richtungsweisend für die süddeutschen Rettungshäuser, von denen allein in Württemberg bis 1845 22 gegründet wurden [53].
Ebenso wie *Pestalozzi* klagte auch Zeller immer wieder, daß das »ächt christliche Familienleben ungeheuer gelitten hat und es in vielen Haushaltungen ganz verschwunden ist« (*Zeller*, zit. n. *Ruth* 1927, 16). Eine

Erneuerung schien ihm nur möglich durch eine auf die erzieherischen Kräfte des Familienlebens aufbauende Erziehung der Kinder, vor allem derjenigen, die nie ein eigenes Heim kennengelernt hatten und von Vater und Mutter verlassen auf den Landstraßen umhergezogen waren. Die Rettungshausfamilie sollte diesen Kindern zum Vorbild für ihr späteres eigenes Leben werden, ebenso wie die Hausordnung mit ihrer strikten Einteilung der Zeiten für Arbeit und Unterricht, Ruhe und Erholung ihnen als Muster für ihre eigene Lebensgestaltung dienen sollte (vgl. *Ruth* 1927, 27).

Zeller versuchte also, seine Anstalt wie eine große Familie aufzubauen und Strukturen zu schaffen, in denen jedes einzelne Kind eine enge Bindung an die Hausmutter und den Hausvater eingehen konnte. Das Verhältnis zwischen den Hauseltern und den Angestellten der Anstalt sollte wie das zwischen Eltern und ihren erwachsenen Kindern sein; entsprechend fanden die Zöglinge in den Angestellten gleichsam ältere Geschwister. Die Mahlzeiten im Speisesaal, an denen alle teilnahmen, und die gemeinsamen Feste und Feiern dienten dazu, den Familiencharakter zu unterstreichen.

Von den Verhältnissen der Familie ausgehend, plante Zeller von Anfang an eine koedukative Erziehung, wenn das auch manche Probleme mit sich brachte [54]. Allerdings trafen Jungen und Mädchen nur zu den gemeinsamen Andachtsstunden, zum Schulunterricht und zu den Mahlzeiten zusammen. »In den Freizeiten wurde die Trennung bald zur Selbstverständlichkeit für die Kinder, und während der Arbeitsstunden führte die Verschiedenheit der Beschäftigungen (!) schon die Scheidung herbei« (*Ruth* 1927, 18).

Lange Zeit war in Beuggen und in anderen Rettungshäusern das Aufnahmealter umstritten. In der Regel wurden Kinder vom 6. Lebensjahre an aufgenommen, die dann bis zum 14. Lebensjahr (Schulentlassung und Konfirmation) in der Anstalt bleiben konnten. Über 12 Jahre alte Kinder wurden normalerweise nicht mehr aufgenommen. Interessant ist die Begründung Zellers, weshalb er keine Kinder im Vorschulalter aufnehmen wollte: Er argumentierte nicht etwa mit der »Hospitalismus-Gefahr« oder ähnlichem, sondern betonte, daß das verwahrloste Räuber- und Gaunerleben vor der Aufnahme wichtig sei, um in seiner Gegensätzlichkeit zu dem Leben eines wahren Christen der Kinderseele ihren Irrgang eindrücklich vor Augen zu halten. Ältere Kinder könnten viel besser »zu einem lebhaften Bewußtsein ihrer Verwahrlosung gelangen, ihre früheren Jugendsünden einsehen und bereuen und herzlich nach Besserung und einem Gott und Mensch wohlgefälligerem Wandel sich sehnen ...« (*Zeller*, zit. n. *Ruth* 1927, 19).

Zeller erkannte allerdings, daß auch die Notlage vieler jüngerer Kinder Abhilfe verlangte. So kam man im Zuge einer Arbeitsteilung zwischen verschiedenen Heimen zu einem ganz neuen System: dem altersspezifischen Heim. Man richtete nun Anstalten ein für Kinder »von der Geburt an, bis sie selbst gehen können«, Anstalten für Kinder »von da an, wo sie selbst gehen können bis zum 6. Jahre einschließlich« und solche für Schulkinder (vgl. *Ruth* 1927, 19 f.). Mit dem Erfolg dieser Teilung nach Altersgruppen war man sehr zufrieden; sie wirkte »sichtbar wohltätig auf ihre Erziehung und Bildung«. Zur Erklärung dieses Phänomens bediente man sich eines Vergleiches aus der Botanik: »Ist es doch auch im Pflanzenreich oft der Fall, daß eine Versetzung mit zum besseren Wachstum einer Pflanze beiträgt« ... [55].

Mit der Festlegung auf das Familienprinzip als pädagogisches Konzept war die Zahl der Kinder automatisch begrenzt. Zeller war klar, daß zu viele Kinder den Familiencharakter seiner Anstalt gesprengt und zu einem »fabrikmäßigen Betrieb der Erziehung« geführt hätten [56]; das einzelne Kind käme dann »zu wenig zum Genusse des Vater- und Mutterherzens, seine individuelle, seine Familienbildung wird schwerer« (*Zeller*, zit. n. *Ruth* 1928, 21). Daher überrascht es heute, daß Zeller die Anzahl 65 bis 75 Kinder gerade richtig erschien; in diesem Rahmen, meinte er, müßte eine persönliche Fühlung zwischen Erzieher und Kind noch möglich sein. In den meisten anderen Anstalten lagen die Belegzahlen allerdings etwas niedriger und schwankten zwischen 23 (Tempelhof) und 94 (Ellwangen) bei einem Durchschnitt von 48 Kindern (vgl. *Ruth* 1927, 21 f., Anm. 7; *Wichern* 1975 c, Kap. II.)

Daß eine so große Kinderschar allerdings nicht unproblematisch war, mußte auch Zeller einsehen. Er empfand die Unzulänglichkeiten der »aus der Not der Zeit geborenen« Anstaltsfamilie sehr stark; das Gefühl der Verantwortung jedes einzelnen für das Ganze, die tiefen inneren Bindungen, das Bewußtsein letzten Vertrauens zueinander fehlten doch, so daß die Rettungshaus-Familie »auch im günstigsten Fall ein Fiktion (blieb), die täglich zerstört werden konnte« (*Ruth* 1927, 22 f.).

Und so ließen sich auch nicht bei allen Kindern die hohen Erziehungsziele erreichen; »die Rosen, die ein Armenerzieher pflückt, sind nicht ohne Dornen«, erkannte Zeller (zit. n. *Ruth* 1927, 63). Die Mehrzahl der Kinder blieb unerweckt, bei ihnen mußte man froh sein, wenn eine Erziehung zu »bürgerlicher Brauchbarkeit« gelang, »und wenn sich die Kinder in ihren Dienststellen nach der Entlassung gut hielten, so war wenigstens ein Teil der Arbeit gelungen ...« (*Ruth* 1927, 65). Den entlassenen Jugendlichen versuchte Zeller eine »geeignete Unterkunft bei befreundeten und anderen christlichen Familien zu vermitteln, in denen das in der Anstalt begonnene Erziehungswerk im gleichen Geist fortgesetzt wurde« (ebd.).

Beispiel B: Graf von der Reckes Rettungsanstalten in Overdyck und Düsselthal

Als Beispiel aus dem westdeutschen Raum sei die 1819 von Graf *Adelbert von der Recke-Volmarstein* (1791–1878) und seinem Vater gegründete »Rettungsanstalt« [57] genannt. Von der Reckes Zielgruppe waren »verlassene, sittlich verwahrloste Waisen-, Vagabunden- und Verbrecher-Kinder«, die er (ab 1816) zunächst in Familien unterbringen wollte. »Allein, es traten dabei so viele, eine gedeihliche Erziehung hindernde Umstände in den Weg, daß er bald einsah, wie dergleichen mit dem Straßengift verpestete Subjekte in den Familienkreisen nur gleich ansteckenden Seuchen und räudigen Schafen verheerend wirken könnten« [58]. Da also die christlichsten Familien bei der Erziehung dieser sozial schwer geschädigten Kinder versagten, entschlossen sich die Grafen von der Recke, ein ehemaliges Seminargebäude nahe des Familiengutes Overdyck bei Bochum als Rettungsherberge zu benutzen. Schon nach einem Jahr hatten sich hier 60 Kinder eingefunden, nach einem weiteren etwa 130 Jungen und Mädchen. Da der Raum äußerst knapp wurde und auch das Wasser für so viele Personen nicht ausreichte, versuchte von der Recke noch einmal, einen Teil seiner Mädchen von Pflegefamilien versorgen zu lassen; doch auch dieser Versuch blieb erfolglos, so daß er, von einem ähnlichen Gottvertrauen wie 120 Jahre vor ihm *Francke* geleitet, das ehemalige Trappistenkloster Düsselthal bei Düsseldorf ankaufte und mit einem Teil der Kinder dorthin übersiedelte. Auch hier waren bald zahlreiche Ergänzungsbauten notwendig, denn allein in den Jahren 1823 und 1824 wurden 119 Jungen und Mädchen neu aufgenommen (vgl. Dok. 82 bei *Krimm* 1963, 139 ff.).
Von der Reckes Erziehungskonzept war weniger vom Familienprinzip als von pietistischer Enge und militärischer Strenge gekennzeichnet. Wahrscheinlich sind es diese beiden charakteristischen Züge, die den Diakoniewissenschaftler *Uhlhorn* zu dem Urteil veranlassen, daß trotz der Fülle von Liebe und Aufopferung, die der Graf zeigte, sein Werk »weniger Bedeutung für die Entwicklung der Rettungshäuser gehabt« habe (*Uhlhorn* 1890, 341).
Von der Recke hatte ein Jahr lang in *Fellenbergs* auf Landwirtschaft und Industrie gestütztem »Musterbetrieb« gearbeitet [59]; Fellenbergs Ideen verband er mit einer auf Buße und Bekehrung hindrängenden pietistischen Erziehung. In seiner großen Anstalt, der zahlreiche Werkstätten

angegliedert waren und in der jedes Kind ein eigenes Gärtchen hatte, damit es ein Heimatgefühl entwickeln könne, herrschte ein starrer militärischer Zug; die Zöglinge waren uniformiert und waren bewußt von der Welt abgeschlossen, ihre Freiheit war stark eingeschränkt. – Reckes demgegenüber fortschrittlicher Versuch, die Kinder interkonfessionell zu erziehen, wurde von der Kirchenbürokratie verhindert (vgl. *Reis* 1931, 96 f.; *Scherpner* 1966, 124).
Politisch und ideologisch interessant ist, daß von der Recke mit diesem Konzept neben der privaten Unterstützung der »Gesellschaft der Menschenfreunde« nicht unwesentliche regelmäßige staatliche Beihilfen und manche aufmunternde und freundliche Zustimmung von seiten der Obrigkeit erhielt (vgl. *Wichern* 1975, 388), während *Johannes Falk*, der ein wesentlich freiheitlicheres Erziehungskonzept vertrat (vgl. das folgende Kapitel) mit ganz erheblichen Schwierigkeiten von seiten des Staates zu kämpfen hatte.

Beispiel C: Johannes Falk – Rettungshausbewegung und Familienpflege

Wesentlich bedeutender als von der Recke ist für die Geschichte des Familienprinzips *Johannes Falk* (1768–1826). Schon sein Lebensweg – der hier leider nur mit wenigen Stichworten skizziert werden kann – war bewegter als der der meisten seiner Zeit- und Glaubensgenossen: Sohn eines armen Perückenmachers – pietistische Erziehung – Erlernen des väterlichen Handwerks – wohlhabende Gönner finanzieren ihm den Besuch des Gymnasiums und ein Theologiestudium – Abbruch des Theologiestudiums, Hinwendung zum Neuhumanismus – Satiriker – wegen seiner ätzenden Schärfe erhebliche Schwierigkeiten mit der Obrigkeit – während der französischen Besatzungszeit in Weimar vaterländisch gesonnener Besatzungssekretär – sachsen-weimarischer Legationsrat – Volkserzieher und »praktizierender Christ« (vgl. *Reis* 1931).
Es war die »schreiende Not, die verzweifelte Lage unzähliger Menschen, die ohne Rettung unwiederbringlich verloren gewesen (wären), und nicht zuletzt die mangelnde Hilfe des Staates« (vgl. oben u. *Reis* 1931, 30), die Falk veranlaßten, im Kriegs- und Pestjahr 1813 die »Gesellschaft der Freunde in der Not« zu gründen. Falk, der durch die Pest in einem Monat vier seiner Kinder verloren hatte, konnte angesichts der Not der Bevölkerung und insbesondere der Kinder, die bettelnd an seine Türe klopften, die Schreckliches erlebt hatten [60] und die sich mit Hilfe von in Banden durchgeführten Plünderungen und Felddiebstählen notdürftig am Leben erhalten hatten, nicht untätig bleiben, zumal er wußte, daß ihnen Zuchthaus oder der Galgen drohte, wenn sie nicht von jemandem aufgenom-

men, versorgt, erzogen und mit Arbeit versehen wurden.
Falk war empört über die Brutalität, mit der »an Herz und Kopf vertrocknete Magistratspersonen« (*Falk* – zit. an *Reis* 1931, 31) vagabundierende, bettelnde und stehlende Kinder gedankenlos zu den übrigen Verbrechern ins Zuchthaus steckten. Er war überzeugt davon, daß diesen Kindern nicht strengste Bestrafung, sondern ein »Vaterhaus« fehlte. »Toren, Toren«, so rief er aus, »die glauben, daß bloß Zuchthäuser und Strafmittel den Menschen bessern! ... Es ist das Vaterhaus, nicht das Strafhaus, zu welchem die Verirrten zurückkehren müssen!« (*Falk* – zit. n. *Reis* 1931, 32).
Falk wollte den verwahrlosten Kindern von der Landstraße ein solches Vaterhaus bieten. Zunächst nahm er sie in seinen eigenen Haushalt auf. Doch bald erwies sich sein Haus als ungeeignet und zu klein, und außerdem wollte er angesichts seiner hohen Wertschätzung der Familie kein »Internat« gründen. Statt dessen suchte er »Vaterhäuser« – und fand sie in zahlreichen pietistischen Handwerkerfamilien in Stadt und Land, bei denen die Kinder zu »bürgerlicher Ordnung und Arbeit und zugleich zu einem künftigen Beruf erzogen werden sollten« (*Reis* 1931, 35). Bei diesen Handwerkern konnte Falk sicher sein, daß seine Burschen »von früh bis spät in einem ehrlichen Arbeitshaus unter gehöriger Aufsicht (sind). Trifft es sich, daß der Meister spazieren geht, so nimmt er (seinen Pflegesohn und Lehrling) mit an die freie Luft; in der Regel kommen sie nicht von seiner Seite, bis sie einigermaßen an die bürgerliche Lebensweise gewöhnt sind« (*Falk* – zit. n. *Reis*, 36). Sein Ziel war es, auf diese Weise »das Verzehren aller faulichten Stoffe des Volkes im Feuer des Gebetes und der Arbeit« zu erreichen, indem er »dem schlendernden Müßiggang (der Kinder) an den Landstraßen (wehrte), den armen Knaben die weißen Stecken aus der Hand (nahm) und ihnen dafür liebend einen Hammer, eine Kelle oder Pfriemen« hineinlegte (*Falk* – zit. n. *Reis*, 36).
Das Zentrum des »Falkschen Instituts« war also seine eigene Familie und sein Wohnhaus (später der von seinen Zöglingen weitgehend in Eigenarbeit gebaute »Lutherhof«); von hier wurden die Kinder und Jugendlichen in christliche Pflegefamilien gebracht. Die Jungen erlernten, soweit sie schon konfirmiert (also 14 Jahre alt) waren, ein Handwerk (die geplante Ausbildung zu landwirtschaftlichen Fachkräften kam nicht zustande, weil Falk keine ihm geeignet erscheinenden bäuerlichen Pflegefamilien fand!); die Mädchen arbeiteten in der Spinnanstalt, während die jüngeren Kinder entweder die öffentliche Schule besuchten oder, im Falle schwerer Verwahrlosungserscheinungen, in der in Falks Haus untergebrachten Sonderschule unterrichtet wurden. Lehrlinge ohne Schulbildung erhielten von den Seminaristen der zugehörigen Lehrerbildungsstätte zweimal täglich in

ihren Werkstätten Privatunterricht; sehr schwierigen Jugendlichen wurde ein angehender Lehrer als spezieller Betreuer zugeteilt, der u. U. auch mit dem Zögling ein gemeinsames Zimmer bewohnte. Abends hatten alle in Weimar wohnenden Kinder zu den »Erbauungsstunden« in die Anstalt zusammenzukommen; auf diese Weise versuchte Falk, die Kinder sowohl religiös zu erziehen und ihr Gemüt »aufzuschließen« als auch einen ständigen persönlichen Kontakt zu allen Kindern zu pflegen. Die Lehrjungen mußten sonntags die Sonntagsschule besuchen, um ihr Schul- und ihr religiöses Wissen aufzufrischen; auswärts untergebrachte Zöglinge kamen einmal im Monat zur »großen Sonntagsschule« nach Weimar und brachten neben ihren Schulbüchern ein schriftliches Führungszeugnis des Ortspfarrers mit.

Für die Jugendlichen, bei denen dieses – hier nur sehr verkürzt dargestellte – Erziehungssystem »an ihrer grenzenlosen Verwilderung und Verrottung« scheiterte, plante Falk eine spezielle Fürsorgeeinrichtung, in der sie unter der Aufsicht eines »gottesfürchtigen Leinewebers« und eines Seminaristen arbeiten und erzogen werden sollten. Der weimarische Staat lehnte aber diesen wiederholt und detailliert begründeten Plan immer wieder ab (vgl. *Reis* 1931, 41).

Sosehr Falks aufopferungsvolle Arbeit in der Kriegs- und der direkten Nachkriegszeit anerkannt wurde, wurde sie doch, als sich die Verhältnisse wieder normalisierten, von seiten der aufsichtsführenden Behörde, besonders der Polizeiverwaltung, in zunehmendem Maße eingeschränkt und behindert. Immer wieder erhielt Falk die Anordnung, keine neuen Kinder aufzunehmen, seine Sonderschule zu schließen und die Anstalt, die gleichzeitig etwa 300 Kinder und Jugendliche betreute (in der Gesamtzeit ihres 22jährigen Bestehens 3619) drastisch zu verkleinern. Falk konnte sich nur mit großer Mühe diesen einschränkenden Anordnungen entziehen; nach seinem Tode aber gab es für seine Einrichtung keine Rettung mehr: Die Regierung schloß sie bzw. ordnete sie in das schon bestehende Weimarer Waisenhaus ein (vgl. *Wichern* 1975 c, 386).

Die Auseinandersetzungen zwischen Falk und der Verwaltung des kleinen und – äußerlich wie innerlich – engen Staates Sachsen-Weimar sind auch heute noch interessant und belehrend zu lesen; ganz offensichtlich arbeiteten auch damals schon Verwaltungen mit Unterstellungen, Verallgemeinerungen, Verzerrungen und sonstigen Tricks (vgl. *Reis* 1931, 65 ff.).

Wahrscheinlich waren es im wesentlichen drei Gründe, die die Staatsverwaltung zu ihrem negativen Urteil und zu den restriktiven Maßnahmen veranlaßten:

(a) Falks Erziehungsprinzipien waren nicht aufklärerisch-rationalistisch genug; Falk legte als frommer, humanistischer Mann zu großen Wert auf das Emotionale; seine Schule bildete nicht den Menschentyp heran, den die Wirtschaft dieser Zeit verlangte;

(b) der kleine sachsen-weimarische Staat befürchtete, daß durch das bekannte »Falksche Institut« zu viele »ausländische« Kinder ins Land kämen, die später Arbeit oder Unterstützung verlangen könnten;

(c) der Haupteinwand aber war wohl, daß – so die Polizeibehörde – »der Legationsrat Falk manche Kinder, die sich dem Bauern- und dem Tagelöhner- oder dem Dienstbotenstand gewidmet haben würden, zu Handwerkern bilden läßt und dadurch der so notwendigen ökonomischen Beschäftigung entzieht« (zit. n. *Reis*, 71). Im Klartext: Falk und seine Pflegefamilien bzw. »Ausbildungsbetriebe« sorgten für eine – den Produktivkräften und den Kapitalinteressen nicht mehr angemessene – Überqualifizierung der Zöglinge; hätte er sie – den Verwertungsinteressen gemäßer – zu schlichten Hilfsarbeitern erzogen, hätte er sicher nicht mit derartigen staatlichen Einschränkungen und Widerständen kämpfen müssen [61].

Perversionen der Rettungshausidee

Allerdings waren, wie die entsprechende Literatur aus dieser Zeit zeigt, einige dieser Einrichtungen so selbstlos nicht: Hinter dem Mantel mancher »Wohltätigkeitsanstalt« wurde maßlose Kinderausbeutung betrieben, die Kinder wurden »in diesen Fällen Objekte von zum Teil erheblichen Geldspekulationen« (*Wichern* 1975 c, 375, Anm.). So mußten beispielsweise in der 1825 gegründeten »Malmèmeschen Kinder-Beschäftigungsanstalt« in Berlin unter schmutzigsten Bedingungen etwa 40 bis 50 Jungen im Alter von 9 bis 12 Jahren täglich rund 14 Stunden lang Strickmuster kolorieren (vgl. *Kuczynski* 1968, 41 ff.). Flüchtete einer der Jungen, so wurde er – nachdem er wieder »eingefangen« war – zur Strafe und zur Warnung für die anderen im Keller angekettet. – Der Leiter *Malmème* stellte sich allerdings öffentlich als Wohltäter dar und konnte, obwohl Presse und Polizeibehörden wiederholt negative Berichte über die Anstalt erstatteten und sie als »industrielles Privatunternehmen« bezeichneten, als angenehmen Extra-Verdienst Beihilfen des Berliner Magistrats und »mehrfach sich wiederholende Gnadengeschenke« einstreichen, durch die »Seine Majestät der jetzt regierende König und Ihre Majestät die Königin . . . ihre Zufriedenheit mit dem Zweck dieser Anstalt gnädigst an den Tag zu legen« geruht hatten [62].

1.2.6. Johann Hinrich Wichern und Gustav Werner (ab 1833)

Einen neben der christlichen Motivation deutlich politischen Akzent erhielt die Rettungshausbewegung erst unter dem Einfluß des Hamburger Theologen *Johann Hinrich Wichern* (1808–1881) [63]. Wichern besaß wie kaum ein anderer durch eine Fülle persönlicher Besuche in den Hamburger Arbeitervierteln und Elendsquartieren exakte Kenntnisse über die tatsächliche Lage der Armenbevölkerung und die Not der verelendeten und aufsichtslosen Kinder. Was er hier gesehen, erlebt und gehört hatte, bezeichnete er als »Hamburgs wahres und geheimes Volksleben« (*Hegel* 1968, 42 f.). Bei diesen Besuchen hatte Wichern erkannt, daß die Verelendung breitester Bevölkerungskreise nicht auf individueller Schuld beruhte, sondern ihre Ursache in den Veränderungen des Wirtschafts- und Gesellschaftsgefüges, also des Produktionsbereiches, hatte. Dementsprechend konzentrierte er seine Arbeit nicht, wie es die Rettungshausbewegung vor ihm getan hatte, auf eine isolierte Hilfe für einzelne, sondern er dachte und handelte in sozialpädagogisch-gesellschaftspolitischen Dimensionen. Logische Folge dieses Denkens war, daß er mit dem »Rauhen Haus« in Hamburg nicht nur ein Rettungsdorf neuen Stils errichtete, sondern zugleich ein »Brüderhaus« gründete, das durch die Entsendung von Mitarbeitern eine Verwirklichung seiner Ideen weit über den Hamburger Raum hinaus ermöglichte. Konsequent war ebenfalls sein Einsatz für einen, die Landeskirchen übergreifenden, »Centralausschuß für die innere Mission der Deutschen Evangelischen Kirche«, der der Erneuerung des christlichen Volkslebens dienen sollte, sein Engagement für eine Gefängnisreform, für Auswanderer und andere soziale Randgruppen (vgl. *Uhlhorn* 1890, 348 ff.; *Scherpner* 1966, 138 ff.; *Wichern* in *Krimm*, Dok. 91–102, 124–126 u. insbes. *v. Hase/Meinhold* 1973).
Um auch diese gesellschaftspolitische Bedeutung Wicherns in den Blick zu bekommen, sollen Organisations- und Erziehungsprinzipien des für unser Thema wichtigen Rauhen Hauses nicht nur unter pädagogischem, sondern auch unter politisch-ideologischem Aspekt betrachtet werden.

Wicherns pädagogisches Konzept: das Familienprinzip

Ziel, Zweck und Aufgabe jeder Erziehung waren für Wichern, »das Kind so zu führen, daß es, wenn es aus dieser Führung entlassen wird, selbst christlich und auch selbständig im Reiche Christi weiterleben kann« (*Wichern* 1975 b, 304). Damit sei, wie er ausdrücklich betonte, keine einseitig »aufs Geistliche« beschränkte Erziehung gemeint, sondern vielmehr eine, die »allseitig die Beziehungen des Lebens des Kindes in bezug auf seine leibliche und geistige Natur umfaßt« (ebd. 305). Wichtigste und eigentlichste Instanz einer solchen Erziehung ist die Familie; in ihr sollen die Kinder für das Reich Gottes erzogen werden (vgl. dazu *Janssen* 1953, 131 ff.). Fällt aber die natürliche Familie aus, weil die Eltern verstorben sind, weil sie zur Erziehung unfähig sind oder sich selbst etwa aufgrund ihrer Armut für unfähig erklären, hat die Kirche die Aufgabe, diese Kinder in einzelne ehrbare und christliche Familien zu geben.

Doch auch Wichern stieß hier auf das alte Dilemma: »Stände nur hier die Praxis nicht hinter der Theorie zurück«, rief er aus, »der Vorschlag ist unausführbar«, denn »wo existieren diese in Anspruch zu nehmenden Familien«, die die so große Zahl der leiblich oder sittlich verwahrlosten Kinder aufnehmen? Diejenigen Familien, die um des Lohnes willen Kinder aufnehmen wollen, schloß Wichern ebenso wie diejenigen, »welchen Christi Leben unbekannt ist«, von vornherein aus. Da nun aber diese »verbrecherischen Kinder«, an denen Lehrer, Nachbarn, Prediger und Gemeindevorstände oft verzweifelt sind, überwiegend den armen Schichten angehören, müsse man für sie auch arme Pflegefamilien finden. Einerseits nämlich dürfe man sie »um ihrer selbst willen« nicht »über ihren Stand der Armut hinaus« erziehen, andererseits fänden sich die begüterten Familien auch gar nicht zur Aufnahme bereit. Die armen Familien aber könnten die Kinder in der Regel bestenfalls »erhalten«; – »retten« könnten sie sie kaum, denn »dazu gehört eine gewisse Durchbildung des Geistes«. Und auch, wenn es Familien gäbe, die »nicht bloß christliche Liebe, sondern auch christliche Weisheit« besäßen, so könne der Familienvater es gegenüber den eigenen Kindern kaum verantworten, »Diebe und Frevler« in seine Familie aufzunehmen; das »würde ein Gottversuchen« sein. Kinderlose Familien schließlich hält Wichern ganz allgemein für ungeeignet, denn »dies sind keine Familien. Die Gemeinschaft ist eine der unerläßlichsten Bedingungen, ohne welche keine Rettung möglich ist« (*Wichern* 1975 a, 41 ff.; 1975 c, 425 f.; in *Krimm* 1963, Dok. 92, 168).

Es scheint also – so Wichern – nichts anderes übrigzubleiben, als diese Kinder in eine große Anstalt zu bringen, »in Haufen von 20, 50, 100, 200, 1000, 2000 usw.«. Das jedoch wäre das Unpassendste, denn solche unnatürlichen Massen könnten nicht zur Familie werden: »Zum Begriff einer menschlichen Familie gehört wesentlich, daß der Kreis ein kleiner sei, denn es kann nur dadurch herzliches Vertrauen, gegenseitige Bekanntschaft, Lebens- und Liebesgemeinschaft erhalten werden«. Das »Eigentliche der Familie . . ., der Herd der traulichen Liebe an einem Tische« [64], könne gerade in solchen großen Anstalten keinesfalls verwirklicht werden, sie würden vielmehr zu »großen Laster- und Verbrecherschulen«.

Wolle man das verhindern, müsse man »strenge Disziplin, welche die militärische Zucht auf die höchste Spitze treibt, . . . Schweigen bei der Arbeit und Überhäufung von Aufsehern« in Kauf nehmen.
Was aber könne schon aus solchen Kindern werden? – Kurz: »Die Anstalt paßt nicht, weil sie keine Familie und die Familie nicht, weil sie keine Anstalt ist« (*Wichern* 1975 a, 42 f.).
Die Folgerungen, die Wichern mit der Gründung des Rauhen Hauses aus diesen Überlegungen zog, waren zwar nicht grundsätzlich neu – auch in der zweiten Phase des Waisenhausstreites hatte man ähnliches diskutiert – waren aber bisher noch nicht konsequent verwirklicht worden: Wichern versuchte, »eine Veranstaltung zu treffen, welche das Familienprinzip aufrecht erhält«; da das aber nur im kleinen Kreis geschehen könne, wo der kindlichen Persönlichkeit ihr Recht zukommen könne, schuf er »eine Vereinigung von mehreren Familien . . ., eine Einheit mehrerer kleiner Gemeinschaften« (*Wichern* 1975 a, 44). In jeder dieser Familien wohnten zwölf »sittlich verwahrloste« oder straffällig gewordene Jungen oder Mädchen unter der Leitung eines »Bruders« oder »Hausvaters« [65], der ihnen die notwendige »persönliche Liebespflege« zukommen lassen, ihr »elterlicher und geschwisterlicher Freund« und zugleich Lehrer oder Anleiter sein sollte. Kinder und »Bruder« zusammen bildeten eine »gemütliche Wohnungs-, Tisch- und zugleich auch Arbeitsgemeinschaft mit all der Freude und der Erholung, dem Feier- und dem Festleben des kleinen abgeschlossenen häuslichen Kreises . . . Eine solche Gemeinschaft ist ein Haus, worin alles Menschliche und zugleich Dingliche einander bedingend ineinander gefügt ist« (*Wichern* 1975 c, 432, 434). Die kleinen, schlichten Häuser, in denen diese »Familien« wohnten, waren in einem Halbkreis angeordnet, in dessen Mitte sich ein Betsaal für die gemeinsamen Morgen- und Abendandachten, ein Speisesaal und das Haus des Vorstehers und seiner Familie (zugleich Kranken- und Aufnahmestation) befanden (vgl. *Wichern* in *Krimm* 1963, Dok. 92, 169).
Die »Gesamtmasse der Hausgenossen« wurde während der Arbeit, des Unterrichtes und des Gottesdienstes in neue Gruppierungen zusammengefaßt (die Arbeits- bzw. Lehrzeit in den Werkstätten und der Schulunterricht dauerten täglich etwa je drei Stunden), während die Freizeit weitgehend in den einzelnen »Familien« verbracht wurde, die bald Traditionen, Familiengeist und Zusammengehörigkeitsgefühle entwickelten. Jedes neuaufgenommene Kind wurde nach einer Beobachtungszeit in die »Familie« eingeordnet, deren Eigentümlichkeiten seiner Individualität am besten entsprach – Alter, geistige oder sittliche Reife des Kindes spielten bei dieser Zuordnung keine Rolle.
Das Leben in den »Familien« war weitaus freier und wohl auch fröhlicher

als beispielsweise im Hallischen Waisenhaus. *Uhlhorn*, der das Rauhe Haus in den ersten Jahren seines Bestehens besuchte, verglich: »Da ist nicht mehr diese Engherzigkeit und dieses ängstliche Christentum, das den Kindern das Spiel verbietet und sie mit Erbauungsstoff übersättigt ...« Man weiß dort sehr schön »heiligen Ernst und fröhlichen Sinn, Gebet und Arbeit, saure Wochen und frohe Feste zu vereinigen« (*Uhlhorn* 1890, 351).

Wichern war sich allerdings darüber im klaren, daß diese »Familen« nur Nachbildungen der natürlichen Familie sein könnten, »denn ein wirkliches volles Familienleben kann in gar keinem derartigen für die Kindererziehung einzuleitenden Verhältnisse dargestellt werden. Die Familie als eine Gottesstiftung ist für jeden Menschen nur einmal vorhanden. Vater und Mutter, auch Geschwister sind nicht und nie und durch nichts je zu ersetzen wie auch mit nichts anderem zu vergleichen ...« (*Wichern* 1975 c, 432). Daher nahm er Kinder und Jugendliche auch nur dann ins Rauhe Haus auf, wenn eine vorausgegangene »Erziehungsberatung« durch Mitarbeiter des Rauhen Hauses nicht mehr ausreichte und eine Trennung des Kindes von den Eltern unvermeidlich erschien. Aber auch dann versuchten er und seine Erzieher, durch regelmäßige Besuche den Kontakt zu den Eltern zu erhalten. Ziel war es, »die Kinder ihren Eltern und die Eltern ihren Kindern« zu geben, allerdings »unter der Obhut und Vermittlung des Evangeliums« (vgl. *Janssen* 1953, 146).

Auffällig bei der von Wichern praktizierten familienartigen Erziehung ist, daß seine »Familien« reine Vaterfamilien waren: Gegen den Einsatz von Ehepaaren als Hauseltern erhob Wichern »vielerlei ernsthafte Bedenken«. Erstens wußte er von einem gescheiterten Versuch in England zu berichten, bei dem das Prinzip der Versorgung der Kinder durch Ehepaare schon nach 4 Jahren aufgegeben werden mußte, »weil es nicht möglich war, jedesmal die geeigneten Ehepaare zur Leitung dieser Kinder zu finden«. Zweitens hatte Wichern finanzielle Einwände; ein solches Prinzip sei einfach zu kostspielig. Drittens verwies er auf die Problematik, die durch eigene Kinder der Hauseltern entstünden; alle Wohnhäuser müßten dann doppelt so groß gebaut und mit einer eigenen Küche versehen werden. Viertens ergäbe sich die Schwierigkeit, nicht nur »den rechten Mann«, sondern immer auch noch eine passende zweite Person, »die rechte Ehefrau« zu finden [66]. Fünftens aber würde der »Organismus der einen großen Gesamtanstalt notwendig aufgelöst werden«; die einzelnen Hauseltern bekämen ein zu großes Gewicht. Wichtig sei aber, daß auch die ganze Anstalt den Charakter *einer* Familie mit *einem* (Gesamt-)Hausvater und einer Hausmutter behalte. Daß das möglich sei – und zwar in der Form der »patriarchalischen Familie« – werde im Rauhen Haus bewiesen (*Wichern* 1975 c, 441 f.) [67].

Wichern war nicht nur ein vielseitiger, engagierter und in vieler Hinsicht erfolgreicher Praktiker, sondern auch ein Theoretiker, der Programm, Ausrichtung und Selbstverständnis der Inneren Mission für Jahrzehnte – und z. T. noch bis heute – bestimmt hat (vgl. *Janssen* 1973, 248). Gerade diejenigen seiner politisch-theologischen Schriften, die in der Zeit der Revolution von 1848 und der ihr nachfolgenden staatlichen und kirchlichen Restauration entstanden, lassen die engen Beziehungen zwischen seiner Arbeit im Rauhen Haus und seinen politischen Anschauungen deutlich werden. Eine besonders deutliche Sprache sprechen der 1848 erschienene Aufsatz »Der Kommunismus und die Hülfe wider ihn« (in: *Krimm* 1963, Dok. 197) [68] und die im Auftrag des »Centralausschusses für die innere Mission ...« 1848/49 verfaßte Denkschrift (in: *Krimm* 1963, Dok. 127), die ihrer Art nach ein »Manifest politischer Theologie (und) das umfangreichste Dokument des kirchlich-theologischen Antirevolutionismus (ist). Kein theologischer Satz in ihr ist politisch unschuldig« (*Brakelmann* 1973, 34 f.).

So schwer Wichern auch theologisch einzuordnen ist (vgl. *Hollweg* 1973, 141 f.) – politisch ist sein Ziel ganz klar zu erkennen: die Überwindung der Revolution, die für ihn »die Inkarnation (Fleischwerdung) eines pervertierten anthropologischen Selbstverständnisses und die Dokumentation einer politisch-gesellschaftlichen Strukturverderbnis« bedeutete (*Brakelmann* 1973, 32). Der »Spuk« von demokratischer Selbstbestimmung, die »Verführung« der arbeitslosen oder verelendeten Handwerker und Proletarier durch die finstere Macht des Sozialismus und Kommunismus, jener gräßlichen, gotteslästerlichen Abirrung . . ., das ist es, was die Männer des von Wichern ins Leben gerufenen Centralausschusses zusammenführte. Sie alle entstammten dem konservativen Lager und hatten enge, z. T. freundschaftliche Beziehungen zum preußischen Königshaus. Es mag sein, daß bei Wichern das Missionsinteresse überwog – die übrigen Mitglieder des Ausschusses brachten jedenfalls ihr jeweiliges Klasseninteresse in die Arbeit der Inneren Mission ein. »Im Gewande der Volksmission ließ sich der politische Kampf gegen die Emanzipation des Volkes gut betreiben. Unter dem Losungswort der Evangelisierung des Volkes konnte man eine Reintegration des Volkes in eine ständisch geordnete Gesellschaft und ein obrigkeitlich strukturiertes Gemeinwesen voranbringen« (*Brakelmann* 1973, 33).

Wichern ließ sich von diesem und für dieses antirevolutionäre Aktionsbündnis offensichtlich nicht ungern benutzen: Seine sozial-diakonischen Ziele rührten zwar das Gewissen der Bürger an, rüttelten aber nicht an

den zunehmend wieder festgefügten Strukturen der feudal-bürgerlichen Klassengesellschaft. Sein Konzept der »sozialen Wiedergeburt des heillosen Volkes« barg keine systemsprengenden Konsequenzen in sich. Ganz im Gegenteil: Durch Predigt und Erziehung, durch direkte Hilfe und Anregung von Selbsthilfeorganisationen sollte die Arbeiterklasse befriedet und »erneuert« und ihre Situation so verbessert werden, daß sie die gesellschaftlichen Verhältnisse und ihre Hierarchie als eine von Gott vorgegebene, »gestiftete« Ordnung akzeptierten [69].
Kritik an der Struktur der gesellschaftlichen Produktionsverhältnisse hatte in diesem Konzept keinen Raum: Wichern kämpfte als »Samariter« zwar gegen die unmenschlichen Folgen der Produktionsverhältnisse, wandte sich aber nicht gegen das ökonomische System, das diese Produktionsverhältnisse notwendig hervorbringt [70] (vgl. *Brakelmann* 1973, 34 f., 40). »Gegenüber den eigentlichen zeitgeschichtlichen Vorgängen und den in ihr wirksamen Kräften (schien er) mit Blindheit geschlagen zu sein« (*Hollweg* 1973, 141).

Es ging Wichern also um die Erhaltung und Erneuerung der von Gott gestifteten Ordnung, die in der Gefahr stand, von Sozialismus und Kommunismus »entweiht« und zerstört zu werden. Diese göttliche Ordnung offenbart sich für ihn in drei zentralen Begriffen: Familie, Kirche und Staat (vgl. *Wichern* in *Krimm* 1963, Dok. 197, 412). Besonders die Familie ist der Ort des Glaubens und der Sittlichkeit (vgl. auch *Riehl* 1855, 115; in: *Mollenhauer* u. a. 1975, 13). Sie als eine »erhabene Burg«, als ein »unversehrtes Heiligtum« zu bewahren, ist Aufgabe von Kirche und Staat. Denn aus dem Ungehorsam gegenüber den göttlichen Ordnungen erwächst das Elend des Volkes. »Das gilt auch für den Bereich der Erziehung in Blick auf den Ungehorsam gegen die Eltern. Das Strukturelement ›oben und unten‹ entspricht dem göttlichen Willen« (*Hollweg* 1973, 145).
Schon diese kurzen Andeutungen lassen wohl die Idee – oder die Ideologie –, die hinter Wicherns Familienprinzip und seiner Anstaltsorganisation stand, deutlich werden: Zum einen diente die »Familienerziehung« mit der ihr eigenen starken Identifikationskraft mit Leben, Wesen und Denken der Ersatzeltern und mit ihren unterschwelligen Mitteln charakterlicher, intellektueller und religiöser Prägung dazu, in seine Zöglinge das Leitbild der sittlichen, gehorsamen, arbeitsfreudigen und frommen Familie, die in einer patriarchalisch-ständisch geordneten Welt verankert ist, tief einzusenken. Darüber hinaus wollte Wichern mit der Struktur seines Rettungsdorfes ein Modell für die Reform der gesamten Gesellschaft schaffen – einer Gesellschaft, die im Großen wie im Kleinen familienartig

geordnet ist und in der sich die herrschenden oberen Schichten wie »Familienvorstände« um die Erziehung der ihnen anvertrauten unteren Schichten kümmern (vgl. *Hollweg* 1973, 146 f.). Auf diesem Hintergrund erweist sich das Familienprinzip im Rauhen Haus als Mittel und als Konsequenz der konterrevolutionären Haltung Wicherns [71].

»Sozialistische« Alternative: Gustav Werner

Einen gänzlich anderen Weg als sein Zeitgenosse Wichern [72] beschritt der wohl nicht ohne Grund heute fast unbekannte *Gustav Werner* (1809–1887). Er setzte nicht beim »verwahrlosten« Volk und bei den »sittenlosen« Familien an, sondern an der »Quelle des Übels«, den unmenschlichen Produktionsverhältnissen.

Werner, der von dem handfest sozial-reformerischen und zugleich über Fragen des Jenseits spekulierenden Pfarrer *Johannes Friedrich Oberlin* und dem Erfinder, Naturforscher und ebenfalls spekulativen Bibelausleger *Emanuel Swedenborg* stark beeinflußt war, richtete als pietistischer Vikar zunächst in Walddorf bei Tübingen eine Industrie- und Kleinkindschule ein und nahm selbst Waisenkinder aus dem Dorf auf, um so seiner bäuerlichen Gemeinde ein Vorbild zu geben: »Verlassene Kinder können in Familien besser verpflegt und erzogen werden als in Anstalten, und die Familien gewinnen an innerem Leben und Segen« (*Werner*, zit. n. *Wurster* 1888, 79, Anm.; vgl. ebd. 220).

Werners weit über Walddorf hinauswirkende »Privaterbauungsstunden«, in denen er eine Theologie vertrat, die jede bloße Gefühlsreligion verwarf und die Notwendigkeit christlichen Wandels und christlich guter Werke betonte und die wohl auch mit manchen zu einem religiösen Sozialismus tendierenden politischen Aussagen versetzt war, entfernten ihn schon bald sowohl vom Pietismus als auch von der landeskirchlichen Lehre. Kurz nachdem er 1839 nach längeren Verhandlungen von sich aus sein Amt niedergelegt hatte, zog er mit einem Teil seiner Pflegekinder nach Reutlingen und gründete dort ein Rettungshaus sowie verschiedene andere Einrichtungen.

Auch Werner war ein überzeugter Vertreter des Familienprinzips. Und er war konsequent: Um seinem Haus für verlassene Kinder »ein weibliches Haupt an die Spitze zu geben«, heiratete er 1841. Die Institution Familie hat bei ihm jedoch keinen theologischen und ideologischen Stellenwert; sie gilt ihm nicht als göttliche Ordnungsmacht. Zwar schätzte er sie als gute Sozialisationsinstanz, stand im übrigen aber in gewisser innerer Distanz zu ihr (vgl. *Hegel* 1968, 28) [73].

Im Revolutionsjahr 1848 versorgte Werner in seinem Haus bereits 80

Kinder. Allen diesen Kindern versuchte er die verlorenen Familien zu ersetzen, denn das »gesetzliche Wesen ..., welches meistens in der Anstaltserziehung herrscht, wirkt (all-)zuoft lähmend, ja tötend auf den göttlichen Lebenskeim, welchen die Elternliebe im Kind allein sorgsam genug zu pflegen und zu erziehen versteht ... Was ich auf die Kinder hauptsächlich wirken lassen möchte, das ist die Sonne der Mutterliebe, weil unter ihrem Einfluß die Kinder am besten gedeihen« (*Werner* – zit. n. *Wurster* 1888, 112). Während diese »Sonne der Mutterliebe« nicht nur von seiner Frau, sondern auch von einigen treuen Mitarbeiterinnen ausging, versuchte der – übrigens wohl bewußt kinderlose – Werner, allen Kindern ein Vater zu sein: »Die Kleinen setzten sich abwechslungsweise auf seinen Schoß und schmiegten sich an ihn an ... Hatten sie sich aber schlafen gelegt, so ging der Vater von Bett zu Bett, flüsterte jedem noch ein paar Worte der Liebe oder Ermahnung ... zu, gab jedem noch einen Kuß, und in wenigen Minuten senkte sich der Schlaf in die Augen der Kleinen« (*Wurster* 1888, 114).

Was Werner aus der Fülle der Rettungshaus-Gründer heraushebt, ist aber weder diese väterliche Liebe, noch die faszinierende Integration seines gesamten Privatlebens in sein Werk, noch seine unerschöpfliche Bereitschaft, da, wo Not war, Hilfe zu leisten und neue Einrichtungen zu schaffen [74], sondern seine vergleichsweise tiefe Einsicht in wirtschaftliche und politische Zusammenhänge, die mit einem entschlossenen Ernstmachen des christlichen Liebesgebotes verbunden war: 1851 machte er einen langgehegten Plan wahr und kaufte eine stillgelegte Papierfabrik auf. Der praktische Betrieb einer Fabrik sollte beweisen, »daß die christlichen Grundsätze der Liebe und Gerechtigkeit auch auf diesem Gebiet (der Fabrikindustrie, d. Vf.) sich bewähren und das Heilmittel für die besonderen Gefahren desselben darstellen« könnten. In die die Gesellschaft mehr und mehr bestimmende Arbeitsform der Großindustrie solle der »König der Gerechtigkeit ... einziehen« (*Werner*, zit. n. *Wurster* 1888, 153; 223). Die Fabrikindustrie nämlich erzeugte nach Werners Meinung die meisten sozialen Gefahren, weil sie den Menschen zur Maschine herabwürdige und weil ihr Ertrag dem Arbeiter etwas Fremdes bleibe; das Band zwischen der Person des Arbeiters und seinem Arbeitsprodukt werde zerschnitten, solange der Gewinn noch in der Hand des Unternehmers angehäuft werde (vgl. *Wurster* 1884, 11). Demgegenüber standen in Werners auf genossenschaftlicher Basis arbeitenden Papierfabrik – zu der später eine moderne Maschinenfabrik kam – soziale und menschenwürdige Arbeitsbedingungen an erster Stelle; die Kinder seines Rettungshauses konnten hier eine Lehre absolvieren und auf diese Weise länger in der »Anstaltsfamilie« bleiben. Behinderte fanden in diesen

Betrieben Arbeitsplätze, die ihren Fähigkeiten angemessen waren. Viele Mitarbeiter, die genossenschaftliche Teilhaber waren oder in der Anstalt wohnten, arbeiteten ganz oder teilweise unentgeltlich.

Werner, der mit diesem Versuch der praktischen Verwirklichung eines »religiösen Sozialismus« [75] ein Modell für die Überwindung der »drohenden Gefahren des Kommunismus und Sozialismus« durch den »christlichen Gemeingeist ... einer religiösen Gemeinschaft« schaffen wollte (*Werner* – zit. n. *Wurster* 1888, 161; 271), erhielt von seiten der Amtskirche keinerlei finanzielle oder wenigstens moralische Unterstützung. Im Gegenteil: Im Jahre der Fabrikgründung wurde ihm jede kirchliche Tätigkeit verboten.

Ohne kräftige Unterstützung aber war sein Betrieb auf die Dauer zu finanzschwach: Das von den Genossenschaftern aufgebrachte Kapital reichte zur Finanzierung der notwendigen Investitionen (und zur Unterhaltung der zahllosen verarmten Kinder und Erwachsenen in seinen Anstalten!) nicht aus; der zunehmende Druck einiger reicher Gläubiger führte in Verbindung mit einer Finanzkrise 1863 zu einem teilweisen Bankrott des ganzen Rettungswerkes: Viele der Teilanstalten mußten geschlossen oder anderen Trägervereinen übergeben werden, die Industriebetriebe wurden von den restlichen diakonischen Einrichtungen radikal getrennt und gingen in den Besitz eines zwar gemeinnützigen, aber streng kapitalistisch wirtschaftenden Aktienvereins über (vgl. *Wurster* 1888, 258–305).

Werners Versuch, nicht in erster Linie den jungen Menschen an die Erfordernisse der großen Industrie anzupassen, sondern die Gesellschaft und ihre Produktionsweise so umzuformen, daß in ihr ein menschenwürdiges, von Liebe und Gerechtigkeit erfülltes Existieren und Arbeiten möglich sei, war gescheitert.

1.2.7. Waisen- und Pflegekindererziehung im ausgehenden 19. Jahrhundert (ca. 1850–1910)

Die sozialpolitische Entwicklung

Die bald nach der Niederschlagung der bürgerlichen Revolution von 1848 einsetzende »industrielle Revolution« konnte nicht ohne tiefe Auswirkungen auf die Lebenssituation der arbeitenden Bevölkerung und insbesondere der proletarischen Familie bleiben: In den Zeiten konjunkturellen Aufschwungs wurden die letzten Reserven an Arbeitskräften mobilisiert; Landbevölkerung, arbeitslose Handwerksburschen, Frauen, Jugendliche und Kinder wurden für Arbeitsplätze angeworben, auf denen sie täglich bis zu 14 Stunden teilweise schwerste körperliche Arbeit verrichten mußten; Nacht- und Sonntagsarbeit wurden selbstverständlich. In den konjunkturellen Krisenzeiten aber, die nun periodisch und deutlich spürbar einsetzten (zuerst 1857), wurden viele dieser Arbeitskräfte sehr schnell wieder entlassen. Ohne jegliche soziale Absicherung fristeten sie in den Slumgebieten der sprunghaft wachsenden Großstädte [76] ein armseliges Leben. Zunehmende Verelendung breiter Massen, Krankheiten, Jugendkriminalität, hohe Kinder- und Müttersterblichkeit waren die unausbleiblichen Folgen (vgl. *Streisand* 1974, 187 ff.; *Dörschel* 1972, 141).

In den proletarischen Familien verstärkte sich die schon oben erwähnte Tendenz zur Aufweichung der sozialen Bezüge bis hin zur totalen Auflösung: Nachdem sie ihre produktiven Funktionen schon lange verloren hatten, büßten sie nun auch weitgehende Teile ihrer reproduktiven Aufgaben ein. Die kleinen Kinder blieben ohne Pflege (Kinderkrippen oder ähnliches gab es lange Zeit überhaupt nicht), die größeren fanden, wenn sie von der Arbeit oder aus der Schule kamen, ein leeres Haus vor, oder, richtiger gesagt, eine meist enge, schäbige und leere Unterkunft; das von den bürgerlichen Familienideologen so hochgepriesene Herdfeuer blieb – im wörtlichen wie im übertragenen Sinne – kalt [77].

Besonders für die Frauen, die wesentlich schlechter als die Männer bezahlt wurden, bedeutete die volle Integration in den Fabrikbetrieb eine außerordentlich harte körperliche und seelische Belastung. Kinder»segen« war unter diesen Umständen alles andere als erwünscht, denn Kinder bedeuteten einen zusätzlichen Kostenfaktor, der das Elend der Familie nur vergrößerte. Abtreibungen waren an der Tagesordnung; die Zahl der Tot- bzw. Fehlgeburten – oft genug am Produktionsplatz – lag bei den Arbeiterfrauen um ein Mehrfaches höher als bei bürgerlichen Frauen (vgl. *Rühle* 1922, 62 ff.); viele Säuglinge starben sehr früh infolge Unterernährung und schlechter Lebensbedingungen. Als Folge der durch die Produktionsverhältnisse gelockerten Familienbande und der erzwungenen Mobilität standen mehr Menschen denn je »vereinsamt in der Welt, ... heimatlos, familienlos, haltlos« (*Uhlhorn* 1890, 395). Entsprechend stieg die Zahl der unehelich geborenen Kinder ständig an – 1909 waren es beispielsweise in Berlin knapp 20% aller Geburten –; die Erzeuger dieser Kinder stammten in sehr vielen Fällen aus »besseren Kreisen«, während die »in Schande gebrachten« und dann »sitzen gelassenen« Mütter dem weitgehend als Freiwild angesehenen Dienstbotenstand angehörten (vgl. *Rühle* 1922, 74 ff.; 303 ff.).

Angesichts dieser Lage der proletarischen Familien war es durchaus konsequent, wenn *August Bebel* die Erziehung der Kinder aus dem Hause verlegen und auf staatliche Institutionen übertragen wollte – eine Auffas-

sung, die der der bürgerlichen Staats- und Diakonietheoretiker genau entgegengesetzt war und sich übrigens auch nicht in der Arbeiterbewegung durchsetzen konnte (vgl. *Weber-Kellermann* 1975, 128–140).
Auf die Dauer konnte allerdings der liberale Staat der Auflösung der Familie und der Verelendung der Massen nicht tatenlos zusehen. Einige Alarmzeichen zwangen zum Handeln: Die Bevölkerung wuchs nicht mehr im gewünschten Maße (vgl. *Feld* 1926, 174); die Musterungsergebnisse des Militärs zeigten eine ungeheure Zunahme gesundheitlicher Schäden, die nur auf Kinderarbeit, mangelhafte Ernährung und körperliche und seelische Vernachlässigung zurückzuführen waren (vgl. *Kuczynski* 1968, 88; 91 f.); die Sozialisationsleistungen der proletarischen Familien und der unzureichend ausgestatteten Schulen erwiesen sich als so schlecht, daß damit auf längere Zeit der Bedarf der Industrie an wenigstens einigermaßen qualifizierten und disziplinierten Arbeitskräften nicht befriedigt werden konnte (vgl. *Alt* u. a. 1970, 102). Gegen den Widerstand mancher Industriezweige, die ihre kurzfristigen Verwertungsinteressen gefährdet sahen, entstanden ab 1833 umfassendere Kinder-, Jugend- und Frauenarbeitsschutzgesetze sowie erste Regelungen zum Schutze von Schwangeren und jungen Müttern. Um den Einfluß der trotz einschneidender Verbote immer mächtiger werdenden Arbeiterbewegung einzudämmen, wurden nach 1871 wichtige Sozialgesetze (Unfall-, Alters-, Invalidenversicherung usw.) verabschiedet.

Die Lage der Pflegekinder

Die Versorgung elternloser Kinder änderte sich in dieser Zeit nicht wesentlich, doch wirkten sich die oben angedeuteten ökonomischen und familiensoziologischen Verhältnisse auch auf die Lebensbedingungen dieser Kinder aus (vgl. *Scherpner* 1966, 165 f.). Entgegen den Tendenzen der Zeit, die der Familie kaum noch einen Lebensraum zugestanden, gewann das Familienprinzip in der öffentlichen Ersatzerziehung zunehmend an Bedeutung. Diese scheinbar widersprüchliche Entwicklung dürfte mehrere Ursachen haben:
Erstens wird es sich hier um »Spätfolgen« des Waisenhausstreites handeln, zumal auch so bedeutende Pädagogen wie *Pestalozzi* und *Wichern* die Wichtigkeit einer familialen Erziehungsumwelt immer wieder betont hatten.
Zweitens hatten viele arme Familien ein starkes Interesse daran, Pflegekinder aufzunehmen, da sie sich davon einen kleinen Nebenverdienst erhofften – obwohl die Pflegegelder kaum die Kosten deckten –, um ihre hoffnungslos schlechte wirtschaftliche Lage etwas zu verbessern. In

Frankfurt/M. beispielsweise, wo man 1858 versuchte, auch einige der bisherigen Anstaltskinder in Pflegefamilien zu geben, meldeten sich so viele interessierte Familien, daß man die geeignetesten heraussuchen konnte. Da das Pflegekind aus der Not heraus als Einkommensfaktor gesehen werden mußte, war es durchaus logisch, daß die Gewerbeordnung von 1869 das Halten von Pflegekindern als freies, später als konzessionspflichtiges Gewerbe erklärte.

Drittens zog man die Unterbringung in Pflegefamilien aus Kostengründen vor: Sie war billiger. Aus demselben Grund ging man auch dazu über, Kinder aus unvollständigen Familien nicht mehr in eine Anstalt oder eine Fremdfamilie einzuweisen, sondern bei dem noch lebenden Elternteil zu lassen und diesen finanziell zu unterstützen (vgl. *Büttel* 1913, 96 ff.; 115).

Viertens aber erhoffte man sich von der individuelleren Betreuung in den Pflegefamilien eine dem Erziehungsziel angemessene Sozialisation: daß nämlich der »schwere Lebenslauf« der ja in aller Regel armen Pflegefamilien beim Pflegekind »eine frühzeitige, lebenskräftige und lebenskundige Pflege und Bildung der natürlichen Anlagen (bewirke), eine der Lebenslage völlig angemessene, hinter ihr nicht zurückbleibende und über sie nicht hinausgehende (!) Erziehung, ein zeitiges Erkennen und Erlernen der Mittel zur selbständigen Bewegung und Forthilfe ...« Vermittele man den Kindern nicht frühzeitig die Kraft »zum Ertragen und zum Überwinden«, blieben ihrem Gemüt »auch die wahren Lebensfreuden fern« (so der Direktor des Kasseler Waisenhauses, zit. n. *Stein* 1923, 296 f.; vgl. 22).

Fünftens hielt man nun wieder Pflegestellen auf dem Lande für geeigneter als städtische Familien [78]. Man wollte auf diese Weise einerseits versuchen, die Kinder dem »verderblichen Einfluß« des großstädtischen Proletariats zu entziehen, andererseits hoffte man so sicherzustellen, daß die Kinder dem Dienstbotenstand erhalten blieben, und schließlich erwartete man, mit der »Verpflanzung« dieser Kinder der beängstigende Ausmaße annehmenden Landflucht entgegenwirken zu können (vgl. *Liermann* 1921, 92; *Büttel* 1913, 99).

Wie sehr in dieser Zeit die Familienpflege der Heimunterbringung vorgezogen wurde, zeigt auch eine – allerdings nicht repräsentativ angelegte – Statistik aus dem Jahre 1884: Von 77 befragten deutschen Städten sprachen sich aus

für Familienpflege	57,1%
für Anstaltspflege	10,4%
für bedingte Anstaltspflege	2,5%
für das gemischte System	22,0%
einer genaueren Antwort enthielten sich	8%.

(*Liermann* 1921, 83; vgl. auch *Gillmann* 1927, 89).

Was aus einer solchen Statistik nicht hervorgeht, ist die tatsächliche Lage der Pflegekinder – und die war in dieser Zeit denkbar traurig und damit ein direktes Abbild der Situation der proletarischen Familien, die den weit überwiegenden Teil der Pflegefamilien darstellten. Pflegekinder zu halten, war oft ein blutiges Geschäft. Besonders dann, wenn Säuglinge gegen eine einmalige Abfindungssumme in Pflege gegeben wurden, lag für die armseligen Ziehmütter die Versuchung nahe, durch Vernachlässigung oder gewisses »Nachhelfen« den Tod des Kindes herbeizuführen (»Engelmacherinnen«; vgl. *Villaret* 1888, 608 ff.).

Andere Familien schickten ihre Pflegekinder zur Fabrikarbeit oder benutzten sie bei der Heimarbeit oder im Verlagswesen [79]. In einigen Industriestädten (z. B. Posen und Elberfeld) müssen die Situation der Pflegekinder und insbesondere die Wohnverhältnisse der in Frage kommenden Pflegefamilien derart katastrophal gewesen sein, daß die städtischen Behörden die öffentlich zu erziehenden Kinder fast ausnahmslos in Anstaltspflege gaben (vgl. *Liermann* 1921, 90).

Doch auch auf dem Land erging es den Pflegekindern nicht unbedingt besser. Hier war es – außer wenn es sich um Waisenkolonien handelte (vgl. S. 31 f.) – viel schwieriger, die Kostfamilien regelmäßig zu überprüfen. Und angesichts des Arbeitskräftsmangels war es nur zu naheliegend, die Pflegekinder »wie in alten Zeiten« als Hütejungen und Kindermädchen einzusetzen; gerade in den Dörfern wurde die Schulpflicht noch lasch genug gehandhabt, um eine solche Ausbeutung der Pflegekinder zu ermöglichen (vgl. *Rühle* 1922, 238; 288 f.).

Um diesen nur aus der Not der Pflegefamilien zu erklärenden Praktiken abzuhelfen, wurden allerdings im Laufe der Jahre in den Ländern zunehmend Schutz- und Überwachungsvorschriften erlassen, die etwa die Einholung einer polizeilichen Pflegeerlaubnis anordneten oder freiwillige Helferinnen zur Beaufsichtigung der Pflegestellen einsetzten; später wurden für die Pflegekinder auch behördliche oder ehrenamtliche Vormünder bestellt.

Daraus entwickelte sich ab 1900 die gesetzliche Amtsvormundschaft, die dann im RJWG von 1924 für das ganze Reich eingeführt wurde (vgl. *Scherpner* 1966, 159 f.; 168 ff.). Um die besonders bei den Zieh- und Haltekindern erschreckend hohe Säuglingssterblichkeit zu senken – *Villaret* (1888, 608) berichtet für 1885 von 31,1%, *Rühle* (1922, 83) für etwa 1900 von 33 bis 42% –, wurden darüber hinaus öffentliche Ziehkinderanstalten, Säuglingsasyle und Krippen eingerichtet. Sie konnten sich aber so recht nicht durchsetzen und erbrachten (mit Ausnahmen, z. B. Traube in Leipzig) keine wesentlich besseren Ergebnisse (vgl. *Villaret* 1888, 609; *Rühle* 1922, 83; 150).

Erziehung in Ersatzfamilien wurde jedoch nicht für alle Kinder in öffentlicher Erziehung bevorzugt; bestimmte Gruppen von Kindern wurden weiterhin der Anstaltserziehung übergeben, insbesondere »sittlich verwahrloste und gefährdete Kinder« über 10 Jahre, bei denen sich – so beispielsweise Berichte aus Frankfurt – die »strenge Anstaltsaufsicht« als besser geeignet erwies. Die Frankfurter brachten aus diesem Grunde etwa zwei Drittel der in diese Kategorie fallenden Kinder in auswärtigen Rettungsanstalten unter. Kinder schließlich, die aus »gesundheitlichen oder moralischen Gründen« für eine Familienunterbringung ungeeignet erschienen, blieben zunächst in einem Beobachtungsheim, bis eine endgültige Entscheidung – Pflegefamilie oder Anstalt – gefällt werden konnte (vgl. *Büttel* 1913, 115; 159; *Hess* 1921, 123; *Lempp* 1910, 117 f.). Anstaltserziehung, so forderte entsprechend auch die 1884 stattfindende Jahrestagung des »Deutschen Vereins für Armenpflege und Wohltätigkeit«, solle dann der Familienpflege vorgezogen werden, wenn die »besondere Beschaffenheit des Waisenkindes die Familienerziehung als nicht ausreichend oder bedenklich erscheinen lasse« (*Liermann* 1921, 91; vgl. *Scherpner* 1966, 166).

Staatliche Zwangserziehung in freier Trägerschaft

In den Anstalten – den Waisen- und Rettungshäusern – war der fortschrittliche Anstoß, der vom Waisenhausstreit und der Rettungshausbewegung ausgegangen war, bald wieder vergessen. Zwar war die Forderung, den Familiencharakter auch in der Anstaltspflege zu betonen, wohl gehört worden, tatsächlich aber blieb man von Organisationsformen und Gruppengrößen wie in Wicherns Rauhem Haus weit entfernt; dort, wo man schließlich »familienartige« Strukturen einführte, blieben die Gruppen immer noch unübersichtlich groß. Als Beispiel mag hier das Kasseler Waisenhaus dienen, in dem im Zuge einer internen Neuordnung je 50 Jungen oder Mädchen einer Altersgruppe einem »Waiselternehepaar« zugeordnet wurden (vgl. *Liermann* 1921, 84).

Die Ursachen für die fehlende Reformbereitschaft liegen wohl auf mehreren Ebenen: Neben den üblichen finanziellen Einwänden und dem – trotz aller inzwischen vorhandenen pädagogischen Theorie – weithin noch fehlenden pädagogischen Verständnis wirkte für viele Verantwortliche der Gedanke abschreckend, man könne mit dem Wichernschen Familienprinzip unversehens auch seinen recht strengen Frömmigkeitsstil übernehmen (so berichtet jedenfalls *Liermann* 1921, 83).

Schwerwiegender aber ist wohl, daß die Anstaltsunterbringung nun deutlich einen Strafcharakter erhielt, der in der Rettungshausbewegung so nicht bestanden hatte. Dafür sprechen folgende Beobachtungen:

- Wie oben schon dargestellt, wurden im wesentlichen nur noch »schwere Fälle« in Anstalten untergebracht – solche also, bei denen man eine Familienunterbringung nicht mehr für erfolgversprechend hielt.
- Das Freiwilligkeitsprinzip – eines der wichtigsten »Dogmen« der Rettungshausbewegung – wurde aufgegeben; damit verlor aber die vertrauensvolle und persönliche Beziehung zum Anstaltsleiter oder Rettungshausvater (mag sie auch oft mehr Wunsch als Wirklichkeit gewesen sein) jede Grundlage.
- Im Zuge einer gewissen Humanisierung des Strafrechts wurde zwar die bisherige Gleichbehandlung erwachsener und jugendlicher Straftäter aufgehoben, gleichzeitig griff man aber mit der Einführung der Zwangserziehung (1876), dem Vorläufer der Fürsorgeerziehung, erheblich in das elterliche Erziehungsrecht ein [80] und konnte »auffällige« Jugendliche der Anstaltserziehung übergeben – und »auffällig« waren insbesondere diejenigen, bei denen sich die Eingliederung in den Arbeitsprozeß nicht reibungslos abspielte. Die Anstaltserziehung erhielt auf diese Weise den Charakter von Kontrolle, Sanktionierung und Disziplinierung; dem entspricht, daß die Zwangserziehung für die 12- bis 16jährigen der Strafvollzugsbehörde unterstand.

Die Einordnung der Einrichtungen der freien, meist konfessionellen, Träger in den Dienst des staatlichen Disziplinierungsapparates [81] hatte für ihre innere Gestaltung erhebliche Auswirkungen: Militärisch-strenge Zucht und drakonische Strafmaßnahmen traten an die Stelle der persönlichen Beziehung zum Erzieher; Arbeit und gehorsame Anpassung und Unterordnung wurden zu höchsten und häufig religiös verbrämten Werten.

Mütterlichkeit als Erziehungsprinzip: Die Heimathäuser von Eva-Maria von Tiele-Winckler

Das Familienprinzip in der Anstaltserziehung und die Aufgliederung der großen Anstalten in kleine Gruppen geriet also, angesichts der Bevorzugung der Pflegefamilien einerseits und kasernierter Zwangserziehung andererseits, fast ganz in Vergessenheit. War in einer freiwilligen Erziehungseinrichtung die einfühlsame, psychologisch-pädagogische »Prägungsmethode« im familienähnlichen Sozialverband angemessen, so schienen in der Zwangserziehung die eher groben, militärisch »bewährten« Mittel auszureichen und angebracht zu sein (vgl. *Radlmaier* 1928, 136 f.).

Es war eine Frau, die 1888 an den alten Modellen anknüpfte. Die Bethel-Diakonisse *Eva-Maria von Tiele-Winckler* (1866–1930) gründete in Oberschlesien das Diakonissenhaus »Friedenshort«, das Diakonissen als »Muttersatz« in fast 40 »Kinderheimaten« in Deutschland, später auch in Indien, China und Afrika, entsandte. In diesen Häusern wohnten 10 bis 15 erziehungsbedürftige Kinder in Familiengruppen; die Anregung zu dieser Form fürsorgender Erziehung hatte »Mutter Eva« auf einer Englandreise empfangen.

Sie jedenfalls war es, die in Deutschland – m. W. erstmals – die »Mutter« in den Mittelpunkt der familienanalogen Gruppe stellte.

Politische Absichten waren ihr dabei offensichtlich fern; ihr ging es weder um die Erziehung »ihrer« Kinder zu einem bestimmten Stand noch gar um die Proklamation einer matriarchalischen Ordnung. Es war vielmehr ein pädagogisches Schlüsselerlebnis, das die junge Adlige zum Handeln trieb. Ihr Biograph schreibt: »Es wird bekannt sein, wie die junge Eva in der heimatlichen Schloßküche ein Trinkerkind fand, das, von Hunger getrieben, aus dem Ausguß aß. ›Das hat mir das Herz fast gebrochen. Seitdem ist eine Liebe zu den Kindern darin geblieben‹ . . .« (*Thieme* 1949, 229; vgl. *Brandenburger* 1962, 895; *Hegel* 1968, 51 ff.).

Man muß sich fragen, weshalb die »Kinderheimaten« der Eva von Tiele-Winckler so vereinzelt geblieben sind, weshalb ihre Einrichtungen nicht sehr bald zum vielfach nachgeahmten »Modell« wurden. Stellten sie überhaupt eine *reale* Alternative zu Pflegefamilien und Anstaltserziehung dar?

Wahrscheinlich nicht: In einer immer noch stark patriarchalischen Gesellschaft mußte ein weibliches »Familienoberhaupt« verdächtig, ja disfunktional sein; nicht ohne Grund hatte ja z. B. *Wichern* »Brüder« (und nicht etwa Frauen oder Ehepaare) als Betreuer eingesetzt: Solange hinter dem Familienprinzip die Idee der patriarchalischen Familie als Keimzelle und innerster Kreis einer sich in konzentrischen Kreisen darum gliedernden patriarchalischen Gesellschaft stand, konnten »Muttergruppen« nicht modellhaft wirken. Daneben ist zu vermuten, daß einer reinen Muttererziehung nicht die geforderte Vorbereitung der Kinder auf die Härte und Ärmlichkeit des Arbeiterlebens und des Lebens in der unteren Schicht der Gesellschaft zugetraut wurde – ein Sozialisationsergebnis, das, wie oben dargestellt, von der proletarischen Pflegefamilie selbstverständlich erwartet wurde. Schließlich konnte man wohl in solchen Einrichtungen, die auf Herzensgüte und Mitleid gründeten, kaum mit der disziplinierenden Strenge rechnen, die die Anstalten zur Zwangsanpassung der ihnen anvertrauten »Zöglinge« einsetzen konnten.

Die mütterlichen Kinderheimaten der Eva von Tiele-Winckler entsprachen – so scheint es – nicht den Anforderungen, die Staat und Wirtschaft an Einrichtungen der Ersatzerziehung stellten – und blieben deshalb für die pädagogische Entwicklung wirkungslos.

1.2.8. Weimarer Republik (1918–1933)

Nachdem auch die Novemberrevolution 1918, die eine »Diktatur des Proletariats« errichten wollte, blutig niedergeschlagen war, brachte die bürgerlich-parlamentarische Weimarer Republik mit ihren nahezu ständig wechselnden Regierungen teils demokratisch-bürgerlicher, teils konservativ-bürgerlicher Prägung eine Fülle politischer Spannungen. Nicht zuletzt aufgrund der Folgelasten der Versailler Verträge, die Staat und Wirtschaft auch insofern belasteten, als sie die Mittel entzogen, die zur Verschleierung der Klassengegensätze hätten dienen können, bildeten sich zahlreiche engagierte rechte und linke Gruppen und Parteien. Da Erziehung und Einrichtungen der Erziehung immer ein – mehr oder weniger ungebrochenes – Produkt der jeweiligen gesellschaftlichen Verhältnisse sind, mußten sich diese Spannungen und Gegensätze auch auf den Bereich der öffentlichen Ersatzerziehung auswirken.

Waisen- und Pflegekindererziehung

Während und nach dem 1. Weltkrieg wurde angesichts der vielen Kriegs- und Sozialwaisen wieder einmal die Frage aktuell, was mit diesen Kindern geschehen solle. Als man beispielsweise 1915 plante, ein neues Waisenhaus speziell für Kriegswaisen zu bauen, legten »maßgebende Fachkreise« ihren Protest ein und erklärten gemäß den seit einigen Jahrzehnten gültigen Grundsätzen: »Anstaltspflege (ist) im Allgemeinen nur in Ausnahmefällen, bei annormalen, schwer erziehbaren und von sittlicher Verwahrlosung bedrohten Kindern zu gewähren« (*Liermann* 1921, 111; vgl. hier S. 61). Halbwaisen solle man daher »möglichst lange bei der Mutter belassen«, in Fällen, wo das »nach der Lage der besonderen Verhältnisse nicht möglich sei«, müsse ebenso wie bei Vollwaisen den Kindern »nach Möglichkeit der Segen des deutschen Familienlebens erhalten bleiben« [82]. Als das, wie schon früher, am Mangel an geeigneten Pflegefamilien scheiterte (vgl. *Droescher* 1926, 404), fand man eine großartige Lösung: Um die »Landflucht in den östlichen Provinzen« zu bekämpfen und die »Rückwanderung auf das Land« zu fördern, vermittelte der »Arbeitsausschuß für Kriegswitwen- und Waisenfürsorge« in Zusammenarbeit mit der »Königlichen Ansiedlungskommission Posen« Waisenkinder, Pflegekinder und Fürsorgezöglinge in »kinderlose oder kinderarme Ansiedlerfa-

milien« in den Ostprovinzen, die »gerne bereit« waren, sie zu »berufstüchtigen Landbewohnern heranzuziehen« [83]. Genial, wie hier zwei Probleme zugleich auf kostensparendste Weise gelöst wurden!
Aus bevölkerungspolitischen Gründen wurden also Kinder, die meist in der Stadt aufgewachsen und dort in Verwandtschafts- und Freundschaftsbezügen verwurzelt waren, in die weit entfernten Provinzen gebracht, man möchte sagen, von Staats wegen verschleppt, um dort als billige Arbeitskräfte ausgebeutet zu werden. In den ländlichen Pflegefamilien blieben sie meist ohne geregelte Berufsausbildung, lernten aber, »bis zum Übermaß zu arbeiten« und mußten zudem oft »den Prügelknaben für die ganze Familie abgeben« (*Brandt* 1929, 11). Ein ostpreußischer Kreisarzt berichtete beispielsweise: »Die Kinder müssen ... im Sommer 15 Stunden arbeiten« (zit. n. *Kuczynski* 1968, 246). Wie armselig und traurig das Leben dieser bisweilen nur in Lumpen gekleideten, nicht ausreichend ernährten, im Stall untergebrachten und geistig und sittlich verwahrlosten Kinder aussah, schildert *Rühle* (1922, 287 ff.) sehr ergreifend.
Allerdings erging es den Kindern, die in den »goldenen Zwanzigern« in Anstalten eingewiesen wurden, auch nicht viel besser. In der Massenerziehung der Kinderheime herrschte eine überstrenge Disziplin und Ordnung, der Tagesablauf war bis ins kleinste Detail geregelt, Spontaneität, Zufälliges und Unvorhergesehenes waren ausgeschaltet. In der Regel waren diese Heime mit eigenen Schulen verbunden, so daß die Kinder vom Gemeinwesen ganz isoliert waren; koedukative Erziehung gab es nur in den seltensten Fällen. »Auch die Art der Arbeitserziehung (meist sture landwirtschaftliche Arbeit auch für die kleineren Kinder, d. Vf.) ist vom pädagogischen Standpunkt aus oft bedenklich ...«, urteilte eine zeitgenössische Pädagogin; es sei nicht verwunderlich, wenn sich als Ergebnis einer solchen Erziehung eine »Verengung des Blickes und Lebensfremdheit« zeige (*Droescher* 1926, 405; vgl. *Mehringer* 1976 a, 9 f.).
Nicht wenige Kinder kamen aber weder in »Pflege«familien noch in normale Waisenhäuser, sondern wurden sofort in Fürsorgeerziehungsheime (die Nachfolgeeinrichtungen der Zwangserziehungsheime) abgeschoben. Die Kostenregelungen des 1922 verabschiedeten und 1924 in Kraft gesetzten RJWG leisteten dem Vorschub: Wenn die – in der Nachkriegszeit tatsächlich sehr verarmten – Gemeinden oder Bezirksfürsorgeverbände die Kosten für eine »normale« Unterbringung eines Kindes in einem Kinderheim oder einer Pflegefamilie scheuten, ließen sie die Notwendigkeit der Fürsorgeerziehung (»drohende Verwahrlosung ...«) feststellen, und schon mußten Provinz oder Staat die Kosten übernehmen. Nur dieser »Trick« macht es erklärlich, daß 1925 8% aller in Fürsorgeerziehungsheimen untergebrachten Zöglinge jünger als 6 Jahre (!) sein konnten (vgl.

Brandt 1929, 17; *Hoffmann-Gewinner* 1928, 5 f.).
Während die unerfreulichen Zustände im Pflegekinderwesen und in den Kinder»heimen« wenig öffentlich und fast nur im Kreise von Fachleuten kritisiert und diskutiert wurden, stand die Fürsorgeerziehung im Zentrum heftiger, politisch motivierter Auseinandersetzungen, in die schließlich auch die Öffentlichkeit hineingezogen wurde. Faßt man, etwas vereinfachend, zusammen, dann waren es drei Parteien, die sich gegenüberstanden: erstens die der Arbeiterbewegung nahestehenden sozialistischen Pädagogen (z. B. *Rühle, Hoffmann-Gewinner, Hoernle, Bernfeld*; vgl. dazu *Ballauf/Schaller* 1973, 620 ff.), die Erziehungstheoretiker und -praktiker der sozialpädagogischen Bewegung und die konservativen Anstaltspädagogen.

Die Fürsorgeerziehung in der Kritik sozialistischer Pädagogen

Die zur Arbeiterbewegung gehörenden Kritiker lehnten die Fürsorgeerziehung in der bestehenden Form grundsätzlich ab. Sie hatten erkannt, daß Fürsorgeerziehung als »Zwangsmaßregel gegen den Nachwuchs der Armen« eingesetzt werde, als »politische Drangsalierung«, die zur »immer besseren, immer organisierteren Unterdrückung der Massen« führe (*Rühle* 1922, 320; 345; *Hoffmann-Gewinner* 1928, 5). Kinder und Jugendliche, die aufgrund der – ökonomisch bedingten – katastrophalen Lebensverhältnisse vieler Proletarierfamilien [84] verwahrlost seien, würden ohne das geringste eigene Verschulden, oft »sträflich leichtfertig, ja gewissenlos« in Anstalten gesperrt, dort kaserniert und von dem »draußen flutenden Leben« abgeschlossen, so daß sie zu völlig unselbständigen, alles geduldig hinnehmenden Wesen degenerierten (vgl. *Hoffmann-Gewinner* 1928, 8; *Rühle* 1922, 318 f.). Durch Prügel, Folter, Essensentzug und strengsten Arrest würden sie zur kritiklosen Anpassung und willenlosen Unterordnung gezwungen; schon wegen geringster Kleinigkeiten würden furchtbare Mißhandlungen verhängt (vgl. *Rühle* 1922, 334).
Am verlogensten aber sei die Devise, durch dauernde schwere Arbeit, die ruhig und gleichmäßig dahinfließe und den Zögling zwinge, ständig zu arbeiten, werde »das Verantwortungsgefühl gehoben« (so ein Caritas-Direktor, zit. b. *Brandt* 1929, 10). Denn unter ihr verberge sich nur die häufig schamlose Ausbeutung der Arbeitskraft der Zöglinge, gerade auch in den konfessionellen Anstalten. Bei einer täglichen Arbeitszeit von teilweise über 12 Stunden müßten die Jungen schwere Feldarbeit leisten, Torf stechen oder industriemäßig produzieren; Mädchen würden ebenfalls auf dem Feld, in der Hauswirtschaft, beim Nähen oder in der Wäscherei eingesetzt. Sprechen während der Arbeit oder kurze Ver-

schnaufpausen würden sofort scharf mit Prügel, Arrest, Haareabschneiden oder Taschengeldkürzung bestraft. Eine zur Inneren Mission gehörende Anstalt gebe beispielsweise offen zu, daß ein Junge erst dann »rentabel« sei, wenn er mindestens zwei Jahre in der Anstalt bleibe; ein Caritas-Direktor rühme sich, daß in seiner Einrichtung nach Abzug der gesamten Verwaltungskosten noch ein hübscher Betriebsüberschuß bleibe (vgl. *Brandt* 1929, 6 f., 9). In diesen Anstalten, in denen den Kindern jede Freude, selbst die geringste Zerstreuung versagt bleibe und in denen man nie ein frisches, herzliches Lachen höre, stünden nur etwa 20% aller Jungen und kaum ein Mädchen in einem Lehrverhältnis [85]; die Jugendlichen würden hier also nicht einmal für ein späteres Berufsleben vorbereitet; nach ihrer Entlassung »kehren sie zur Stadt zurück, vermehren die Zahl der ungelernten Arbeiter, erhöhen das Angebot und drücken damit die Löhne, bis sie schließlich in das Heer der unglücklichen Gelegenheitsarbeiter oder völlig in den Sumpf des Lumpenproletariats versinken« (*Rühle* 1922, 331; 338; 343). Indem aber damit für sie der Klassenzusammenhang verlorengehe, schwinde auch die Möglichkeit, an der revolutionären Bewegung teilzunehmen (vgl. *Swoboda* 1975).
Die Folgerung, die die Arbeiterbewegung aus diesen Verhältnissen – die nicht eine Ausnahme, sondern die Regel seien – zog, war konsequent: »Für die Arbeiterschaft gilt es, hunderttausend Verdammte zum Leben zurückzugewinnen und sie der proletarischen Kampffront gegen die Welt der Unterdrücker einzugliedern.« Daher forderte sie: »1. Beseitigung des heutigen Fürsorgesystems, 2. Schaffung einer einheitlichen Fürsorge für hilfsbedürftige Minderjährige ... 9. Aus Anstalten entwichene Zöglinge dürfen in keinem Falle in die alte Anstalt zurückgebracht werden. Entweichungen und in der Zwischenzeit zwangsläufig vorgekommene Delikte dürfen nicht bestraft werden ... 11. Jeder Zögling, der Arbeitsmöglichkeiten nachweisen kann, ist aus der Erziehungsanstalt zu entlassen. 12. Jedem Zögling muß eine Berufsausbildung entsprechend seinen Wünschen gegeben werden ...« »Alle Minderjährige, die öffentlicher Fürsorge bedürfen, Waisen, Pflegekinder, müssen zusammengefaßt und die Verteilung auf die verschiedenen Einrichtungen, wie Krankenhäuser, Heilanstalten, Erholungsheime, Erziehungsheime nur nach der körperlichen oder geistigen Verfassung der Minderjährigen vorgenommen werden ...« (*Brandt* 1929, 24, 23; *Hoffmann-Gewinner* 1928, 10).

Sozialpädagogische Bewegung

Neben der Arbeiterbewegung waren es die Vertreter der »sozialpädagogischen Bewegung«, die, wenn auch weniger radikal, die gängige Fürsor-

geerziehungspraxis kritisierten. Ihnen ging es allerdings nicht um eine grundsätzliche und politisch begründete Ablehnung der Fürsorgeerziehung, sondern um ihre pädagogisch motivierte Reform.
Die sozialpädagogische Bewegung, eine an der »Kulturkritik« orientierte und mit der Jugendbewegung in enger inhaltlicher Verbindung stehende pädagogische Erneuerungsbewegung [86], startete eine ganze Reihe theoretischer wie auch praktischer Versuche, ihren Anspruch, den ganzen Menschen zu sehen und eine »Pädagogik vom Kinde aus« zu treiben, auch auf die Institutionen der Fürsorgeerziehung anzuwenden. Charakteristisch für diese »neue« Pädagogik war, »daß sie ihren Ausgangspunkt unbedingt im Zögling hat, daß sie sich nicht als Vollzugsbeamter irgendwelcher objektiver Mächte dem Zögling gegenüber fühlt, des Staates, der Kirche, des Rechts, der Wirtschaft, auch nicht einer Partei oder Weltanschauung, und daß sie ihre Aufgabe nicht in dem Hinziehen des Zöglings zu solchen bestimmten, vorgegebenen Zielen erblickt, sondern ... daß sie ihr Ziel zunächst in dem Subjekt und seiner körperlichen und geistigen Entfaltung sieht. Daß *dieses* Kind hier zu seinem Lebensziel kommt, das ist ihre selbständige Aufgabe ...«. Von hier ergab sich eine neue Sicht des Verwahrlosten, der nun nicht mehr Gegner ist, »der niedergeworfen werden muß, damit er sich in die soziale Ordnung einfüge«, sondern einer, der in Schwierigkeiten befangen ist und »dem man zu Hilfe kommt«. Das letzte Geheimnis einer auf dieser Sicht beruhenden pädagogischen Arbeit ist »der richtige pädagogische Bezug ..., d. h. das eigene schöpferische Verhältnis, das den Erzieher und den Zögling verbindet« und die daraus resultierende »Bindung des Zöglings an den Erzieher« (*Nohl,* zit. n. *G. Herrmann* 1956, 30).
Dieser pädagogische Bezug zwischen Erzieher und Zögling sollte nun aber keineswegs einem Vater-Sohn-Verhältnis ähneln, denn zur bürgerlichen (»natürlichen«) Familie mit ihren Abhängigkeitsstrukturen und ihrem sonst so hoch geschätzten »engherzig-korrekten Familiengeist« (*Günther* u. a. 1973, 426) stand die sozialpädagogische Bewegung ebenso wie die Jugendbewegung in kritischer Distanz: »Jugend kann sich nicht in der bürgerlichen Familie entfalten, da bleibt sie immer ein unselbständiges Anhängsel der Erwachsenen, nach den Interessen der Erwachsenen behandelt und geformt« (*Wyneken,* zit. n. *Günther* u. a. 1973, 441) [87]. Zwar hielt man für Kinder familienartige Erziehungsstrukturen für angemessen, für Heranwachsende jedoch sollte im Mittelpunkt der Erziehung die »Gemeinschaftserziehung in leistungsfähigen Gruppen« stehen, wobei diese Gruppen »keinesfalls mehr als 20 Jugendliche« umfassen sollten (vgl. *Behnke* 1930, 555 f.).
Hier, in der dynamischen Wechselbeziehung zwischen einzelnen, Ge-

meinschaft und Erzieher sei es am ehesten möglich, den gefährdeten jungen Menschen dazu zu verhelfen, »wieder Mensch zu werden, d. h. zu einem Leben aus eigenen Kräften zu gelangen«, ihnen das »Mittel der Selbsterziehung« an die Hand zu geben (*Weniger* 1927, 274). Diese »Kräfte der Jugend« ließen sich aber am besten in musischer Betätigung, in praktischer Arbeit (»Freude des Zupackens«) und im einfachen, geordneten, naturverbundenen Gemeinschaftsleben entwickeln.

Ähnlich wie die sozialistischen Kritiker der Fürsorgeerziehung, prangerten auch die Vertreter der sozialpädagogischen Bewegung den unbeschränkten Despotismus vieler Anstaltsleiter an (vgl. *Behnke* 1930, 549), zeigten die Gefahren der unpersönlichen und unpädagogischen Anstaltsatmosphäre mit ihrer Monotonie und ihrer verlogenen religiösen Sentimentalität auf, kritisierten die Rechtlosigkeit der Zöglinge und ihre mangelnde innere Beziehung zur unbefriedigenden Arbeit und betonten, wie notwendig es sei, gerade auch die sexuellen Probleme der Anstaltszöglinge zu lösen (vgl. *W. Herrmann* 1927, 171; 1929, 439). Die politökonomische Analyse der Fürsorgeerziehung durch die Arbeiterbewegung und die sich daraus ergebenden Konsequenzen konnten sie jedoch nicht nachvollziehen (vgl. *Günther* u. a. 1973, 442): »Der Weg in die Politik, an sich völlig berechtigt, bedeutet für den Erzieher eine Flucht vor seiner eigentlichen Aufgabe, gerade auch dann, wenn die Jugend diesen Ausweg selber zu fordern scheint; Verursachung und Schuld können nur im Erziehungsvorgang selbst überwunden werden, in der Vorwegnahme gerechter Ordnungen« im Anstaltsleben (*Weniger* 1929, 715).

Das Verhältnis von Pädagogik und Politik und die Einschätzung des herrschenden kapitalistischen Systems blieben letztlich ungeklärt. Einerseits, so meinte man beispielsweise, sei heute jede Erziehung »unerlaubt ..., die den Zöglingen etwa den aus ihrer Klassenlage erwachsenen politischen Willen lähmen« wolle (ebd., 716), andererseits hatte man als Erziehungsziel den »gelernten Arbeiter« vor Augen, der die »Bereitschaft zu jeder sich bietenden Arbeit« entwickelt haben solle (*W. Herrmann* 1927, 173 f.).

Aus den Ideen dieser Bewegung entstanden verschiedene Typen von Reformheimen. *Hermann Lietz* (1868–1919) beispielsweise errichtete schon 1913/14 ein Landwaisenhaus bei Ilsenburg im Harz, das für 35 Kinder gedacht war, die jünger als 6 Jahre sein sollten und in einer Probezeit ihre körperliche und geistige Entwicklungsfähigkeit unter Beweis stellen mußten. Lietz hatte das Ziel, die Kinder zu »gesunden, tüchtigen und frohen Menschen« zu erziehen und schuf daher in seinem Heim eine Umgebung, die der »natürlichen Familie« möglichst entsprechen sollte (vgl. *Liermann* 1921, 114).

In Berlin richtete das Pestalozzi-Fröbel-Haus sogenannte Tag- und Nachtheime ein, die nur etwa 10 bis 12 Kinder aufnahmen, und zwar grundsätzlich Kinder verschiedenen Alters und beiderlei Geschlechts. Charakteristisch für diese Heime war, daß die Leiterin pädagogisch ausgebildet sein mußte und »daß die Kinder wie in einer kleinbürgerlichen und proletarischen Familie mit einer überlasteten Mutter aufwachsen. So besuchen die Kleinen vormittags den Kindergarten, die Großen gehen nicht nur in die Schule, sondern auch in den Hort, finden dadurch Pflege ihres individuellen Lebens, Kameradschaft aus andersgearteten Verhältnissen und bringen vielseitige Anregungen in ihre kleine Heimfamilie mit«. Wichtig ist hierbei, den »vom Schicksal herumgestoßenen Kindern ein kraftvolles Heimatgefühl und das Wurzeln in der Scholle« zu geben (*Droescher* 1926, 405 f.) [88].
Reformheime wurden auch im Bereich der Fürsorgeerziehung geschaffen, doch war hier aus den genannten Gründen nicht die Familie, sondern die Gleichaltrigengruppe der Jugendbewegung das zentrale pädagogische Vorbild. Bekannt – und innerhalb der sozialpädagogischen Bewegung hoch anerkannt – waren besonders der Lindenhof in Brandenburg von *Karl Wilker* und das von *Walter Hermann* geleitete Heim in Egendorf/Thüringen.

Konservative Anstaltspädagogen kontra sozialpädagogische Reformer

Die Forderungen der Arbeiterbewegung und die Neuansätze der sozialpädagogischen Bewegung blieben allerdings nicht unumstritten. Viele Jugendämter torpedierten diese unerwünschten Versuche; zugleich blieb die Masse der Heime und alten Anstalten stolz bei ihrem als »konservativ« beschriebenen Konzept und betonte, sie würde sich nicht in die »Zwangsjacke der Familiennachahmung« stecken lassen (*Weber* 1928, 10). Aber nicht nur das: Ohne auf das gebrochene Verhältnis der sozialpädagogischen Bewegung zur bürgerlichen Familie einzugehen, griffen die Vertreter der konservativen Pädagogik auf das uralte Schwarz-Weiß-Schema aus den Anfängen des Waisenhausstreites (»wer nicht für die Anstalt ist, der muß für die Familie sein!«) zurück und empfahlen sich für den Bereich der Ersatzerziehung offensiv und selbstbewußt als Alternative zur Pflegefamilie: »In der Familie spielt oft das Kind eine zu große Rolle ...; alles kümmert sich um das Kind, hätschelt es, wirbt um seine Gunst usw., und die Folge ist, daß oft kleine Kinder schon große Egoisten sind. In der Anstaltserziehung ist es anders: da ist der einzelne nur einer unter vielen, es gibt keine Vorrechte, es ist kein Raum für Sonderwünsche; jeder muß sich bescheiden lernen und seiner Selbstzucht Zügel anlegen ... Von der

Zucht und Ordnung in der Anstaltserziehung prägt sich bei vielen eine gewisse Willensdisziplin dem Charakter ein, die auch im späteren Leben noch erkennbar ist, ähnlich wie man früher oft dem einfachen Mann ... ohne weiteres anmerkte, daß er beim Militär gedient hat ... Es ist sicher ein Segen, wenn die Jugend sich beizeiten unter eine fremde Autorität zu beugen lernt ...« (*Radlmaier* 1925, 43 ff.).
Daß in diesen Anstalten mit ihrem entindividualisierenden Saal-System ein militärischer Drill herrschte, mag man dem führenden katholischen Anstaltspädagogen und Caritas-Seminardirektor *Radlmaier* gerne abnehmen, besonders, wenn er gegenüber der Forderung nach der kleinen, überschaubaren Gemeinschaft provozierend schreibt: »Im allgemeinen darf man wohl sagen, daß bei normalen Zöglingen über zehn Jahren eine Durchschnittsfrequenz von dreißig bis vierzig Zöglingen als Norm gelten kann. Eine Erziehungsperson, die hinreichend für ihren Beruf befähigt ist, wird diese Zahl unschwer so meistern können, daß sie den erziehlichen Bedürfnissen der Gesamtheit wie des einzelnen gerecht wird ... Die Anschauung, welche die Zergliederung der Anstalten in familienähnliche Gruppen allgemein zum Prinzip der idealen Anstaltserziehung erheben möchte, ist praktisch nicht berechtigt; sie läßt sich weder aus dem Wesen, aus einer inneren pädagogischen Notwendigkeit noch aus der Geschichte der Anstaltserziehung begründen ... (Diese Anschauung) verkennt die Eigenart der Anstaltserziehung und beruht auf der Illusion, daß man den Erziehungs- und Gefühlswerten der Familie schon dadurch näher kommen kann, wenn man die äußere Form nachahmt. Wer einen tieferen Einblick in das Anstaltsleben hat, weiß, daß familiärer Geist und edle Gemeinschaftsgefühle nicht so sehr von der äußeren Form, von dem Anstaltstyp abhängen, als vielmehr von den Menschen, insbesondere von den Erziehungspersonen und von dem allgemeinen Geist, der in einer Anstalt herrscht. Die Geschichte der Anstaltserziehung zeigt uns zu allen Zeiten, auch in der Gegenwart, die Großanstalt mit Abteilungs- und Saalsystem als die herrschende Form ...« (*Radlmaier* 1925, 40 f.).
Gegen das von der Reformbewegung betonte Recht des Zöglings auf Individualität und das Bemühen um »Dezentralisation« setzten die Vertreter der Anstalt ihre »Gemeinschaftserziehung« genannte Massenerziehung (vgl. *Radlmaier* 1925, 38 f.; 1928, 138 ff.): »Für eine hemmungs- und schrankenlose Auswirkung der Individualität, wie sie von manchen pädagogischen Reformern gefordert wird, ist in der Anstalt kein Platz, aber auch in einer guten Familie nicht. Es gibt ewige Wahrheiten und ewige Gesetze und es gibt innerhalb und außerhalb der Erziehung Notwendigkeiten, die der Individualität eine Schranke setzen ...« (*Radlmaier* 1925, 41).

Und gegen den »Niedergang des Familienlebens in weiten Kreisen« und die »Zerrüttung der modernen Familie« empfahlen sie als besondere pädagogische Möglichkeit der Anstalt die »Himmelstochter Ordnung«: Gerade die strenge Hausordnung nämlich könne als »Lebensordnung ... lebenswerte Gewohnheiten und Sitten anerziehen, den Charakter religiös-sittlich festigen (und) auf das Leben in der freien Öffentlichkeit vorbereiten«. Das öffentliche Leben aber sei gekennzeichnet durch die überragende Bedeutung der »geregelten, froh schaffenden Arbeit, die wohl anfangs als bedrückende Last empfunden, deren Segen aber – bei richtiger Beseelung durch die Erziehungsorgane – bald offenbar« werde. Namentlich die berufliche Arbeit könne »den Schulentlassenen förmlich in den Bann ihres beglückenden Ethos ziehen«. Um diesen ihren »tiefen Sinn und ihre hohe Aufgabe« zu erreichen, müsse die Anstaltserziehung von einem »konfessionell-christlich-religiösen Geist (was immer das sei – d. Vf.) inspiriert und beseelt sein« (*Randlinger* 1928, 5; 7). [89]
Die Auseinandersetzungen zwischen den konservativen Vertretern der Anstalten und den sozialpädagogisch orientierten Gruppen- und Heimpädagogen, die zunächst wenig öffentlich in Fachzeitschriften, auf Kongressen und mit Hilfe der Modelleinrichtungen ausgetragen wurden, gewannen die Aufmerksamkeit der liberalen Öffentlichkeit, als sich in den Jahren 1928–1932 die Zöglinge einiger FE-Heime in einer Reihe schwerer Heimrevolten gegen Ausbeutung, Kasernierung und Folterstrafen wehrten. Als auch noch der der Arbeiterbewegung nahestehende Maler und Dichter *P. M. Lampel* in seinem Buch »Jungen in Not« (1928) und dem Schauspiel »Revolte im Erziehungshaus« (1929) diesen Kampf einem breiten Publikum eindrücklich darstellte – an die Aufführungen des Stückes schlossen sich wiederholt Massenversammlungen und Zeitungsartikel an –, schrien die konservativen Pädagogen empört auf und klagten, daß das, was hier »an Vertrauen zwischen dem Erziehungsheim einerseits und der Elternschaft, den Behörden und besonders den neu eintretenden Jugendlichen andererseits gewissenlos zerstört wurde, nicht ernst genug genommen werden« könne. Die pädagogische Arbeit werde dadurch »oft fast bis zur Unmöglichkeit erschwert ...« (*Fritz* 1930, 352; vgl. aber *Weniger* 1929, 714 ff.; *Ahlheim* u. a. 1971, 46 ff.).
Ende der zwanziger Jahre konnte sich schließlich der Gedanke einer gewissen Humanisierung der Heimerziehung – zumindest bei den evangelischen und freien Trägern – langsam durchsetzen; besonders die Kinderheime zeigten sich einer familienartigen Organisationsform gegenüber nach und nach etwas aufgeschlossener. Doch diese bescheidenen Erfolge wurden ab 1933 durch die faschistische Machtübernahme schnell wieder zunichte gemacht.

1.2.9. Öffentliche Erziehung im 3. Reich: Familienideologie – aber kein Familienprinzip [90]

Einschränkungen der Funktion der Familie

Daß das Familienprinzip in der öffentlichen Erziehung unter der Herrschaft des Nationalsozialismus nicht seinen überragenden Durchbruch erlebte, könnte spontan überraschen. Denn selten zuvor war die Familie ideologisch und propagandistisch so stark als »Keimzelle des Staates« herausgestellt worden: Man gewährte Ehestandsdarlehen, Kinderbeihilfen, Steuerermäßigungen und sogar völlige Steuerfreiheit ab fünf Kindern, förderte den Bau von Familieneigenheimen, verbesserte die Säuglings- und Mütterberatung ebenso wie den Mutterschutz, »verschickte« großzügig Kinder zur Erholung aufs Land und ehrte kinderreiche Mütter mit dem Mutterkreuz.

Die Familienideologen verkündeten: »Die Familie gehört dem naturhaften Grund des Volkes an, der Welt von Blut und Boden, der organischen Schicht des Geschehens ...« [91]; die Pädagogen betonten: »Die auf dem Blutsband beruhende Familiengemeinschaft des Elternhauses ist die günstigste Erziehungsgrundlage für die Aufzucht eines Kindes« (so der Direktor des Deutschen Instituts für Jugendhilfe, *Webler* 1939, 46); und der Sozialpolitiker *Hilgenfeldt*, Hauptamtsleiter der NSV, erklärte: »Die Gemeinschaft ist für uns Kraftquelle alles völkischen Daseins. Urzelle der Volksgemeinschaft ist die Familie, deren Stärkung wir deshalb als unsere höchste Aufgabe ansehen« (zit. n. *Kraus* 1974, 205).

Jedoch – diese Aussagen täuschen. Tatsächlich wurde im 3. Reich die Familie in ihrer Eigenschaft als Sozialisationsinstanz nicht gestärkt und gefördert, sondern in ihren Erziehungsrechten und -möglichkeiten weitgehend eingeschränkt. »Von einem Elternrecht, vom Anspruch der Eltern, ihre Kinder nach ihrer weltanschaulichen Überzeugung oder religiösen Bindung zu erziehen, durfte man nicht (mehr) sprechen« (*Assel* 1969, 90). Statt dessen hatten die Eltern – und zwar möglichst früh und gründlich – nur zwei große Aufgaben zu erfüllen: Ihren – tunlichst zahlreichen – Kindern eine gute, d. h. rassereine Erbmasse mitzugeben und sie zur Härte und im Geist der völkischen Weltanschauung zu erziehen. Dem Vater oblag es dabei, seine Kinder auf ihre Rolle in den Jugend- und Staatsorganisationen vorzubereiten; seine Autorität als Vater und sein Vorbild als arbeitender und politisch tätiger Mensch hatte dazu zu dienen, dem Kind Ehrfurcht, Gehorsam und Unterordnung tief einzupflanzen – Eigenschaften, die »für die Erneuerung der Familie und des Volkes von größter Bedeutung« seien (*Rieforth* 1935, 45; vgl. auch

Weber-Kellermann 1975, 184 f.).

Von der Frau wurde zur Erfüllung dieser Aufgaben erwartet, daß sie aus dem gewerblichen Produktionsprozeß ausscheide und ihr Interesse gänzlich dem Haushalt und der Produktion kleiner Kinder zuwende: »Als erreichbares Ziel muß jedoch abgesteckt werden: Die Mutter soll ganz ihren Kindern und der Familie, die Frau sich dem Manne widmen können, und das unverheiratete Mädchen soll nur auf solche Berufe angewiesen sein, die der weiblichen Wesensart entsprechen. Im übrigen soll jede Berufstätigkeit dem Manne überlassen bleiben« (*R. Frick* 1934, zit. n. *Weber-Kellermann* 1975, 184).

Versagten die Eltern bei der Erziehung ihrer Kinder »zu selbständigen und verantwortungsbewußten Gliedern der deutschen Volksgemeinschaft«, so behielt sich der Staat ein direktes Eingriffsrecht vor. »Dabei ist es unerheblich, ob die Eltern ein Verschulden trifft oder nicht« (*Rieforth* 1935, 11).

In der Sozialisation der etwas älteren Kinder schließlich, besonders der Jungen, spielte die Familie nach dem Willen der nationalsozialistischen Führer so gut wie gar keine Rolle mehr; »es erregte großes Mißtrauen, wenn die über Erfahrung und Reife verfügende ältere ... Generation ihre Einsichten an die Jugendlichen weitergab« (*Assel* 1969, 91). Vorbild und Idealtyp wurde der »jugendliche Führer«, der als »Rädelsführer« (*Hitler*) in seiner »verschworenen Gemeinschaft« die Bereitschaft zu »›Einsätzen‹ jeglicher Art für ›Volk und Staat‹« zu wecken hatte (*Lingelbach* 1969, 110; 112; vgl. *Assel* 1969, 91).

Hitler selbst hat den Weg der Ausschaltung des Familieneinflusses in überraschender Deutlichkeit in einer Rede dargestellt, die er 1938 in Reichenberg beifallsumtost gehalten hat: »Diese Jugend, die lernt ja nichts anderes als deutsch denken, deutsch handeln ... Wenn nun diese Knaben, diese Mädchen mit ihren 10 Jahren in unsere Organisationen hineinkommen ..., dann kommen sie vier Jahre später vom Jungvolk in die Hitler-Jugend und dort behalten wir sie wieder 4 Jahre – und dann geben wir sie erst recht nicht zurück in die Hände unserer alten Klassen- und Standeserzeuger (!!), sondern nehmen wir sie sofort in die Partei, und in die Arbeitsfront, in die SA oder in die SS, in die NSKK usw. ... Und wenn sie dort nicht ganze Nationalsozialisten geworden sein sollten, dann kommen sie in den Arbeitsdienst und werden dort 6 oder 7 Monate geschliffen ...«, – Wehrmacht – wieder SA, SS usw. ...: »Und sie werden nicht mehr frei ihr ganzes Leben – und sie sind glücklich dabei!« (Tonbandmitschrift).

Die letztlich verächtliche Einstellung gegenüber der Familie, die sich in der Einschränkung ihrer Funktionen aufs fast ausschließlich »Biologische« zeigt, ist wohl auch die Ursache dafür, daß die Verbreitung des Familienprinzips während der Zeit des 3. Reiches nicht vorangetrieben wurde und sich sogar ein neuer Zug zur »Vermassung« bemerkbar machte (vgl. *Mehringer* 1968, 134). Allerdings ist das Bild hier etwas verwirrend und muß daher mit Hilfe einiger statistischer Angaben ausführlicher gezeichnet werden. Es lassen sich vier Linien beobachten:

a) Die *Familienpflege* von Minderjährigen nahm, wie die folgende Tabelle 1 zeigt, im Gebiet des (alten) Deutschen Reiches [92] nach 1933 stetig ab:

Tabelle 1:

1932/33	1933/34	1934/35	1935/36	1937	1938	1939	1940
172 264	168 752	165 735	159 614	157 886	152 052	150 701	136 744

(Quelle: nach Stat. Jahrbücher für das Deutsche Reich, 1934–1941/42)

b) Die Zahl der Kinder und Jugendlichen in *Fürsorgeerziehung* stieg dagegen während der Zeit des 3. Reiches stetig an:

Tabelle 2:

1934	1935	1936	1937	1938	1939	1940 [94]
54 740 [93]	54 533	59 805	66 382	71 430	72 883	73 397

(Quelle: Stat. Jahrbücher für das Deutsche Reich, 1935–1940/41) [95]

Verantwortlich für diesen Anstieg dürften folgende Faktoren sein: Erstens wurde die Jugend im Zuge einer »negativen« (z. B. Sterilisierung) und einer »positiven Rassenhygiene« (z. B. Kinderlandverschickung) strenger überwacht; zweitens konnten »auffällige« Kinder durch die Organe der HJ frühzeitig und systematisch erfaßt werden [96], und drittens wurden Kinder aus »politisch unzuverlässigen Familien« im Rahmen der FE in Anstalten oder (ab 1939 einheitlich) in »politisch einwandfreie Familien« eingewiesen [97].

c) Interessant ist nun, daß die Unterbringung von *FE-Zöglingen in Familien* (eigenen und fremden) nicht nur absolut, sondern auch anteilmäßig, stetig zunahm – ganz im Gegensatz zur Abnahme der Zahl der Kinder in Familienpflege (vgl. a.):

Tabelle 3:

1935	1936	1937	1938	1939	1940
23,6%	22,9%	23,8%	25,3%	27,3%	28,3%

(Quelle: wie bei b.)

Dabei zeigen die differenzierteren Zahlen bei *Kraus* (1974, 194), daß dieser Zuwachs ausschließlich zugunsten der Unterbringung in der eigenen Familie (nach § 69 RJWG) ging, die schließlich, 1941, die Unterbringung in Fremdfamilien – jedenfalls in den nichtpreußischen Ländern des Deutschen Reiches – knapp »überrundete« [98].

d) Die Zahl der *FE-Zöglinge*, die in *Heimen* untergebracht waren, ging dagegen prozentual stetig zurück [99]. Diese Verminderung vollzog sich allerdings ausschließlich auf Kosten der privaten, vorwiegend konfessionellen, Heime. Der Anteil der FE-Zöglinge in öffentlichen Heimen blieb erhalten und erhöhte sich insgesamt noch leicht. Wenn diese Zahlen auch noch keine ganz spektakulären Veränderungen anzeigen, so machen sie doch die politische Zielrichtung tendenziell sehr deutlich:

Tabelle 4:

in %	1935	1936	1937	1938	1939	1940
private Heime	52,1	40,9	39,0	36,4	33,8	32,4
öffentl. Heime		11,2	11,0	10,6	11,0	11,9
gesamt:	52,1	52,2	50,0	47,0	44,8	44,3

(1935: 52,1 gemeinsam für private und öffentl. Heime)

(Quelle: wie bei b.)

Wie lassen sich diese zunächst widersprüchlich erscheinenden Entwicklungslinien zusammenbringen und erklären? Um diese Frage zu beantworten, müssen wir einen Blick auf die Politik der NS-Volkswohlfahrt werfen:

Veränderungen der Heimerziehung im 3. Reich

Schon 1933, also unmittelbar nach der Machtübernahme, begann der NS-Staat mit der Vereinheitlichung und Gleichschaltung der Einrichtungen der öffentlichen Erziehung. Um auch in allen Bereichen der Wohlfahrtspflege nationalsozialistische Zielvorstellungen durchsetzen zu können, wurde die Führerrolle der neu gegründeten »NS-Volkswohlfahrt« (NSV) in den beiden wichtigsten Koordinationsgremien der staatlichen und freien Wohlfahrtspflege, der »Reichsarbeitsgemeinschaft der öffentlichen und freien Wohlfahrtspflege« und im »Reichszusammenschluß der öffentlichen und freien Jugendhilfe« rechtlich sichergestellt (vgl. *Kraus* 1974, 161; 164). Zwar gab sich der Staat in der richtigen Erkenntnis, daß er die Arbeit der freien Träger nicht sofort und ganz in eigene Regie übernehmen könne, zunächst den Anschein, als respektiere er die Eigenständigkeit der freien Träger, doch verklammerte er sie schon bald sowohl in den Erziehungszielen als auch in der Erziehungspraxis und den Organisationsstrukturen mit der NSV. Den Einrichtungen freier Träger, die sich den Richtlinien, der geforderten Umgestaltung und der neuen Einteilung der Kinder und Jugendlichen in verschiedene Kategorien nicht anschließen wollten, wurde angedroht, sie würden bei »Verteilung von Zöglingen nicht mehr berücksichtigt« (*Frauendiener* 1936, 82).

Im Zuge einer »Effektivierung« der Heimerziehung wurden fortan die Fürsorgezöglinge, nachdem sie zuvor durch Aufnahme und Beobachtungsheime hindurchgegangen waren, in erster Linie »nach den Gesichtspunkten des Erbwertes (vgl. *Webler* 1939, 26), der Art ihres Erziehungsnotstandes – wie sittliche Verwahrlosung, verwahrloste häusliche Verhältnisse – und ihres Alters und Geschlechtes« auf die entsprechenden Einrichtungen verteilt (*Kraus* 1974, 207). Der NS-Staat ging davon aus, daß eine aufwendige, den einzelnen fördernde öffentliche Erziehung nur für die Kinder und Jugendlichen in Frage kam, die als »erbgesund, förderungswürdig und erziehbar« eingestuft worden waren (*Kraus* 1974, 210) [100].

Alle anderen Minderjährigen, nämlich

»III. die erbgeschädigten ... sowie solche mit Erscheinungen fortgeschrittener Verwahrlosung;

IV. die stark unterbegabten, die schwachsinnigen und die schwer psychopathischen Minderjährigen;

V. die Zigeuner und Zigeunerähnlichen« [101]

sollten »in Bewahrung« untergebracht werden, da sie für die Heime »eine erhebliche Belastung« bedeuteten, bei ihnen »aller Einsatz vergeblich« sei und sie »auch eine Gefahr für die Mitzöglinge« darstellten. Für die

Unterbringung in Bewahrung lagen allerdings, wie allgemein bedauert wurde, noch keine einheitlichen und ausreichenden gesetzlichen Grundlagen vor (vgl. *Webler* 1939, 11; *Frauendiener* 1936, 52; 83).
Für die »Bewahrungsbedürftigen« sollte die billigste Unterbringung gerade gut genug sein. Da sie »nicht zu selbständigen, vollkommen ausgebildeten Menschen gemacht werden« sollten und es ausreiche, wenn sie eine »beschränkte Lebenstüchtigkeit« erreichten, könne man mit Hilfe der Bewahrungseinrichtungen erhebliche Kosten einsparen, zumal »die Bewahrungsschützlinge in der Masse bewahrt werden. Es ist nicht ein so großes ›Erzieher‹-Personal erforderlich, wie z. B. in der FE. Auch brauchen die ›Erzieher‹ in der Bewahrung durchaus nicht die eingehende und gezielte Schulung wie die Erzieher in der FE«. Außerdem könnten die Bewahrungsschützlinge in »Fabriken mit einfachen mechanischen Arbeiten beschäftigt« oder an landwirtschaftliche Betriebe gegen geringen Lohn ausgeliehen werden und sich dadurch selbst die Kosten des Heimaufenthaltes verdienen (*Rieforth* 1935, 62; 64).
Die Durchführung der Bewahrung war den freien Trägern als (Rest-)Aufgabe zugedacht (soweit hier nicht auf die Dauer Euthanasie in Betracht gekommen wäre; vgl. *Kraus* 1974, 208); die NSV nämlich wollte sich gemäß ihrer Aufgabe, sich für die »Besserung von Erbgut, Rasse, Gesundung und Leistungssteigerung« einzusetzen, mit diesem »rassisch und erbbiologisch minderwertigen Menschenmaterial nicht befassen« [102]. Einer der Vertreter der in Frage kommenden freien Träger, der Vorsitzende der evangelischen Einrichtungen der Erholungsfürsorge *Karl Behm*, begrüßte die geplanten Gesetze schon 1933 in einem Zeitschriftenartikel: »Es ist zu erwarten, daß die neue Zeit mit ihren straffen, volkserzieherischen Methoden und mit besserer Arbeitseinreihung auch dieser Jugendlichen (gemeint sind jugendliche »Psychopathen«, d. Vf.) ihre Zahl geringer werden läßt« (*Behm/Kirchner* 1933, 395).
Diese Pläne und Vorschriften waren zwar schon gründlich vorbereitet und in einigen Ländern durch Verwaltungsvorschriften eingeführt worden, gelangten aber zur reichseinheitlichen Anwendung und konsequenten Durchführung glücklicherweise nicht mehr. Konsequent befolgt wurden sie allerdings in den neu eingerichteten Fürsorgeerziehungsheimen der NSV, den »NS-Jugendheimstätten«, in die tatsächlich nur »erbgesunde, förderungswürdige und erziehbare« Jugendliche eingewiesen wurden. Wenn die NS-Jugendheimstätten auch zahlenmäßig keine große Rolle spielten, versuchten die Behörden doch, in jedem Gau mindestens ein Musterheim einzurichten, das als Vorbild für die Umgestaltung der gesamten Heimerziehung dienen sollte (vgl. *Webler* 1939, 6). Darüber hinaus versuchte die NSV, Zug um Zug die ganze Fürsorgeerziehung in

ihre Hände zu bekommen [103]. In Tabelle 4 (S. 76) schlägt sich das als leichter Anstieg des Anteils der Unterbringungen in staatlichen Heimen nieder.

Die Leitung der Jugendheimstätten lag in den Händen »besonders vorgebildeter und als Erzieher geeigneter HJ-Führer«, da diese »infolge ihrer politischen, charakterlichen und körperlichen Schulung und ihrer bisherigen Führung normaler, in der HJ erfaßter Jugend ... wertvolle Voraussetzungen« mitbrachten (*Kraus* 1974, 164; *Webler* 1939, 50). Von den Erziehern wurde verlangt, sie sollten »Führernaturen, Persönlichkeiten« sein, die den Jugendlichen klarmachen können, »daß es ewige Gesetze gibt, die weder der einzelne noch ein Volk ungestraft übertreten kann«. Hierbei dienen als Vorbilder die großen Führer des deutschen Volkes, die aus ihrer religiös-sittlichen Weltanschauung heraus die Kraft zum Führertum geschöpft haben (*Rieforth* 1935, 59; 57). Entscheidend für jede Erziehungsarbeit aber ist die Disziplin: »Die Straffheit und Disziplin, die die HJ-Erziehungsarbeit durchzieht, herrscht auch in den Jugendheimstätten und kommt als wesentlicher Erziehungsfaktor für die Erziehung zu Ordnung und Pünktlichkeit in Betracht«, heißt es denn auch in einem »Leitfaden des Jugendrechts und der Jugendhilfe« von 1941 (zit. n. *Kraus* 1974, 164; ebenso *Rieforth* 1935, 54).

Von irgendwelchen familienartigen Strukturen war in den Jugendheimstätten keinesfalls die Rede; die »Trennung der Geschlechter« und die Zusammenstellung altersgleicher Gruppen wurde für »unbedingt erforderlich« gehalten (vgl. *Frauendiener* 1936, 83). Um allerdings in den reinen Jungenheimen auch das »mütterliche« Element nicht zu kurz kommen zu lassen, sollte »zum mindesten der Heimleiter verheiratet sein« (*Webler* 1939, 48).

Ziel der Erziehung in den 20 bis 30 Zöglinge umfassenden Gruppen (mit einem Erzieher) war die »Überwindung des Individualismus« durch die Erziehung in der Gemeinschaft und durch die Gemeinschaft. Gelenkt und beaufsichtigt wurde dieser Prozeß vom hauptberuflichen Erzieher. »Das unterscheidet die Heimerziehung wesentlich von der Familienerziehung« (*Webler* 1939, 19 f.).

Pflegefamilien

Entsprechend der ideologischen Wertschätzung der Familie (wenn auch, wegen der fehlenden Blutsbande, weniger der Ersatzfamilie als der »natürlichen« Familie), zogen die nationalsozialistischen Erziehungspraktiker und -politiker prinzipiell die Familienerziehung der Heimerziehung vor und folgten hierin den noch heute geltenden Regelungen des RJWG

(Vorrangigkeit der Familienerziehung vor der Heimunterbringung). Für Waisenkinder und »Sozialwaisen« sollte eine Heimunterbringung nur dann in Frage kommen, wenn sie »zu ihrer Verwaisung hin noch körperlich, geistig oder charakterlich so geartet (seien), daß man ihre Aufnahme einer Familie nicht zumuten könne«. Vor allem für Bettnässer und geistig Gehemmte ließen sich erfahrungsgemäß kaum Pflegestellen finden (*Webler* 1939, 7). Wie schon in der Zeit des Waisenhausstreites sah man die Vorteile einer Familienerziehung sehr deutlich – die Liebe der Mutter und die Autorität des Vaters, die dem Kind die Werte des »Mitarbeitens, Mithelfens, Füreinanderschaffens, Füreinandereintretens« usw., besonders aber die Tugenden der Ehrfurcht und des Gehorsams vermitteln, ihm so »das Einfügen in die größere Gemeinschaft von Gemeinde und Staat« erleichtern und ihm bewußt machen, daß das »Wohl des Volksganzen« die Zurückstellung eigener egoistischer Wünsche« erfordert (*Rieforth* 1935, 45 f.).

Aber wie zu allen Zeiten fehlten auch im 3. Reich ausreichend geeignete und erziehungstüchtige Familienpflegestellen. Dieser empfindliche Mangel an geeigneten Familien lag einerseits an jenen Gründen, die in früheren Zeiten schon angeführt wurden (vgl. *Rieforth* 1935, 46 ff.), andererseits aber auch an der strengen Auswahl, die den Jugendamts- und NSV-Fürsorgern nun auferlegt war. Bei der Ermittlung einer Pflegestelle hatten sie besonders auf die politische Eignung der Pflegeeltern zu achten. Dies sollte durch Erkundigungen beim Ortsgruppenleiter der NSDAP beziehungsweise beim Ortsbauernführer geschehen (so eine rheinische Verwaltungsanordnung, vgl. *Kraus* 1974, 175). Nach § 31 der badischen Ausführungsverordnung zum RJWG durfte fortan ein Zögling nur dann in einer Familie untergebracht werden, wenn »deren vaterländische, soziale und sittlich einwandfreie Gesinnung und Lebensführung festgestellt ist« (zit. n. *Frauendiener* 1936, 81 f.). Welch ein Fortschritt: »Zum erstenmal in der Geschichte der öffentlichen Erziehung wird bei der Familienpflege auf eine nationale Gesinnung der Zöglinge geachtet!« (ebd., 82).

Diese politischen Qualifikationen wurden von der eigenen Familie nicht verlangt, in der nach § 69 RJWG die Fürsorgeerziehung dann durchgeführt werden konnte, wenn die Erreichung des Zwecks der FE hierdurch nicht gefährdet wird (vgl. den gleichlautenden § 69 (3) JWG!; vgl. dazu *Rieforth* 1935, 44). Denn die besondere Qualifikation der eigenen Familie war biologischer Art und bestand in ihrem »Blut«: im engen »Band der Blutsverwandtschaft«, im »instinktiven Verbundensein zwischen Eltern und Kindern«, in den »urwüchsigen und ursprünglichen Erziehungseinflüssen« der leiblichen Eltern (*Rieforth* 1935, 44): »Die Entwicklung eines jungen Menschen vollzieht sich am besten in der blutsgebundenen eigenen Familie«; »die auf dem Blutsband beruhende Familieneigenschaft des Elternhauses ist die günstigste Erziehungsgrundlage für die Aufzucht eines Kindes« (*Webler* 1939, 6; 46).

Die »Ideologie des Blutes« und die hohe Bewertung der Blutsbindung hatte zur Folge, daß man Kinder, wo eben möglich, in der eigenen Familie ließ und auch die Zeit der Heimerziehung möglichst kurz hielt [104]. Konsequent versuchte man daher, die Verbindung zwischen Heim und Elternhaus, auf die früher meist kein besonderes Gewicht gelegt worden war oder die man möglichst ausgeschaltet hatte, um den Zögling ganz aus seiner bisherigen Umwelt zu lösen, durch Beratung und gegenseitige Besuche zu stärken und zu fördern (vgl. *Webler* 1939, 53). Aufgabe der NSV war es dabei, Sorge dafür zu tragen, daß die Verhältnisse in der eigenen Familie bald »von Grund auf in Ordnung« gebracht wurden: »Sicherstellung der wirtschaftlichen Verhältnisse, Herrichten der Wohnung, Beschaffung fehlender Betten, Vermittlung eines günstigeren Arbeitsplatzes für den Ernährer, Verschickung der erholungsbedürftigen Mutter usw., dies alles kann als notwendige Maßnahmen in der Zwischenzeit ergriffen und durchgeführt werden, damit dann bei seiner Entlassung dem Minderjährigen ein gesunderes Zuhause zur Verfügung gestellt werden kann« [105].

Zusammenfassend können nun die in den Statistiken aufgezeigten Entwicklungslinien erklärt werden:

1. Abnahme der Zahl der Familienpflegestellen:
   Neben der besseren wirtschaftlichen Situation, der verringerten Arbeitslosigkeit und den vermehrten Familien- und Mütterhilfen, die die Fremdversorgung von Kindern seltener notwendig machte, verursachte eine grundsätzlich etwas negativere Einstellung zur Erziehung in Fremdfamilien (Fehlen der wichtigen Blutbande!) und höhere Anforderungen bzw. eine stärkere politische Überprüfung der Pflegefamilien eine Verringerung der Zahl der Pflegeverhältnisse. Bei den »normalen« Familienpflegestellen (»Hilfe zur Erziehung«) zeigt sich dieser Rückgang absolut (innerhalb von 8 Jahren um etwa 20%); bei den FE-Pflegefamilien relativ.
2. Zunahme von FE-Fällen in der eigenen Familie:
   Aufgrund der ideologisch überhöhten Bewertung der Blutsbande wurden Kinder und Jugendliche auch dann, wenn FE angeordnet war, möglichst in der eigenen Familie gelassen. Die äußeren Bedingungen in diesen Familien wurden gezielt verbessert. Inhaltlich wurde der Familie dagegen kaum Raum zur Durchführung einer eigenständigen Erziehung gelassen.

3. Rückgang der FE-Zöglinge im Heim:
Der Einfluß der Heime freier Träger wurde langsam, aber zielstrebig abgebaut, teils zugunsten der Erziehung in der eigenen Familie (damit zugleich Beeinflussung der Kinder durch die staatlichen Jugendorganisationen!) [106], teils zugunsten der staatlichen Jugendheimstätten [107]. Innerhalb der Heime und Anstalten wurde keine familienanaloge Erziehung, sondern eine der HJ nachgebildete Gemeinschaftserziehung angestrebt. Für »erbgeschädigte, verwahrloste und minderwertige« Kinder und Jugendliche blieb nur eine armselige, massenhafte Bewahrung.

1.3. Nachkriegszeit: Zurück zur Familie

1.3.1. Zur Situation nach dem 2. Weltkrieg

Das Dritte Reich hatte mit seiner Gleichschaltung der Erziehungsinstitutionen und ihrer Ausrichtung auf eine »völkische«, rassistische und enthumanisierende Erziehungsideologie nicht nur keine Weiterentwicklung der Einrichtungen der öffentlichen Ersatzerziehung gebracht, sondern – mit dem gänzlichen Verzicht auf familienartige Gruppierungen und mit der geplanten Einführung der »Bewahrung« – die Situation jedenfalls in den Heimen weiter verschlechtert. Und auch die wissenschaftliche Pädagogik hatte in der Zwischenzeit im wesentlichen höchst gefährliche, die nationalsozialistische Ideologie voll unterstützende »Erkenntnisse« produziert (vgl. oben). Kritische Wissenschaftler waren systematisch ausgeschaltet worden oder waren emigriert; diejenigen, die weiter lehren durften, mußten sich der herrschenden Ideologie und Erziehungspraxis gegenüber anpassen oder doch zumindest unauffällig verhalten.
Nach Kriegsende – und nachdem die erste chaotische Phase nach der Kapitulation mit ihrem Flüchtlingselend, mit Lebens- und Gebrauchsgüterknappheit und Inflation überstanden war – setzten die Anstalten und Heime daher mit der fachlichen Diskussion bestenfalls dort ein, wo diese Anfang der 30er Jahre abgebrochen war [108].
Neben den Nachwirkungen des – sicher nicht ganz spurlos vorübergegangenen – manipulativen Trommelfeuers des NS-Staates wirkten verschiedene Faktoren mehr oder weniger direkt auf diese Auseinandersetzungen ein. Neben den sich aus der sozio-ökonomischen Entwicklung ergebenden widersprüchlichen Forderungen an die öffentliche Erziehung und dem jahrzehntelangen großen materiellen Elend, dem sich die öffentliche Erziehung auf allen Ebenen ausgesetzt sah, war es wohl insbesondere die

neue Bedeutung der Familie, die die Diskussion stark beeinflußte.
Charakteristisch für die Nachkriegszeit ist die besondere Beachtung, die der Familie und ihren »unvergänglichen« Werten zuteil wurde. Zwar wurde sie jetzt nicht mehr – wie zu Zeiten des Faschismus – in erster Linie wegen ihrer biologischen Funktion geschätzt (»Züchtung und Vermehrung der arischen Herrenrasse«), man erkannte aber erneut ihre grundlegende Bedeutung als »Keimzelle des Staates«. Auch durchaus kritische Menschen waren davon überzeugt, daß sie der »Wurzelboden« einer demokratischen und friedliebenden Gesinnung werden könnte.
Allerdings sprachen auch einige eher vordergründige, aktuelle Motive für eine neue Wertschätzung der Familie:
- Die Erfahrung von der Verfügbarkeit und Verführbarkeit des in Großgruppen und Massenorganisationen eingegliederten Menschen lagen nur wenige Jahre zurück (vgl. auch *Rosenbaum* 1973, 2).
- Ebenso suchte man aufgrund der Erfahrungen mit dem Mißbrauch von Autorität wieder nach »natürlichen, naturgegebenen« Autoritäten.
- Die beängstigende Unordnung in Familien, Institutionen, Staat und Wirtschaft, die infolge von Krieg, Zusammenbruch und Flucht eingetreten war, verlangte nach klaren und einfachen organisatorischen Prinzipien. Die Familie erschien angesichts der Auflösungserscheinungen der Nachkriegszeit als einziger Stabilitätsrest.
- Das Unglück der zahllosen Witwen und Waisen und der Aus-der-Bahn-Geworfenen verwies auf die familialen Beziehungen, die als einzige in der Lage zu sein schienen, wenigstens minimale materielle Sicherheit und emotionale Stabilisierung zu bieten [109].
- Besonders die Wirtschaft brauchte jetzt, in der Phase des Wiederaufbaus, eine große Menge gut ausgebildeter, angepaßter, arbeitswilliger und arbeitsfähiger, gesunder und psychisch möglichst unkomplizierter Arbeitskräfte. Die Familie wurde als das erwiesenermaßen geeignete Instrument angesehen, solche Individuen billig und relativ unaufwendig zu »produzieren«.

Diese und weitere, »verborgenere« Gründe (vgl. dazu S. 141 ff.) führten auf der politischen Ebene zur sehr bewußten familienfördernden Politik der 50er Jahre (vgl. *Haensch* 1969, 71 ff.), deren Bedeutung an der Errichtung eines besonderen Familienministeriums sichtbar wurde. Auf pädagogischer Ebene entwickelte sich eine umfangreiche Diskussion über den Wert der Familie und der familienanalogen Erziehung [110].
Der Wille zur Reform, den viele in der öffentlichen Erziehung Engagierte in der Nachkriegszeit mitbrachten, stieß allerdings meist sehr schnell an enge materielle Grenzen. Besonders aber waren zahlreiche Einrichtungen der öffentlichen Jugendhilfe im Krieg ganz oder teilweise zerstört wor-

den, während zugleich Hunderttausende von Kriegswaisen und familienlosen Kindern auf Unterbringung und öffentliche Versorgung angewiesen waren. Geschultes Personal und Finanzmittel waren jedoch außerordentlich knapp, denn zunächst wurden alle verfügbaren Finanzmittel im Produktionsbereich und im Bereich der Infrastruktur eingesetzt. So überließ der Staat den Bereich der öffentlichen Erziehung nur zu gerne den in seinen Augen »bewährten« freien Trägern (vgl. § 5 (3) JWG), von denen besonders die Kirchen, die als nahezu einzige intakte Großinstitutionen den Krieg überstanden hatten und den Siegermächten ideologisch unverdächtig waren, über zahlreiche, wenn auch meist veraltete Einrichtungen verfügten. Oder man schickte erziehungsbedürftige Kinder gegen ein geringes Pflegegeld in Pflegefamilien, konnte man doch auf diese Weise ohne jegliche Investition neue »Plätze« schaffen [111].

1.3.2. Die Misere der Heimerziehung

Das Kind in der Anstalt

Das Interesse der Öffentlichkeit an der Heimerziehung [112] und der öffentlichen Erziehung überhaupt war in den Nachkriegsjahren ausgesprochen gering, und entsprechend trostlos war die Situation der meisten Heime. Miserabel waren sowohl die äußeren Bedingungen einschließlich der Personalsituation (viel zu wenig und überwiegend unausgebildete Kräfte) als auch die Konzepte [113]. Einige Zitate aus den frühen 50er Jahren sollen drei Teilaspekte der Heimsituation verdeutlichen: die immer noch viel zu großen Gruppen, das notwendig unpersönliche Klima und die Abtrennung von der »Welt draußen« (vgl. *Wyss* 1969, 26 ff.).

- »Fast ausnahmslos sind die heutigen Anstalten noch auf große Gruppen von 25 bis 60 (!!) Kindern eingestellt« (*Lachenmeir* 1952, 22) [114];
- »die Grundbefindlichkeit des familienlosen Kindes, das in großen Gruppen aufgezogen wird, ist wirklich die Angst, das Nichtserlebnis« (ebd., 31);
- »die Masse wacht über die Masse« (ebd., 23);
- »zur Masse gehört notwendig der Drill« (*Mehringer* 1949, 15);
- »den Kindern ist das In-Reih-und-Glied-Stehen in Fleisch und Blut übergegangen« (*Lachenmeir* 1952, 22);
- (oder, um das Problem der »Masse« in pseudowissenschaftlicher Terminologie darzustellen:) »Die ontische Mächtigkeit des ›Man‹ birgt für den Menschen die Gefahr, in der ›Weise der Unselbständigkeit und Uneigentlichkeit‹ zu verharren« (*Lersch*, Aufbau des Charakters, 1948; zit. n. *Lachenmeir* 1952, 35);

- »das Fürsorgekind hat keinen Anteil am Ganzen, alles gehört der Allgemeinheit, es lernt nicht Verantwortung, es erfährt auch nicht, wie sauer das tägliche Brot verdient werden muß, es ist den ganzen Tag an die Anstaltsordnung gekettet, es lernt nicht die Freiheit gebrauchen, sich entscheiden, sich bewähren ..., der Zwang führt besonders bei den 10- bis 14jährigen zu Aggressionen ...« (*Lachenmeir*, 24);
- »es fehlt der mütterliche und väterliche Freund, die Nestwärme, das persönliche Bejaht- und Gefördertwerden!« (ebd., 25);
- »es fehlt auch die Koedukation« (ebd., 24);
- »die ›Knospe des eigenen Herzens‹ ist beim Anstaltskind in Gefahr, nicht aufzugehen ... Das Kind fühlt sich in der Anstalt nicht zutiefst, sondern nur mit einer Oberflächenschicht seiner Seele zu Hause. Auch bei bester äußerlicher Versorgung fehlt ihm das Wesentliche für das innere Wachstum, die Nestwärme und der Wurzelboden ... Es fehlt die Wirkweise der Wohnstube ...« (*Mehringer* 1949, 15);
- »Die Anstalt versäumte es, den aus der Familie herausgelösten Kindern etwas Entsprechendes zu bieten, darin sich ihre sozialen Anlagen entwickeln können. Asozialität bis hin zur Kriminalität haben nicht immer in ererbten Anlagen, sondern häufiger in unfamiliärer Erziehung ihren Ausgangspunkt« (*Lachnit* 1953, 285);
- »das Anstaltkind hat so wenig, über das es sich freuen könnte. Durch die vielen Enttäuschungen verdunkelt sich das Gefühl des Mißtrauens, des resignierenden und räsonierenden Pessimismus ...« (*Lachenmeir* 1952, 33);
- »Kinder mit starkem Selbständigkeitsstreben werden defensiv, egoistisch und rücksichtslos, jene mit geringem berechnend, vorsichtig, verschlagen, rückzügig und scheinheilig, um ihr Ziel zu erreichen, ohne mit der Anstaltsordnung und dem Erzieher in Konflikt zu kommen« (*Lachenmeir*, 33 f.);
- Folgen der Anstaltserziehung können darüber hinaus sein: »Mangelnde Abstraktionsfähigkeit, Urteilsfähigkeit, Selbständigkeit, Anstrengungsbereitschaft im Denken, Mangel an Selbstkritik, Begriffsarmut, Rückstand der Sprachentwicklung« (ebd., 35).

Mehringers Münchner Waisenhaus: Ein familiengegliedertes Heim

Es war besonders *Andreas Mehringer*, der als langjähriger Direktor des Münchner Waisenhauses und weithin anerkannter Praktiker und Theoretiker der Heimerziehung für die »Reform der Anstalt« – so der Titel seines programmatischen Aufsatzes im ersten Heft der Zeitschrift »Unsere Jugend« – kämpfte (*Mehringer* 1949). Mehringer, geb. 1911, brachte dazu hervorragende Voraussetzungen mit: Als Kind war er selbst nach dem Tod seiner Mutter in einem Internat untergebracht gewesen und hatte dort eigene bittere Anstaltserfahrungen gemacht: »Das Bedürfnis eines Kindes mit 10 Jahren nach Wärme, Geborgenheit war für meine Lehrer nicht vorhanden; seine Befriedigung war in der Benediktinischen Klosterregel ›ora et labora‹ (bete und arbeite) nicht enthalten . . . Das Schlimmste war gar nicht die Strenge, sondern das Gefühl der Verlassenheit ... Abends beim Zubettgehen ... niemand sprach wirklich mit mir ... Wir wurden meist mit einer Nummer aufgerufen ... ich war die Nummer 151 ...« (*Mehringer* 1976 a, 9 f.).

Später, 1942, lernte er die Anstaltsstrukturen auf der »mittleren Ebene« kennen: als Aushilfslehrer in einem Erziehungsheim, in dem je ein »Präfekt« mit 90 Jungen fertig zu werden hatte: Im Stil eines Arbeitslagers, mit Hilfe totaler Reglementierung und einer ausgesprochenen Strafpraxis, mit Härte und Lieblosigkeit (vgl. ebd. 10 ff.).

Als er 1945 die Leitung des zum größten Teil zerstörten Münchner Waisenhauses übernahm, wußte er, daß die »alte Anstalt« hier nicht wieder neu entstehen durfte. Nach zahlreichen Auseinandersetzungen mit dem Stadtrat hatte er seine Konzeption durchgesetzt: Was sich schon in früheren Jahrhunderten (Pestalozzi, Rettungshausbewegung, Falk, Wichern, Tiele-Winckler ...) bei der »Lösung« des Massenproblems in der Anstaltserziehung bewährt hatte, sollte auch hier verwirklicht werden: das Familienprinzip. »Wir wollten, daß es den Heimkindern besser geht, daß sie freier und natürlicher leben können, daß das einzelne Kind nicht mehr so verlassen wäre« (*Mehringer* 1976 a, 60).

1951 wurde Mehringers Waisenhaus als familiengegliedertes Heim mit 12 alters- und geschlechtsgemischten Gruppen (zunächst 15 Kinder), die mit einer festen Betreuerin und einer Praktikantin [114 a] in einer abgeschlossenen »Familienwohnung« im Heim wohnen sollten, bezogen. »Für uns Erwachsene war dies beim Umzug das Überraschendste: wie sich die Kinder über ihre Wohnung freuten! Sie hatten nun ihre ›eigenen vier Wände‹ – und sie genossen dies, viele zum ersten Male in ihrem Leben« (*Mehringer* 1976 a, 39).

Kampf um die Durchsetzung des Familienprinzips

Auf der Basis dieses zunächst erfolgreichen Versuchs und mit der von Pestalozzi entliehenen Devise, auch dem familienlosen Kind das »Heiligtum der Wohnstube« zu schaffen (vgl. *Mehringer* 1949, 20), begann Mehringer – und mit ihm einige andere – eine Kampagne für die Umstrukturierung der immer noch meist altersgruppenspezifischen oder altersgruppenorganisierten Heime. Ziel war, Heime mit alters- und geschlechtsgemischten Gruppen zu schaffen, in denen nicht mehr als 10 bis 12 Kinder leben sollten. Das Altersgefälle in den Gruppen sollte etwa dem einer großen Familie entsprechen, also Säuglinge und auch noch Lehrlinge umfassen. Nur unter diesen Bedingungen, so meinte er, könne »die Erzieherin ... dem Kind eine echte Pflegemutter werden und mit ihren Kindern im Heim eine Gemeinschaft bilden, welche im wesentlichen die Wirkweise der Familie hat ...« (*Mehringer* 1949, 16).

Mehringer war fest davon überzeugt, daß in einer solchen Gruppe die Erzieherin die Mutterrechte weitgehend übernehmen könne [115]: »Wir müssen uns als Heimerzieher ›einbilden‹, daß wir die Eltern dieser Kinder vertreten können. Nur auf dieser Grundlage ist überhaupt ein erzieherischer Einfluß zu gewinnen« (*Mehringer* 1951, 102). Denn: »Sind die dem Leben entnommenen Beispiele nicht ein Beweis dafür, daß die Liebe und auch die Mutterliebe in ihrem Wesen kein biologisches, sondern ein geistiges Phänomen ist?« (ebd., 103). »Geistige Mütterlichkeit« – das ist es, was die Erzieherinnen in sich tragen sollen (*Joithe* 1951, 36).

Schon bald konnte von pädagogischen Erfolgen berichtet werden: »Unsere kleinen 2- bis 5jährigen haben sich am auffälligsten verändert ... Sie empfinden die Nestwärme unbewußt wohl am meisten ... Die Schulkinder genießen die familienhafte Atmosphäre ... Ihre Pflichten erfüllen sie jetzt mit viel größerer Freude und mehr Gewissenhaftigkeit« (*Koetter* 1950, 197). Oder: »Es ist rührend, wenn ein 16jähriger Bursche, der in der Gruppe vorher seine Ehre drein legte, möglichst vielen durch seine Raufboldereien seine Stärke zu zeigen, in der Familie das Kleinste auf den Schoß nimmt und in seiner groben Hand die Hand des Kleinkindes hält und die kleinen Fingerchen einzeln bewundert und streichelt« (*Joithe* 1951, 37).

Allerdings gab es auch von vornherein kritische Gegenstimmen. So heißt es im Bericht über eine anstaltspädagogische Tagung, auf der Mehringers reformerischer Grundgedanke als »extremer Radikalismus« bezeichnet wurde: »Das Waisenkind mit seiner seelischen Veranlagung und Mentalität muß anders behandelt werden als das in der Familie aufgewachsene Kind. Das an der Wirklichkeit gescheiterte und aus der Ordnung herausgerissene Kind muß zunächst einmal wieder in diese hineingewöhnt werden.« Die familiäre Erziehung sei ein »alter Traum«, den die Anstaltspädagogen schon lange träumen, seine Verwirklichung sei aber unmöglich. Die Anstalt habe neben der Familie auch weiterhin ihren »absoluten Eigenwert« [116].

Berichte aus dem Ausland, besonders aus England und Holland, wo das Familienprinzip in der Heimerziehung schon länger praktiziert wurde, unterstützten jedoch Mehringers Bemühungen (vgl. Schw. *Magdalena* 1954; *Harbing* 1956; *Mehringer* 1957 a); und so konnte im Protokoll einer Arbeitswoche für Heimerzieher festgestellt werden: »Die Familiengruppe im Heim ist heute kein ›interessantes Experiment‹ mehr, sondern beginnt sich langsam überall durchzusetzen« [117].

Das Familienprinzip: Schwierigkeiten bei der Verwirklichung

Die Behauptung, das Familienprinzip setze sich langsam überall durch, war allerdings reichlich optimistisch. Zwar wurde der Name – dem Zug der Zeit folgend (vgl. *Flosdorf* 1973, 366) – bereitwillig übernommen, tatsächlich aber konnten die gutgemeinten Ideen in den alten, von jahrzehnte- oder gar jahrhundertealten Traditionen verkrusteten Heimstrukturen meist nur sehr, sehr langsam etwas ausrichten. Viele Heime betrieben ganz offensichtlich nur modischen Etikettenwechsel: »Mit den Bezeichnungen ›Familienprinzip‹ und ›Familiengruppen‹ wird heute nicht selten Mißbrauch getrieben.« Bei einem Heim, das sich als »Großfamilie« verstehe, bei jenem Heimtyp also, »bei dem der Heimleiter und seine Frau ›Eltern‹ für sämtliche Kinder sind und die Gruppenerzieherinnen lediglich die Aufgaben von Tanten haben«, könne in keiner Weise von »Familienprinzip« gesprochen werden (*Kietz* 1954, 500; ähnlich *Janzen* 1953, 171). *Mehringer* und andere bemängelten, das Familienprinzip »verwässere durch reinlichen 8-Stunden-Schichtbetrieb« und häufigen Bezugspersonenwechsel: »Heimerziehung und 8-Stunden-Tag sind unüberbrückbare Gegensätze!« (*Mehringer* 1956, 233; 1959, 571). Mitarbeiter des Mannheimer Wespinstiftes berichteten, eine »Begrenzung der ›Mutterschaft‹ (!) auf 45 Stunden (werde) von allen Mitarbeitern als eine nicht zu verkraftende Belastung bezeichnet« (1964, 122), und PH-Studenten unterzogen nach einem Heimpraktikum die Bezeichnung »Familiengruppe« einer heftigen Kritik: Sie sei »eine Irreführung und für die Jugendlichen in der langen Reihe der Enttäuschungen nur eine neue, denn dieser ›Familie‹ fehle es an Lebensechtheit«, es fehle der Gruppenvater oder die Gruppenmutter, in einer Gruppe seien meistens zu viele Kinder oder Kinder gleichen Geschlechts, gleichen Alters oder gleicher Erziehungsschwierigkeit. Die Erzieherinnen wechselten zu oft oder waren noch zu jung und unerfahren. »Wie konnte da Vertrauen und eine Bindung zur ›Mutter‹ entstehen?« (*Küchenhoff/Brauer* 1963, 447 f.) [118].
Tatsächlich setzte sich also ein Familienprinzip, das diesen Namen zu Recht hätte tragen können oder doch wenigstens den Vorstellungen Mehringers entsprochen hätte, in wohl nur sehr bescheidenem Umfang durch. Eine 1965 durchgeführte, allerdings wohl wenig exakte Erhebung

scheint das zu bestätigen [119]. 1974 jedenfalls konnte *Flosdorf* vor der Bundestagung des Verbandes katholischer Einrichtungen der Heim- und Heilpädagogik unwidersprochen das Familienprinzip in der Heimerziehung sozusagen zu Grabe tragen: »Die besondere Eigenart der Heimerziehung darf . . . nicht durch wirklichkeitsfremde Idealisierungen verschleiert werden . . . Die hohe Fluktuation im Erziehungspersonal und die mit der Arbeitszeitregelung für Erzieher verbundene größere Anzahl der Erzieher pro Gruppe (4,2 bis 5 Planstellen pro Gruppe, zusätzlich noch Praktikanten, und dies bei Gruppengrößen von 8 bis 10 Kindern) [120] lassen kaum mehr von einer geschlossenen Familie und von der Vater- oder Mutterrolle der Erzieher sprechen. Die Wirklichkeit hat eine schöne pädagogische Theorie (das Familienprinzip) überspielt« (*Flosdorf* 1975, 58).
Ursachen des Scheiterns des Familienprinzips sind allerdings weniger unangemessene gewerkschaftliche Forderungen oder fehlendes persönliches Engagement der Erzieher, wie die Ausführungen Flosdorfs vermuten lassen könnten – letztlich scheiterte dieses Konzept an Widersprüchen, die (a) in der Institution Heim selbst und (b) in der Lohnabhängigkeit der Erzieher begründet sind [121].

Zu (a): Institution Heim

- Auch die noch so selbständig erscheinende Familiengruppe im Heim unterliegt den heimeigenen Normen, Regelungen und Kommunikationsstrukturen und muß sich mehr oder weniger strengen organisatorischen Prinzipien fügen.
- Die Kinder und Jugendlichen fühlen sich – zu Recht – auch weiterhin als Heimkinder und werden von der Nachbarschaft, der Öffentlichkeit und ihren eigenen Freunden und Angehörigen auch als Heimkinder eingeordnet (stigmatisiert).
- Die zumindest mit Einschränkungen mögliche Erfassung der Heimwirklichkeit mit Hilfe des Modells der »totalen Institution« zeigt, daß gerade das, was die familienanalog organisierte Heimerziehung beabsichtigt hatte, nämlich die Selbstentfaltung (Identität) der Insassen zu ermöglichen – also »Distanz, Toleranz, Selbstrealisierung und Entwicklung von Perspektiven« – im Heim »verhindert, ja zerstört« wird (*Thiersch* 1973 a, 363). Die – unterschiedlich deutlich ausgeprägten – subkulturellen Merkmale und Strukturen unterscheiden sich von denen der »normalen« Umwelt meist schwerwiegend. Daher ist auch »gelungene Heimerziehung . . . belastet mit der Mühsal neuer Kontakte, der Entfremdung zwischen unterschiedlichen Lebensfeldern und -erfahrungen, der Isolierung, der Stigmatisierung« (ebd., 363; vgl.

ausführlicher *Thiersch* 1973 b und *Colla* 1976 b).

- Auch bei familienähnlichen Gruppen muß – bedingt durch die guten Vergleichsmöglichkeiten im Heim – eine gewisse gleichmäßig-gleichmachende »Gerechtigkeit« herrschen; letztlich alle Kinder müssen »ohne Rücksicht auf den Weg, der das einzelne ins Heim geführt hat, hier der gleichen Ausgangssituation und einem bestimmten Entwicklungsrahmen unterworfen« werden (*Leski* 1974, 263).
- Heime sind, mit ganz wenigen Ausnahmen, auch heute noch mehr oder weniger streng hierarchisch gegliedert (vgl. *Sauer* 1978). Obwohl in großer Einmütigkeit in allen Reformvorschlägen davon ausgegangen wird, daß »die demokratische Struktur der Heimerziehung . . . für unsere Gegenwart die einzig verantwortbare Struktur« sei, daß »unsichere, unmündige Erwachsene . . . junge Menschen nicht zu mündigen Staatsbürgern machen« können und daß »Heimerziehung ohne Partnerschaft, Teamarbeit und demokratische Strukturen . . . sich selbst ad absurdum« führe [122], ist in der Praxis noch wenig geschehen. Neuere Veröffentlichungen betonen auch schon wieder mehr die Berechtigung der Konzentration aller Ordnungs-, Regelungs- und Kontrollfunktionen beim Heimleiter. Welche Folgen gerade auch ein strenger hierarchischer Aufbau in Heimen mit Familienprinzip haben kann, soll im folgenden Exkurs beispielhaft verdeutlicht werden.

Exkurs: Folgen der hierarchischen Gliederung eines familienanalog strukturierten Heimes.

1976 feierte ein großes und traditionsreiches Württemberger Kinder- und Jugendheim sein 150. Jubiläum [123]. Zugleich wurde die im Kinderdorfstil errichtete, weitgehend neu gebaute und für 160 »schwerer verhaltensgestörte« und »seelisch geschädigte« Kinder und Jugendliche eingerichtete Heimanlage der Öffentlichkeit vorgestellt. Das Heim arbeitet im Familienprinzip.

Einige, z. T. langjährige und fachlich besonders qualifizierte Mitarbeiter sahen sich angesichts der »Mißstände im Heim« und aufgrund ihrer »Verantwortung für die Kinder« gezwungen, mit einer Gegenfestschrift an die Öffentlichkeit zu treten [124]. In der mit zahlreichen Dokumenten versehenen Schrift heiß es u. a.: »Mit dem ausdrücklichen Bekenntnis der Heimleitung zum autoritär-hierarchischen Führungsstil wird statt Selbstbestimmung totale Fremdbestimmung proklamiert. Phantasie und Kreativität werden durch Kleinigkeiten und bürokratische Einwände und Anweisungen zerschlagen. Verbote und Verhaltensmaßregeln stehen an Stelle von Ermutigung und Anerkennung, maßlose Erwartungen stehen an Stelle von Anleitung und Hilfe . . . Weder wird von der Heimleitung Wert darauf gelegt, daß die Mitarbeiter sich über ein einheitliches Erzie-

hungskonzept, Erziehungsziele und allgemeinverbindliche Verhaltensregeln verständigen, noch gibt es in Stammheim gemeinsame Willensbildung unter Einschluß der Kinder in den einzelnen Häusern. Man würde sich Gelächter einhandeln, wollte man heute in Stammheim die Konferenz der Erzieher und Kinder befürworten, wie sie andernorts schon zu einer festen Einrichtung geworden ist, obwohl diese unendliche Dienste für das soziale Lernen und die Förderung des Gefühls der Mitverantwortung leisten könnte . . . Die täglichen Erfahrungen lassen wenig Lust für Bemühungen aufkommen, die Schwierigkeiten gemeinsam in Angriff zu nehmen. Die übermäßige Fremdbestimmung bewirkt ein ständiges Gegeneinander. Die Angst, den starren Regeln, Zwängen und Verhaltensnormen nicht gerecht werden zu können, erzwingen ein verzweifeltes individuelles Ringen darum, möglichst ungeschoren davon zu kommen.
Der Erzieher trat mit hohem Anspruch auf, eine verantwortungsvolle diakonische Tätigkeit auszuüben. Viel Arbeitskraft muß jedoch auf den Versuch verwendet werden, daß man mit den Zwängen nicht in Konflikt gerät. Es bleibt der Rückzug auf die eigene Gruppe, in der Hoffnung, auch ohne Unterstützung und Anerkennung, ohne jede partnerschaftliche Hilfe zurechtzukommen. Doch selbst das entpuppt sich noch oft als Illusion. Man resigniert« (*Raschke* u. a. 1976, 3; 15).

Arbeitsunzufriedenheit und Entmutigung entstehen und verbreiten »ansteckende und zerstörerische Wirkungen« (ebd., 1). Viele Mitarbeiter, die die Arbeitsbedingungen als »völlig hoffnungslos« einschätzen, fliehen: Kurzfristige Mitarbeiter und Praktikanten nicht eingerechnet, verließen in den Schuljahren 1974/76 76 % der Mitarbeiter das Heim; die Kinder, die in dieser Zeit bis zu 16 (!) Bezugspersonen erlebt hatten, reagierten auf manchen Bezugspersonenverlust mit »Streunen« und »Entweichen« (ebd., 2; 7; 10). Kündigungen werden als Schwäche und Versagen der Mitarbeiter dargestellt und öffentlich angeprangert, kritische Mitarbeiter werden unter Hinweis auf die schlechte Arbeitsmarktlage eingeschüchtert (ebd., 4).

Die Kinder leben in diesem wunderschön angelegten Massenbetrieb in einem therapeutisch bestens versorgten Getto, in dem, so die »Gegenfestschrift«, »Realitätsferne, Unsicherheit, Angst und Langeweile vorherrschen« (ebd., 13 f.; vgl. auch *Nestmann/Schweitzer* 1977). Die theoretisch vielleicht (!) einleuchtende Verbindung der »Vorteile des kleinen Heimes mit dem überschaubaren Erziehungs- und Erlebnisfeld . . . mit dem Vorteil der größeren Einrichtung mit seinem differenzierten Angebot« (so die vom Heim herausgegebene Schrift »Warum und wie wir bauten«, S. 4) sieht in der Praxis anders aus: »Man sollte sich nicht vormachen, daß die Möglichkeit eines Großheimes, einen speziellen Heilpädagogischen

Dienst, eine Diagnosestation o. ä. zu unterhalten, die Nachteile des Großheimes ausgleicht. Für die Kinder bedeutet das Großheim Unübersichtlichkeit, Anonymität, Unbeachtetsein; unbeschränkte Möglichkeiten, von anderen verhaltensgestörten Kindern zu lernen, wodurch schließlich auch nicht verhaltensgestörte Kinder gefährdet werden; Verwirrt werden durch die tägliche Vielfalt von unverarbeiteten Eindrücken. Für diejenigen, die Erziehung betreiben, bedeutet das Großheim: Mangelnde Überschaubarkeit, mangelnde Möglichkeiten zur Kooperation in der Erziehung einzelner Kinder, bei der Klärung anstehender Fragen usw. ... Die Zubereitung des Essens, das Wäschewaschen, die Reparatur beschädigter Einrichtungsgegenstände kann zentral und außerhalb des Erfahrungsfeldes des Kindes geschehen. Die Wohnung macht eine Putzfrau in der Zeit sauber, in der die Kinder nicht anwesend sind. Alles erledigt sich scheinbar automatisch. Daß es Schweiß und Mühe kostet, diese Arbeiten zu verrichten, erfährt ein Kind nicht, das sich daran gewöhnt, schmutzige Wäsche hinter einer Klappe in einem Wäscheschacht verschwinden zu lassen und sie sauber wiederzubekommen ...« (*Raschke* u. a. 1976, 12 f.).
Ohne Zweifel sieht es nicht in allen Familiengruppen dieses Heimes gleich »hoffnungslos« aus. Bei einer Bewertung ist aber zu bedenken: »Ein System ist nicht dann schon leistungsfähig, wenn sich einzelne in ihm bewähren können, sondern nur, wenn es die ... gestellten Aufgaben löst und wenn es durchschnittlich gute Leistungen selbstverständlich sein läßt« (*Thiersch* 1973 c, 27).

Zu (b): Lohnerzieher

- Jeder Erzieher – und auch der Erzieher in der familienanalogen Heimgruppe – ist den Marktgesetzen unseres Gesellschaftssystems unterworfen, d. h. er muß seine Arbeitskraft verkaufen, um seinen Lebensunterhalt zu erwerben, ist also »Lohnerzieher« [125]. Das kann mehrere Probleme mit sich bringen:
- Die Lohnzahlung ist – von Extremfällen abgesehen – »vom Gedeih der Kinder persönlich ganz unabhängig«; der notwendigerweise an der Erhaltung seiner Arbeitskraft interessierte Erzieher wird also den Kindern mit einem gewissen Desinteresse begegnen (*Heinsohn/B. M. C. Knieper* 1976, 21) [126].
- Der private Lebensraum – und eben häufig die Familie des Erziehers – liegt nicht *in*, sondern außerhalb des Heimes (und sogar dann, wenn Gruppe und Familienwohnung des Erziehers direkt zusammenhängen, ist diese Trennung zwischen »Dienst« und »Privat« häufig sehr deutlich). In seiner Arbeit versteht sich der Erzieher nicht als Familienmit-

glied, sondern als Geldverdiener. Und in seinem Privatbereich möchte er nicht »professionelles Familienmitglied« sein ... (vgl. *Heinsohn/R. Knieper* 1974, 225).

- »Echtes« Alltags-Familienleben mit seinen Spannungen, Mißverständnissen, Reibereien, Geldsorgen, Eifersucht, Krisen, Emanzipationsproblemen usw. erlebt das Heimkind in der Familienwohngruppe ebensowenig wie den alltäglichen, mehr oder weniger liebevollen Umgang der Ehepartner miteinander, Augenblicke tiefen Vertrauens und Einverständnisses, sexuelle Lust und die Folgen sexueller Frustrationen usw. Die Trennung zwischen »Dienst« und »Privat« wird hier wohl besonders schwerwiegend und deutlich.
- Der tariflich festgelegte 8-Stunden-Tag (s. o.) macht den Schichtdienst mehrerer – häufig fünf – Erzieher in einer Gruppe notwendig. Das führt leicht zu Kommunikationsproblemen, zu unterschiedlichem Erziehungsstil, zum Übersehen oder Übergehen der besonderen Nöte und Probleme eines Kindes und – insbesondere – zu einem ständigen Wechsel von Bezugspersonen, der von »intakten« Kindern vielleicht verkraftet oder sogar als anregend erlebt werden könnte, der bindungsgeschädigten Heimkindern aber die letzte Sicherheit rauben muß.
- Die Trennung von Arbeitsplatz und Privatleben kann zu weiteren denkbar unfamiliären Konsequenzen führen. Zwei Beispiele: *Mehringer* berichtet von einem Heim, in dem Stechuhren zur Kontrolle der Arbeitszeit der Erzieher eingesetzt werden (*Mehringer* 1975 a, 313; 1976 a, 202 ff.). Andere Heime mit Familiencharakter haben, um die leidige Frage des Nachtbereitschaftsdienstes kostensparend und mitarbeiterfreundlich zu regeln, entweder einen Rentner mit Schäferhund als Nachtwächter eingestellt oder jede Gruppenwohnung mit Gegensprechanlage ausgerüstet, mit deren Hilfe nachts die Kinder den für 4 Gruppen zuständigen nachtdiensthabenden Erzieher rufen können. Der Erzieher kann sich dann nach dem Verlangen des Kindes erkundigen.

Die Entwicklung seit etwa 1966

Der tatsächlichen Verwirklichung des Familienprinzips innerhalb der bestehenden Heime stellten sich also ganz erhebliche Schwierigkeiten entgegen, Schwierigkeiten, die vorher in allzu idealistischer Weise und aufgrund unzureichender politischer Analyse des Feldes Heimerziehung übersehen worden waren. So ist es nicht verwunderlich, daß sich trotz aller – in vielen Fällen sicher auch erfolgreichen – Bemühungen 20 Jahre nach Kriegsende die Situation der Heimerziehung weiterhin als traurig darstellte. 1966 stellte *Ulrike Meinhof* anklagend fest: »Die Mehrzahl der

über 1000 Kinderheime in der BRD sind immer noch Altersgruppenheime – Säuglingsheime, Kleinkindheime, Schulkinderheime, Lehrlingsheime. Mag dieser Mißstand in 20 bis 30 Jahren behoben sein, noch sind rund 100 000 Heimkinder nach Altersgruppen getrennt, wechseln die Heime, das Pflegepersonal, die Umgebung, nehmen Schaden an ihrer Seele« (*Meinhof* 1966, 619; vgl. auch *Mehringers* wieder programmatischen Aufsatz über »Die Misere der Heimerziehung«, 1970).
Obwohl sich die finanzielle Situation der Heime etwas gebessert hatte, erfüllten die meisten ihre offizielle gesellschaftliche Aufgabe – die Nachsozialisation unzureichend sozialisierter Kinder – nur unbefriedigend: Eine große Zahl der heimentlassenen Jugendlichen landete bald wieder in anderen Fürsorgeerziehungsheimen oder vorm Jugendrichter (vgl. *Pongratz/Hübner* 1959; *Brusten* 1973).
Was die fachinterne Kritik nicht, oder doch nur unzureichend, geschafft hatte, nämlich die Öffentlichkeit für die teilweise trostlosen Zustände in den Heimen zu interessieren und die »Heiminsassen« zu solidarischer Gegenwehr zu veranlassen, gelang zumindest ansatzweise den Aktionen der »Heimkampagne« – einer Bewegung, die Ende der 60er Jahre von politisch engagierten Studenten ausgelöst und zusammen mit Heimzöglingen getragen wurde (vgl. dazu *Brosch* 1975; *Ahlheim* u. a. 1971). Nun wurden nicht nur die inneren Mängel der Heime, sondern – an die Tradition der Arbeiterbewegung bewußt anknüpfend – auch die politische Disziplinierungsfunktion der öffentlichen Erziehung erkannt und aufgezeigt. Eindrücklich werden die z. T. mit brutal-autoritären Anpassungsmechanismen arbeitenden Heime etwa in Ulrike Meinhofs (seinerzeit vom Programm abgesetzten) Fernsehspiel »Bambule – Fürsorge für wen?« (1972) dargestellt. Erst durch die öffentlichkeitswirksamen Aktionen der Heimkampagne wurden zahlreiche Heime, Träger und Behörden aus der bis dahin weitgehend unhinterfragten Ruhe, Ordnung und »Sicherheit« gerissen. Diese Kritik ging an ihre Substanz und an ihr – bis dahin sehr gepflegtes – Image. Besonders die in vorderster Front angegriffenen FE- und FEH-Heime sahen sich gezwungen, ihre Konzeptionen an einigen Punkten oder auch grundlegend zu verändern und Verbesserungen und Alternativformen einzuführen [127].
Seit etwa 1970 lassen sich nun zahlreiche Veränderungen im Bereich der Heimerziehung beobachten: *Erstens* nimmt aufgrund der unüberhörbaren Kritik an der Heimerziehung besonders seit dieser Zeit die Zahl der in FE eingewiesenen Kinder und Jugendlichen rapide ab; die Zahl der in FEH untergebrachten Kinder nahm bis 1975 deutlich ab; ebenso wie bei den im Rahmen der »Hilfe zur Erziehung« (§§ 5 u. 6 JWG) untergebrachten Kinder scheint sich hier nach jahrelangem Absinken neuerdings wieder

eine leichte Zunahme der Einweisungen in Heimerziehung abzuzeichnen (vgl. Landesamt für Datenverarbeitung ... NRW, 1977 u. 1978 u. Stat. Jahrbuch 1978, 397). Ob hier tatsächlich eine neuerliche Tendenzwende vorliegt, läßt sich im Augenblick noch nicht mit Sicherheit sagen.

Tabelle 5:

	1962 [128]	1968	1971	1974	1975	1976
FE	24 816	22 703	15 906	7 922	5 959	5 554
FEH	26 085	26 710	23 487	18 922	17 633	18 034

(Quelle: Statistische Jahrbücher 1964, 1970, 1976, 1977 u. 1978)

Von diesen (1976) etwa 23 500 Jugendlichen in FEH und FE leben allerdings nur etwa 19 000 in Heimen, die anderen in Familien (und zwar meist in ihren eigenen in den letzten Monaten vor Aufhebung der FE/FEH). Zu ihnen kommen gut 55 000, die im Rahmen der »Hilfe zur Erziehung« in Heimen untergebracht sind (vgl. Stat. Bundesamt, Öffentliche Jugendhilfe 1976, 6 f.). Der Rückgang der Zahl der Heimkinder ist insgesamt so drastisch, daß manche Heime bereits geschlossen wurden oder »um ihr Leben« kämpfen. Und die Zukunft der Heime sieht allein schon aufgrund der geringen Geburtenziffern »düster« aus: Bis 1989 wird schon aus diesem Grund der Bedarf an Heimplätzen um mindestens 28 % zurückgehen (vgl. *Verch* 1976, 247).

Zweitens wurde die innere Differenzierung der Heimerziehung und ihre Ausrichtung auf therapeutische und heilpädagogische Aufgaben deutlich vorangetrieben (vgl. *Nestmann/Schweitzer* 1977).

Drittens nahmen sich verstärkt nicht nur die »Praktiker«, die die Gunst der Stunde nutzen wollten, sondern auch zahlreiche Wissenschaftler dieses seit Jahrzehnten vernachlässigten Gebietes an [129]. Die Schwerpunkte der Diskussion haben sich dabei deutlich verlagert. In den frühen, hauptsächlich von Verbänden, Behörden und kritischen Praktikern veröffentlichten Analysen, Memoranden und Stellungnahmen (die häufig die grundsätzlichen Fragen nach den Funktionen von Heimerziehung in einer kapitalistischen Gesellschaft unbearbeitet und die sozio-ökonomischen Gründe, die zur Einweisung der Heiminsassen führten, unberücksichtigt ließen), wurde insbesondere folgendes verlangt: Eine stärkere wissenschaftliche Erforschung des Feldes der Heimerziehung, bessere Aus-, Fort- und Weiterbildungsmöglichkeiten für Erzieher, die Verkleinerung der Gruppengröße, eine stärkere Demokratisierung der Heime, das Erstellen einer genaueren Diagnose vor Aufnahme eines Kindes in ein Heim, die Ausarbeitung individueller Erziehungspläne, eine bessere schulische Förderung und berufliche Ausbildung der Heimkinder, neue Konzepte für Hilfen im Vorfeld der Heimerziehung und für die Arbeit mit den Eltern (vgl. *Bäuerle* 1972, 253). In neueren Veröffentlichungen verschiebt sich, insbesonders auch durch die fruchtbare Übernahme des Analysemodells der »totalen Institution« (vgl. S. 89 ff.), der Aspekt der »Reform der Heimerziehung« mehr auf die Überwindung der »institutionalisierten Ausgrenzung durch ihre eigene Dynamisierung«, das heißt, auf eine Auslagerung der öffentlichen Erziehung aus den Heimen heraus. »Je nach den Aufgabengebieten und den therapeutischen Erfordernissen müssen die pädagogischen Schritte flexibel gestaltet werden können: Umstrukturierung der Gruppen je nach dem pädagogischen Gebot, Auslagerung von Erziehungsgruppen, Bildung von Wohngemeinschaften . . ., Organisation von Pflege und Erziehungsstellen« (*Flosdorf* 1973, 369): statt der alten Heime also »halboffene, im Lebensfeld angesiedelte Einrichtungen« (*Thiersch* 1974, 99).

Das Familienprinzip, das in den Vorschlägen für eine innere Reform der Heime zeitweise kaum mehr eine Rolle gespielt hatte, taucht hier, bei der »Dynamisierung« der Heimerziehung, wieder auf. Die familienartigen Alternativen (und auch der Begriff der Familie) erfreuen sich, wie der Kongreß »Kinder in Ersatzfamilien« im Herbst 1975 (Kongreßbericht IGfH 1976) gezeigt hat und wie auch ein Blick in die Stellenangebote einschlägiger Fachzeitschriften beweist, einer rasant zunehmenden Beliebtheit, man ist geradezu an die Zeiten des »Waisenhausstreites« erinnert. Diese familienanalog strukturierten Alternativformen zur Heimerziehung sollen daher in den folgenden Kapiteln ausführlicher dargestellt werden.

1.3.3. Kinderdorfbewegung und SOS-Kinderdorf-Streit

Entstehung der Kinderdorf-Idee

Nach der Pflegestelle ist ohne Zweifel das Kinderdorf die älteste »Alternative« zur herkömmlichen Heimerziehung. Was schon *J. H. Wichern* im Rauhen Haus, *Don Bosco* in Valdocco, Pater *Flanagan* in seiner von den »Zöglingen« selbst verwalteten »Boys Town« bei Omaha/Nebraska (vgl. *Oursler* 1949, 248 f.) mit Jugendlichen praktiziert hatten, schwebte auch kurz vor dem Ende des 2. Weltkrieges dem Schweizer *Robert Corti* vor: »ein Dorf für die leidenden Kinder« zu gründen, »um Europas Kriegsopfern tätige Hilfe angedeihen zu lassen« (zit. b. *Laireiter* 1966, 26).

1946 konnten die ersten Kinder in das internationale »Kinderdorf Pestalozzi« in Trogen einziehen. Kinderdörfer verschiedener Träger und unterschiedlichster Zielbestimmung wurden in den folgenden Jahren in großer Zahl errichtet, z. B. entstanden 1946 Kinderdörfer des Caritas-Verbandes im Odenwald (Klinge) und in Duisburg (Maria in der Drucht). 1947 wurden im Pestalozzi-Dorf Wahlwies die ersten Kinder aufgenommen, 1951 konnte der 1949 von *Hermann Gmeiner* in Österreich gegründete SOS-Kinderdorf-Verein in Imst/Tirol sein erstes Kinderdorf eröffnen [130].

Typologie und Zielsetzungen der Kinderdörfer

Es würde hier zu ausschweifend werden, eine ausführliche Typologie der Kinderdörfer zu bieten. Daher nur einige Grundcharakteristika: Prinzipiell kann man zwei Beweggründe unterscheiden, die zur Gründung von Kinderdörfern führten: »1. Es soll einer großen Zahl von Kindern und Jugendlichen einer bestimmten Notlage wegen Hilfe geboten werden. Die große Not und die große Zahl überschreiten die Möglichkeiten eines einzelnen Heimes: Die Siedlung, das Dorf wird als Rahmen gewählt, weil die dort gebotene Hilfe rationeller und wirkungsvoller eingesetzt werden kann ... 2. Die Siedlung soll einer ganz bestimmten Idee dienen, die im Rahmen einer mehr oder weniger geschlossenen Gemeinschaft besser verfolgt werden kann« (*Canziani* 1964, 11). Darüber hinaus kann man nach folgenden Gesichtspunkten unterscheiden: Ort (abgeschieden, Dorf, Stadt-Rand, Stadt); Grade der Dorf-Autonomie; Alter und Geschlecht der Kinder und Jugendlichen; Koedukation; Erziehungssystem (hierarchisch oder Kindermitbestimmungs- und -verwaltungssystem); Leitersystem (Erzieher, Mütter, Ehepaare, Ordensschwestern); nationale oder internationale Gliederung und Zielsetzungen (Beispiele bei *Canziani* 1964, 12).

Die Zielsetzungen können dabei kritisch-idealistischen [131] (internationale Verständigung, Modelle einer gerechteren und toleranteren Gesellschaftsordnung, Einübung basisdemokratischer Lebensformen, Förderung hochbegabter, aber sozial benachteiligter Kinder, Förderung geistig behinderter Kinder ...), anpassenden (Befähigung, ein »selbständiges Leben« zu führen, Erziehung »zur Familie« ...) oder pragmatischen Charakter haben (Förderung des Berufsnachwuchses, Schul- und Berufsausbildung ...).

Als diese Ziele übergreifend Gültiges kann vielleicht mit *Tesarek* genannt werden: »Ein Dorf ist klein; auch das Kinderdorf darf eine bestimmte Größe nicht überschreiten ... Das gesellschaftliche Leben – sein Organismus – ist unkompliziert, wird von allen, die dort leben, ihren Kräften entsprechend getragen ... Absichten und Ziele der Dorfgemeinschaft, ihre sittlichen Werte spiegeln sich augenfällig in der Haltung des Einzelnen und, was vielleicht bedeutsamer ist, der sozialen Gruppe: der ›Familie‹, der ›Häuser‹ ... Sein geistiger Inhalt wird nach und nach Allgemeingut, ... geltende und damit formende Norm. ... Das gesellschaftliche Klima ... erinnert an das solidarische Leben in einem Klan, an eine echte Dorfgemeinschaft, deren bauende und tragende Zellen die einzelnen Familien sind« (*Tesarek* 1966, 39).

SOS-Kinderdörfer

Die weitaus bekannteste Trägerorganisation von Kinderdörfern ist ohne Zweifel der SOS-Kinderdorfverein [132], über den hier berichtet werden soll, weil er sich unter den gegebenen Bedingungen bemüht, das Familienprinzip am »reinsten« zu verwirklichen [133].
Der SOS-Kinderdorfverein, der im Jahre 1975 sein 25jähriges Bestehen feiern konnte, unterhält weltweit z. Z. 159 Kinderdörfer in 59 Ländern, davon in der BRD 12 Dörfer, in denen bisher insgesamt rund 1300 Kinder betreut wurden. Von den z. Z. etwa 900 in deutschen SOS-Kinderdörfern lebenden Kindern und Jugendlichen sind – anders als in den Nachkriegsjahren – nur noch ca. 5 % echte Waisen; etwa ein Drittel aller Kinder müssen als verhaltensauffällig oder lernbehindert eingestuft werden; etwa 6 % sind sowohl verhaltensauffällig als auch lernbehindert (vgl. *Then* 1976, 208 u. *Krey* 1977). Bekannt geworden sind die SOS-Kinderdörfer durch ihren bis dahin in diesem Bereich unbekannten großen Werbeaufwand, durch den der Verein nicht nur die Kinderdorf-Idee weit verbreiten, sondern auch ca. drei Millionen fördernde Mitglieder gewinnen konnte. Dieser Erfolg ist zweifellos auf dem Hintergrund des ideologischen Trends »zurück zur Familie« in der Nachkriegszeit, der sich auch in der Dorfideologie idyllisiert (vgl. *Flosdorf* 1973, 366), zu sehen.
Überblickt man die Veröffentlichungen über die SOS-Pädagogik, so fällt auf, daß die SOS-Kinderdorfidee besonders in den Jahren 1954–1966 relativ häufig und heftig in der Fachpresse diskutiert wurde. 1964 spitzten sich die Auseinandersetzungen zwischen den Trägern der traditionellen Heimerziehung (verbunden im Allgemeinen Fürsorgeerziehungstag – AFET –) und dem SOS-Kinderdorfverein zu. Unter dem Eindruck dieser Auseinandersetzungen entstand die einzige größere und veröffentlichte wissenschaftliche Untersuchung über Arbeitsweise und -ergebnisse der SOS-Kinderdörfer (*Flitner/Bittner/Vollert* 1966; *Vollert* 1970). Zwischen 1966 und 1975 finden sich kaum nennenswerte Veröffentlichungen

(außer *Hegel* 1968); in dieser Zeit »gärte« es offensichtlich auch im SOS-Kinderdorfverein; hinter den Kulissen der Münchener SOS-Zentrale wurden intern nicht unerhebliche Veränderungen im pädagogischen Konzept und im Selbstverständnis ausgehandelt [134].

Dorforganisation und SOS-Pädagogik

Die SOS-Kinderdorf-Siedlungen, die unterschiedliche Größe haben, liegen im allgemeinen am Rande von Dörfern in landschaftlich reizvoller Umgebung; zu ihnen gehören ein Zentralgebäude und durchschnittlich etwa 12 bis 15 Häuser für je eine »Familie«, die von einer »Kinderdorfmutter« mit früher 8 bis 9, heute durchschnittlich 6, manchmal für kürzere Zeit nur 2 bis 3 Kinder gebildet wird; den Müttern steht heute außerdem ½ hauswirtschaftliche Hilfskraft zur Verfügung. Die Kindergruppe ist alters- und geschlechtsgemischt; Säuglinge, früher noch häufiger in SOS-Kinderdörfern zu finden, sind heute selten, das durchschnittliche Aufnahmealter liegt bei 6 Jahren; Jungen bleiben meist nur bis zum Schulabschluß in der Kinderdorffamilie. Jede »Mutter« wirtschaftet selbständig (Wäsche zentral); Vorgesetzter, Gesamtleiter und zugleich eine Art »Kollektivvater« ist der Dorfleiter.

Die Kinder besuchen durchweg öffentliche Schulen. Die männlichen Lehrlinge (heute auch die weiblichen) wurden bisher in eigenen Lehrlingsheimen in der jeweils benachbarten Stadt untergebracht; neuerdings hat der SOS-Verein auch – zum Teil koedukative – Lehrlingswohngemeinschaften eingerichtet; zunehmend bleiben die Lehrlinge jetzt auch im Kinderdorf und in ihren »Familien«.

Nur stichwortartig sollen die Grundzüge der SOS-Pädagogik dargestellt werden: »Herzstück der gesamten Kinderdorferziehung ist die Mutter«; »der zweite Erziehungseinfluß geht vom Geschwisterkreis aus«; dritter Faktor ist die Dorfgemeinschaft (»soziale Bindungen und naturnahe Lage«); vierter die öffentlichen Einrichtungen, vor allem die Schule (*Neubauer* 1958, 249). Da bis vor kurzem kaum besondere Therapien angeboten wurden und die SOS-Pädagogik keine ausdrücklichen politischen und religiösen Ziele verfolgt [135], kann *Gmeiner* davon sprechen, daß »die SOS-Kinderdorferziehung ... eine primäre *Milieu*erziehung (ist), bei der die dem Kinde gemäßen Lebenselemente – Familie, Mutter, Geschwister – zur Anwendung und Wirksamkeit kommen« (*Gmeiner* 1957, 367). Die SOS-Erziehung versteht sich auf diese Weise bewußt als Gegenprogramm zu Formen der Kollektiverziehung [136].

1964 trat der Allgemeine Fürsorgeerziehungstag (AFET) mit einer Stellungnahme zur Tätigkeit des SOS-Kinderdorfvereins an die Öffentlichkeit. In dieser Stellungnahme – der andere kritische Artikel vorausgegangen waren (z. B. *Kolb* 1961; *Juckel* 1962) – formulierte der AFET folgende Punkte:

Erstens sei es »bedauerlich, wenn die SOS-Kinderdorf-Bewegung unter Vermeidung ernsthafter fachlicher Auseinandersetzung mit einem pädagogischen Ausschließlichkeitsanspruch auftrete«.

Zweitens werde durch Werbung [137] und Berichterstattung der Eindruck erweckt, in der BRD gebe es für eine große Zahl elternloser, verlassener Kinder keine ausreichenden pädagogisch geeigneten Unterbringungsmöglichkeiten; tatsächlich sei aber ein gut ausgebautes Netz von Einrichtungen vorhanden, es fehlten allerdings Plätze gerade in den Bereichen, in denen auch die SOS-Dörfer keine Kinder aufnähmen (tatsächlich nimmt SOS nahezu keine geistig und körperlich behinderten Kinder auf – z. Z. ca. 1 % – und lehnte bis vor wenigen Jahren »heilpädagogische Fälle« ab; außerdem werden Kinder über 10 Jahren abgelehnt, außer, wenn sie Geschwister von ebenfalls aufzunehmenden jüngeren Kindern sind; auch nur kurzfristig aufzunehmende Kinder und solche, deren Eltern nicht für die Kinderdorfzeit auf den Kontakt zu ihren Kindern verzichten wollen, verweigert SOS in der Regel wegen der zu erwartenden Schwierigkeiten die Aufnahme) [138].

Drittens sei die Berichterstattung über die SOS-Dörfer immer wieder »mit unsachlichen Äußerungen über die sogenannte ›traditionelle Heimerziehung‹ verbunden« (Pauschalurteile wie »Kasernenerziehung«, »pädagogischer Massenbetrieb«; tatsächlich wollen die SOS-Dörfer »vor allem ... zu einer Reform der ›Heimerziehung‹ anregen, um die alte ›Waisenhaus-Atmosphäre‹, in der die Kinder unfrei, verschlagen, hinterhältig und lebensfremd werden mußten, zu überwinden«; *Neubauer* 1958, 248 f.).

Viertens vertrete die SOS-Bewegung nicht, wie sie selbst behaupte, am konsequentesten eine »familienhafte Heimerziehung« – das werde auch anderswo, z. B. in vielen Heimen, praktiziert –; sie fördere aber eine »unreflektierte Familienideologie« und suggeriere Kindern und Öffentlichkeit die »Vorstellung einer echten Familie«.

Fünftens sei es abzulehnen, daß die SOS-Dörfer keine Beziehungen zu den Herkunftsfamilien pflegten und anstelle noch lebender Eltern das Surrogat der »SOS-Kinderdorf-Familie« setzten und die natürlichen Eltern und Angehörigen aus dem Leben der Kinder verdrängten.

Sechstens habe die »Kinderdorf-Familie« nur den Charakter einer Halbfamilie, der Dorfleiter sei kein Vaterersatz. Dieser gewollte Verzicht auf die wichtige Rolle des Vaters sei um so bedenklicher, als die »Familienmütter« keine pädagogische Ausbildung besäßen und alles von der »natürlichen Erziehungsveranlagung der unverbildeten, unausgebildeten Frau« erwartet werde.

Siebtens sehe der SOS-Verein im Kinderdorf eine besonders lebensnahe Form der Erziehung. Das sei aber eine Selbsttäuschung. »Das SOS-Kinderdorf ist ein einseitig strukturiertes Sozialgebilde, in dem die volle Realität des gesellschaftlichen Lebens nicht erlebt und nicht erfahren werden kann.«

Zusammenfassend betont der AFET, das SOS-Kinderdorf sei nur für einen relativ kleinen Teil derjenigen Kinder geeignet, für die eine Unterbringung außerhalb ihrer Familie gefunden werden müsse, nämlich nur für Kinder mit geringen Entwicklungsstörungen und Erziehungsschwierigkeiten. Es bestünden aber auch dann noch Zweifel, ob die SOS-Erziehung den Anforderungen der heutigen sozialpädagogischen Praxis gerecht zu werden vermöge (vgl. AFET 1964, 457 ff. zur Diskussion zwischen den verschiedenen Kinderdörfern).

So berechtigt diese Kritikpunkte gewesen sein mögen – und zum Teil vielleicht auch noch heute sind (entsprechende neuere Forschungsarbeiten zu diesen Problemen liegen öffentlich nicht vor), unwohl wird dem Beobachter bei dem Gedanken, daß diese sich fortschrittlich gebende Kritik von einem Verband geübt wurde, der bisher noch selten an der Spitze des pädagogischen Fortschrittes marschiert ist und der Grund und Anlaß genug gehabt hätte, zunächst einmal gründlich und sorgsam »vor der eigenen Tür zu kehren« und die Zustände in den eigenen Einrichtungen unter die Lupe zu nehmen (vgl. z. B. die Fallgeschichten bei *Brosch* 1975, 9 ff.). Viele der dem AFET angeschlossenen Heime hätten auch 1964 noch so manches von SOS lernen können. Der Verdacht liegt nicht fern, daß hinter der AFET-Kritik nicht nur pädagogisches Engagement und nicht nur die scheinbare Vertretung der Interessen der Kinder in den SOS-Kinderdörfern, sondern auch der Neid auf das hohe Spendenaufkommen der SOSler und ihr gutes öffentliches Image standen.

Antwort von SOS

Während *Gmeiner* [139] auf diese Vorwürfe hin nur eine »geringe Diskussionsbereitschaft« zeigte (*Seibert* 1964, 12), gingen andere Vertreter des SOS-Kinderdorfvereins auf die AFET-Kritik ausführlich, wenn auch eher defensiv, ein. So wurde bezüglich der Vorwürfe gegen die »traditionelle Heimerziehung« recht allgemein auf die Untersuchungen von »Bowlby,

Dührssen, Spitz u. v. a.« verwiesen, zur »Familienideologie« wurde der Vorwurf der Suggestion eines Surrogates zurückgewiesen, denn alle Kinder wüßten, daß es sich bei der Kinderdorffamilie im eine Ersatzfamilie handele; allerdings hielte man die Familie immer noch für die Grundlage des Staates und der Erziehung, was sie »aber leider nicht mehr ist«. Der Dorfleiter könne zwar den Vater nicht voll ersetzen (der Vaterverzicht sei in der Tat ein pädagogisches Problem), er sei aber in »erstaunlich wirkungsvoller Weise« in der Lage, »bei den Kindern die Vaterrolle zu übernehmen« – eine Behauptung, deren Unrichtigkeit besonders auch durch die Untersuchung von *Vollert* (1970, 26 ff.; 47 ff.) bewiesen werden konnte (u. a. mit Hilfe des introspektiven Tests »Familie in Tieren«; die Vaterrolle blieb in diesen Tests durchweg unbesetzt). Recht versöhnlich erklärte schließlich Pfr. *Hegel* für die SOS-Bewegung, sie habe keinen pädagogischen Ausschließlichkeitsanspruch anmelden wollen, ihr Anliegen sei »nicht ausschließlich, sondern spezifisch«; sie habe »ihre Möglichkeiten und Grenzen« inzwischen selbst erkannt (vgl. SOS 1965, 10; 12; *Lange* 1965, 175 ff.; 1965 b; 1966, 415).

Die SOS-Kinderdorfbewegung heute

Vieles stellt sich in der SOS-Pädagogik heute, mehr als ein Jahrzehnt nach dem »Kinderdorf-Streit«, als recht verändert dar. Auf einige Veränderungen wurde oben schon hingewiesen: Die Kinderwohngruppen sind kleiner geworden, für besonders schwierige oder schwer hospitalisierte Kinder können zeitweise Kleinstgruppen gebildet werden; der Anteil der verhaltensgestörten und lernbehinderten Kinder steigt; z. T. werden hauptamtliche Psychologen für Beratung, Diagnose und Therapie eingesetzt; auf den Ausbau »heilpädagogisch/therapeutischer Maßnahmen« wird der SOS-Kinderdorf-Verein »den Schwerpunkt künftiger pädagogischer Entwicklungen legen« (*Then* 1976, 221). Daneben haben die familienübergreifenden pädagogischen Angebote (Kindergärtnerin, Werklehrer, Musikpädagoge, Freizeitpädagoge) zugenommen. Aus den Erfahrungen mit der zeitbedingten Entwicklung von Jugendhäusern für Lehrlinge zieht man zunehmend Konsequenzen: in angemieteten Wohnungen, Häusern oder Etagen richtet man kleinere Wohngemeinschaften, die z. T. von Erzieherpaaren betreut werden, ein. Wichtig ist hierbei der persönlichere, intimere Charakter.

Auf die Vorbereitung des »Herauswachsens« aus dem Dorf wird besonderer Wert gelegt; besonders bei Schwierigkeiten zeigt sich hier, wieviel mehr Möglichkeiten ein freier und finanziell gut ausgestatteter Träger haben kann (vgl. *Zobus* 1978, 338 ff.).

Auch das Rollenbild der Kinderdorfmutter hat sich ein wenig verändert. Das alte Bild der einfachen, herzensguten österreichischen Bauersfrau (vgl. *Speckmann* 1964 sowie die Bildreportage im Stern, Heft 45/1974, S. 72 ff.) entspricht nicht mehr den Vorstellungen des deutschen Kinderdorfvereins. Die »neue Müttergeneration«, Durchschnittsalter 32 Jahre, bringt Lebens- und Berufserfahrung mit; man zieht solche Frauen vor, die in Beruf und Leben schon erfolgreich gewesen sind, »aber noch nicht die rechte Erfüllung gefunden haben« (Gedächtnisprotokoll).
In der Erkenntnis, daß die Mütterlichkeit allein bzw. die vier Prinzipien der SOS-Pädagogik (s. o.) für die Betreuung der zunehmenden Zahl schwieriger Kinder nicht ausreichen, werden seit einigen Jahren alle zukünftigen »Mütter « nicht nur einem strengen Auswahlverfahren unterzogen (»von etwa 500 Frauen, die jährlich sich ... bewerben, werden nur 10 akzeptiert«, *Krey* 1977), sondern auch nach einjähriger Praxis als Familienhelferin im Kinderdorf in der vereinseigenen Mütterschule ein Jahr lang theoretisch ausgebildet. Trotzdem werden auch weiterhin »einzelne Verlegungen vorgenommen und auch Rückgaben an die einzelnen Ämter durchgeführt ..., denn selbst die erweiterte Ausbildung der Mütter kann diese nicht ausreichend auf die Erziehung und Betreuung stark verhaltensgestörter Kinder vorbereiten« (*Röper* 1976, 248).
Gegen den Verdacht einer »Mutterideologie« wehrt man sich in der SOS-Zentrale mit Macht: Zwar bleibe die »Kinderdorfmutter als bleibende, verläßliche Dauerbezugsperson ... eine der unaufgebbaren Konstanten der Kinderdorfpädagogik« (*Then* 1976, 209), die Beschränkung auf die Mutter sei aber ein Kompromiß, eine Notlösung: »Die strukturelle Unvollständigkeit der ›Kinderdorf-Familie‹ bleibt nach wie vor der Preis für ihr hohes Ausmaß an Stabilität« (*Then* 1976, 210). In Kinderdörfern mit Ehepaaren als Betreuer (z. B. die Pestalozzi- und Albert-Schweitzer-Kinderdörfer) sei der Wechsel ungleich höher; diese Ehepaare ließen sich durchschnittlich nur 2,5 bis 3 Jahre halten, während die Kinderdorfmütter oft 10 bis 15 Jahre im Kinderdorf arbeiteten. Die neuen Mütter bleiben allerdings meistens nur für eine »Kindergeneration« im Dorf und ziehen mit den letzten verbliebenen Kindern in eine große Stadtwohnung, um so wieder Anschluß an ihren alten Beruf zu bekommen.
Problematisch bleibt das Fehlen einer männlichen Dauerbezugsperson trotzdem; auch die inzwischen zahlreicheren männlichen Fach- und Hilfskräfte gleichen diesen Mangel nicht ganz aus. Auf partnerschaftliche Beziehungen werden die SOS-Kinder nicht vorbereitet, die Geschlechtsrollenbilder bleiben konservativ bzw. unscharf. Die sexuellen Tabus sind sehr hoch, auch wenn die Mütter zum größeren Teil über gewisse sexuelle Erfahrungen verfügen. »Es gibt immer wieder Kinder, die erstaunt sind

über ein normales Eheschlafzimmer mit zwei nebeneinanderstehenden Betten« (Gedächtnisprotokoll). Kinderdorfmütter, die heiraten wollen, müssen auch weiterhin aus dem Dienst des Kinderdorfvereins ausscheiden. Bei den Jugendlichen läßt sich eine Tendenz zu frühen, labilen Partnerbindungen feststellen; bei einigen auch ein nie voll abzudeckender Nachholbedarf an Zärtlichkeit. Die weitgehende Beschränkung auf den Lebens- und Arbeitsbereich Kinderdorf hat zudem zur Folge, daß die Verbindungen zur Arbeitswelt und zur »Welt draußen« (einschließlich der »großen Politik«) unzureichend bleiben (vgl. *Then* 1976 u. Gedächtnisprotokoll).
Zusammenfassend läßt sich vermuten, daß die Probleme und Schwierigkeiten der meisten Kinderdörfer sich mit denen ähnlich strukturierter Heime weitgehend decken dürften. Eine vereinsinterne Untersuchung der Kinder und Jugendlichen, die zwischen 1965 und 1971 die Kinderdörfer verließen, zeigt, daß sich der SOS-Verein mit seinen »Erfolgen« durchaus nicht vor anderen Einrichtungen der öffentlichen Erziehung zu verstekken braucht – wenn auch die »Mißerfolgsquote« höher ist, als frühere Veröffentlichungen erscheinen ließen [140]. Wichtig wäre es, hier genauere vergleichende Untersuchungen durchzuführen.

1.3.4. Kinderwohngruppen/Kinderhäuser

Entwicklung und Grundtypen von Kinderwohngruppen

Das Elend der Heimerziehung und die weitverbreitete Kritik auch an den Kinderdörfern führten in Verbindung mit einer oft unreflektierten Hochschätzung familialer Sozialisationsstrukturen (die angeblich geradezu automatisch Gewähr böten für »Geborgenheit, Sicherheit, Entfaltung, Entwicklung, Gemeinschaft, Bedürfnis, Verpflichtung, Forderung, Verständnis, Liebe, Güte, Strenge ...« vgl. *Leski* 1968, 159) zur Rückbesinnung auf fast schon vergessene Formen öffentlicher Erziehung bzw. zur Neuentwicklung kleiner Einrichtungen, die durchweg als Mischtypen zwischen Heim und Pflegefamilie verstanden werden können; die Bezeichnungen versuchen das anzudeuten: Außenwohngruppe, Kinderwohngruppe, Erziehungswohngruppe, Kinderhäuser ... Ende 1975 soll es etwa 500 dieser Gruppen gegeben haben; ihre Zahl dürfte inzwischen kräftig gestiegen sein (vgl. *Hoffmann* 1976, 95). Über einige der bisher praktizierten Versuche und Modelle berichten ausführlich der oben schon erwähnte Sammelband von *Bonhoeffer* und *Widemann* (1974) sowie verschiedene Artikel in der Fachpresse aus den letzten Jahren [141].
Die historischen Vorläufer dieser kleinen Erziehungseinheiten sind – ei-

nerseits – die heimunabhängigen Pflegenester und Kleinstheime, die meist ohne formal qualifiziertes Personal arbeiteten, aber durchaus schon »professionalisiert« sein konnten [142], andererseits die – in einem institutionellen Verbund stehenden »Kinderheimaten« von Eva-Maria von Tiele-Winckler (vgl. S. 62 ff.), die Tag- und Nachtheime des Berliner Pestalozzi-Fröbel-Hauses (vgl. S. 70) und ähnlich konzipierte Einrichtungen im Ausland, besonders in England [143] und der Schweiz [144].

Allen gemeinsames Merkmal ist, daß sie das, was mit Masse, Anstalt, totaler Institution und personaler Instabilität zusammenhängt, vermeiden und den Kindern sowohl das »Erlebnis« der Familie als auch das der kleinen, überschaubaren Kindergruppe bieten wollen. Die Unübersichtlichkeit und Anonymität verschiedener Lebensfelder – einer der wesentlichen Kritikpunkte an der Heimerziehung – wird hier weitgehend durch reale Handlungsmuster in einer realen Umwelt ersetzt (vgl. *Moosburger* 1975, 40). Unterschiede liegen dagegen besonders im Grad ihrer Selbständigkeit: Die einen sind kleine, in »zivile« Umgebung und normale Wohnungen oder Einfamilienhäuser ausgelagerte, alters- und geschlechtsgemischte Gruppen eines Heims, stellen also »Heimerziehung außerhalb des Heimes« dar (*Leski* 1974) und werden von einem angestellten Erzieherpaar oder auch zwei oder drei konstanten »einzelnen« Erziehern betreut, die mit den Kindern zusammen wohnen (so z. B. die Außenwohngruppen der Sophienpflege in Tübingen-Pfrondorf; vgl. *Leski* 1974, *Sauer* 1974; oder die Dortmunder Erziehungswohngruppen, vgl. *Podgornik* 1976). Verwaltung, Beratung und Kontrolle wird bei ihnen vom »Stamm-Heim« aus organisiert; den Gruppen stehen die therapeutischen Einrichtungen des Heimes zur Verfügung (Näheres dazu in den folgenden Abschnitten).

Die anderen sind Kleinstheime, die meist auf selbständig-privater, sozusagen freiberuflicher Basis im Auftrag des Landesjugendamtes oder einzelner Jugendämter hauptberuflich etwa 5 bis 10 Kinder in ihrer eigenen Familie erziehen. Am weitesten ausgebaut ist dieses System im Bereich des Landesjugendamtes Rheinland mit (Ende 1975) etwa 80 Kinderhäusern (vgl. *Hochmair* u. a. 1976; *Fuhrmann* 1976). Häufig besitzen die Mitarbeiter keine fachliche Ausbildung (im Rheinland etwa die Hälfte aller Mitarbeiter; vgl. *Hochmair* u. a. 1976, 36), müssen aber eine »in der Praxis erprobte Fachlichkeit« nachweisen (*Fuhrmann* 1976, 347). Unterstützt und beraten werden sie dabei, soweit sie Beratung in Anspruch nehmen wollen, von den Jugendämtern, von öffentlichen und privaten Beratungs- und Therapieeinrichtungen oder von Bekannten und Freunden. Entgegen den ursprünglichen Erwartungen haben diese Kinderhäuser inzwischen nachgewiesen, daß in ihnen auch Kinder und Jugendliche »mit beachtlichen psychischen Störfaktoren und Behinderungen leben können und gefördert werden« (*Bäuerle* 1976, III). Ihre besondere Stärke liegt gerade in ihren »Prinzipien

1. der Selbstinitiative und Selbständigkeit statt wirtschaftlicher und organisatorischer Abhängigkeit von einem Trägerverband;
2. der Non-Professionalität;
3. der pädagogischen Selbstbestimmung« (*Bäuerle* 1976, IV).

Neben diesen noch relativ wenig professionalisierten Einrichtungen haben sich – ausgehend vom gleichen Prinzip der kleinen, überschaubaren, Sicherheit bietenden Gemeinschaft – »therapeutische Kinderhäuser« gebildet, die in einem Verbundsystem mit spezialisierten therapeutischen Einrichtungen stehen (vgl. *Fischer* u. a. 1976).

Irgendwo zwischen diesen beiden »Grundtypen« liegen die Kinderhäuser und das Jugendwohnheim der »Jugendheim Marbach GmbH«, in deren weitgehend autonomen Häusern je 4 bis 7 Kinder und Jugendliche mit einem fest im Hause wohnenden Erzieher zusammenleben, der von einem weiteren festangestellten Mitarbeiter und zusätzlichen Erziehungs- und Hauswirtschaftskräften unterstützt wird. Die Häuser gehören einer GmbH, deren Gesellschafter einige Mitarbeiter sind; das, was in den einzelnen Häusern pädagogisch und organisatorisch geschieht, wird von allen Mitarbeitern, gleichgültig, ob sie Gesellschafter sind oder nicht, gemeinsam entschieden. Verwaltung, Beratung und Mitarbeiter-Fortbildung wird selbst organisiert (vgl. *Kubale* 1976 a u. b.; *Biesenkamp* u. a. 1976).

Kinderwohngruppen – Konzepte und Probleme

Über Entstehung, zugrunde liegenden Ideen, bisherige Erfahrungen und Schwierigkeiten dieser inhaltlich verwandten, organisatorisch aber doch recht unterschiedlichen Einrichtungen hier im einzelnen zu berichten, scheint aus mehreren Gründen sinnlos zu sein: Abgesehen von der schon zitierten Untersuchung der rheinischen Kinderhäuser durch *Hochmair* u. a. (1976), die zu insgesamt erstaunlich befriedigenden Ergebnissen bezüglich der Sozialisationsleistungen der Kinderhaus-Eltern kommt, methodisch allerdings ihre Grenzen darin findet, daß die Daten nur auf einer schriftlichen und mündlichen Befragung der Kinderhaus-Erzieher beruhen, während die Kinder selbst nicht befragt oder untersucht wurden, liegen im wesentlichen nur beschreibende, meist ziemlich unkritische Veröffentlichungen von jeweils Beteiligten oder Interessierten vor, die hier nicht wiederholt zu werden brauchen. Außer der genannten Studie wurden wissenschaftlich befriedigende Analysen der Wirkungen von Kinderwohngruppen bislang noch nicht vorgenommen; über ihre langfristigen »Erfolge« oder »Mißerfolge« wird man erst in einigen Jahren Genaueres sagen können. Ich möchte mich daher – abgesehen von den Wirkungen, die eine Folge ihrer Familienstruktur sind und unter 2.3. (S. 145 ff.) kurz angesprochen werden – darauf beschränken, am Beispiel der Außenwohngruppen eines Stamm-Heimes die Grundideen und die wichtigsten Probleme von familienartig strukturierten Kinderwohngruppen stichwortartig zusammenzustellen. Außerdem möchte ich kurz zusammenfassend über die Ergebnisse einer empirischen Untersuchung über die unterschiedlichen Verhaltensweisen bei Heimkindern in Außenwohngruppen in bezug auf Freizeitverhalten und soziale Kontakte berichten, die ich in der Sophienpflege Tübingen durchgeführt habe.

Das *Konzept der Außenwohngruppen* versucht, die folgenden Vorteile zu verbinden:

- keine Anstaltsatmosphäre, keine zu großen Gruppen;
- eine konstante, »intime« Kindergruppe;
- ein »verläßliches Zuhause« (*Leber* 1972, 45);
- wenige feste Bezugspersonen, die Sicherheit und Identifikationsmöglichkeiten bieten, die zudem aber eine, den Verhaltensauffälligkeiten der Kindern entsprechende, pädagogische Ausbildung besitzen und – da ihr »Eltern-Sein« ihr Beruf ist – Zeit für sie haben;
- die Chance, durch die konstante Umgebung, einen eigenen Lebensbereich, geeignete Vorbilder (Modelle), angemessene Forderungen, gezielte Förderung und verläßliche affektive Beziehungen Verhaltensauffälligkeiten und emotionales Fehlverhalten abzubauen (z. B. Bettnässen, motorische Unruhe bei gleichzeitiger Langeweile, Konzentrationsschwierigkeiten, Lernprobleme und leichte Beeinflußbarkeit durch Störreize; Verhältnis zu eigenem und fremdem Besitz, zu Kleidung und Mobiliar; Unfähigkeit zu planen, Unfähigkeit zum sinnvollen Umgang mit Geld . . .);
- lernen von Alltäglichem durch Mithilfe im Haushalt: Preise vergleichen, kochen, putzen, waschen, nähen, bügeln, technische Geräte bedienen, Bekleidungseinkäufe planen und durchführen usw.;
- die Möglichkeit, geschlechtsspezifische Rollen abzubauen durch gleichmäßige Arbeitsaufteilung und partnerschaftliches, tolerantes und zärtliches Verhältnis zwischen den Erziehern;
- Integration in nachbarschaftliche und öffentliche Bezüge durch Wohnen in normalen Siedlungen und Wohngegenden (Freunde und Schulkameraden und deren Familien, wodurch die eigene, meist negative Familien-Vergangenheit etwas relativiert werden kann; Bezüge zur Berufs- und Arbeitswelt; Vereine, Freizeitangebote, Jugendclubs; Kommunalpolitik; einkaufen, benutzen öffentlicher Verkehrsmittel . . .);

- Besuch von öffentlichen Schulen, ohne daß sich verhaltensauffällige Heimkinder in einer Schule »ballen« (Kinderdorf, Heim!);
- die Chance, der gesellschaftlichen Definition und Stigmatisierung als »Heimkind« zu entgehen;
- Beratung und Supervision durch die Einrichtungen des Heimes und unter Kollegen;
- nutzen der zahlreichen diagnostischen und therapeutischen Einrichtungen eines großen Heimes;
- Sicherung der wirtschaftlichen und pädagogischen Versorgung auch bei Krankheit, Urlaub usw. des Ersatzelternpaares durch das Stamm-Heim usw. –

Allerdings können sich auch kritische Punkte und Probleme ergeben, die nicht unerwähnt bleiben sollen:

- Kinder in den Gruppen passen entgegen den Erwartungen nicht zusammen;
- Störungen des »Gleichgewichtes« in einer Gruppe durch vorzeitiges Ausscheiden eines Kindes (nach Hause zurück, in eine andere Gruppe oder Spezialeinrichtung);
- vorzeitiges Ausscheiden des Erzieherpaares aus persönlichen oder beruflichen Gründen oder wegen Differenzen mit dem »Stamm-Heim«;
- Spannungen zwischen dem Erzieherpaar und einem Kind bzw. zwischen den Kindern der Erzieher und den »fremden« Kindern;
- Befürchtung der Erzieher, ihre eigenen Kinder müßten zu sehr zurückstecken oder würden durch das »geschädigte Verhalten« quasi angesteckt; dadurch evtl. Bevorzugung der eigenen Kinder und Betonung des Wertes der eigenen Familie (gegenüber der »erweiterten«) – oder umgekehrt: besonders strenges Verhalten gegenüber den eigenen Kindern als Reaktion auf die Angst, sie zu bevorzugen;
- Unzufriedenheit der Erzieher und langsames Zermürben wegen des nahezu alltäglichen Zusammenseins mit vielen schwierigen Kindern ohne ausreichende Rückzugsmöglichkeiten;
- Spannungen zwischen dem Erzieherpaar, die bis zur Trennung gehen können und durch das ständige Zusammensein in der Wohnung, das Fehlen neuer Außenreize oder wegen Uneinigkeit in wichtigen Erziehungsfragen bedingt sein können; diese Spannungen können sich auch auf die Kinder übertragen;
- Spannungen und Eifersucht zwischen oder wegen den natürlichen Eltern und den Ersatzeltern; nicht ausreichende Bearbeitung dieses Konfliktfeldes;
- Probleme wegen des Wechsels der sozialen Schicht und wegen des »sorgenfreien« Lebens in den vergleichsweise komfortablen (mittel-

schichtsorientierten) Wohngruppen;

- Gefahr der Entfremdung der Kinder von ihrer Herkunftsschicht (in die ja viele auch wieder zurückkehren werden); damit auch Entfremdung von ihren Eltern, Verwandten, alten Freunden;
- Spannungen mit und Vorurteile der Nachbarschaft; fehlende berufliche Anerkennung bei Kindern und Nachbarn (ähnlich der Hausfrau, die ja auch »nicht arbeitet«).

Ergebnisse eines systematischen Vergleichs zwischen Heimkindern und Wohngruppenkindern

Das Lebensfeld der Kinder im Heim ist anders strukturiert als das der Kinder in Außenwohngruppen (= AWG). Ein wesentlicher Teil der Komponenten, die das Heim in die Nähe der totalen Institution rücken, scheinen mir in Kinderwohngruppen nicht gegeben zu sein.

Diese Unterschiede führen nach meinen Beobachtungen zu einem differenzierteren Freizeitverhalten und zu zahlreicheren, im jeweiligen Lebensfeld verankerten sozialen Kontakten bei den Kindern in Wohngruppen gegenüber Heimkindern (damit ist noch nichts über einen Vergleich zu unter »normalen« familialen Bedingungen aufwachsenden Kindern ausgesagt!).

Diese Beobachtungen versuchte ich systematisch zu überprüfen, indem ich 58 Kindern in der Sophienpflege Tübingen-Pfrondorf und 36 in Außenwohngruppen einen parallel aufgebauten Fragebogen mit 41 zum Teil offenen Fragen vorlegte, der auf die beiden folgenden Ausgangshypothesen ausgerichtet war:

I: Kinder aus Kinderwohngruppen unterscheiden sich erkennbar in der Gestaltung ihrer Freizeit.

II: Kinder aus Kinderwohngruppen unterhalten mehr und intensivere Beziehungen zu ihrer »sozialen Außenwelt« als Kinder im Heim.

Über die nicht unerheblichen methodischen Probleme und »Unsauberkeiten« kann hier nicht im einzelnen Rechenschaft abgelegt werden; auf Zahlenangaben soll aber aus diesem Grund im folgenden weitgehend verzichtet werden. Insgesamt bestätigten sich die oben genannten Hypothesen, und es zeigten sich u. a. folgende Einzelergebnisse (sie sind, mit wenigen Ausnahmen, signifikant auf dem 5%- bzw. dem 1%-Niveau):

Zu Hypothese I:

a) *AWG-Kinder* spielen sowohl lieber als auch mehr, und zwar im Haus wie auch im Freien, insbesondere fahren sie lieber und häufiger Fahrrad und Rollschuh.

AWG-Kinder kümmern sich mehr um Tiere und arbeiten häufiger im Garten.
AWG-Kinder sind in weitaus größerem Maße Mitglieder von Jugendgruppen, Klubs, Sportvereinen usw.
Die Palette der Lieblingsbeschäftigungen und der Möglichkeiten zur Freizeitgestaltung, aber auch die der diesbezüglichen Wünsche, ist bei den AWG-Kindern bei weitem bunter und breitgefächerter als bei den Heimkindern.
AWG-Kinder werden mehr mit Ordnungs- und Sauberkeitsregeln belastet und würden gerne häufiger gegen solche Regeln verstoßen.

b) *Heimkinder* nennen häufiger als AWG-Kinder »Schlafen«, »Gammeln« und »Rauchen« als Lieblingsbeschäftigungen; sie ziehen sich lieber ins eigene Zimmer zurück und hören häufiger Platten und Radiomusik.
Heimkinder langweilen sich durchschnittlich weitaus häufiger als AWG-Kinder.
Heimkinder treiben aber etwas mehr Sport und nehmen an mehr freiwilligen Arbeitsgemeinschaften teil (spezifische Möglichkeiten des Heims!).
Aggressive und destruktive Tätigkeiten und – insbesondere – Wünsche kommen bei Heimkindern wesentlich häufiger vor als bei AWG-Kindern.
Heimkinder haben andere Wünsche für die Gestaltung ihrer Freizeit außerhalb des Heimes: Sie würden gerne einkaufen gehen, einen Stadtbummel machen oder ins Kino gehen – Dinge, die für die AWG-Kinder selbstverständlicher, alltäglicher sind.

Zu Hypothese II:

a) *AWG-Kinder* sind in ihrer Nachbarschaft besser integriert als Heimkinder, sie haben mehr Freunde in den Familien der Nachbarschaft, die sie besuchen oder von denen sie besucht werden; wo ihnen diese Kontakte nicht ausreichend erscheinen, haben sie doch – im Gegensatz zu vielen Heimkindern – das Bedürfnis danach entwickelt. Diese Kontakte scheinen erheblich intensiver als bei den Heimkindern zu sein. Fast die Hälfte aller AWG-Kinder haben in der Nachbarschaft ihren »besten Freund« gefunden.
Zweidrittel aller AWG-Kinder sind Mitglieder in sozial integrierenden Jugendclubs, Sportvereinen usw.
Die Chancen der AWG-Kinder, ihre Umwelt zu erforschen, zu erfahren, sind weit weniger eingeschränkt als bei den Heimkindern.

Neben diesen Kontakten zur »Außenwelt« nehmen aber die Beziehungen innerhalb der eigenen Gruppe (mit den Chancen wertvoller Gruppenprozesse) nicht ab.

b) Bei *Heimkindern* fällt die wesentlich größere Bindung (im Sinne von »Sehnsucht«, »Heimweh«) an ihre Eltern, Geschwister und alten Freunde auf; manche scheinen gefühlsmäßig noch gar nicht begriffen zu haben, daß sie nun nicht mehr daheim, sondern im Heim sind. Viel mehr Heimkinder als AWG-Kinder wollen in den Ferien nach Hause fahren, sehr viele haben ihre besten Freunde an ihrem Heimatort wohnen; hätten sie mehr Freizeit und Freiheit, würden viele von ihnen sofort nach Hause fahren.
Nur vergleichsweise wenige Heimkinder haben Freunde in der »Nachbarschaft« des Heimes – und diese Freundschaften scheinen meist nicht sehr intensiv zu sein.
Heimkinder spielen (bei informellen Spielen) weniger oft mit mehreren Kindern zusammen (Ausnahme: sportliche Spiele).
Der Wunsch, einen Freund außerhalb des Heimes zu haben oder das Heim häufiger als einmal in der Woche zu verlassen, taucht bei einigen Heimkindern überraschenderweise gar nicht auf.

1.3.5. Pflegefamilien

Die Bedeutung der Pflegefamilie

Was Heim, Kinderdorf und Kinderwohngruppe oft nur mühsam und künstlich gelingt, erreicht die traditionsreichste Institution der Fremderziehung, die Pflegefamilie, auf sozusagen »natürliche« Weise: den Pestalozzischen »Wohnstubencharakter« der Erziehung zu erzeugen. So ist es, bedenkt man das Interesse des Staates an einer Erziehung in der Familie zur Familie, nicht verwunderlich, daß der Gesetzgeber schon im RJWG von 1922, ebenso im JWG (§ 6 Abs. 2) und auch im Referentenentwurf für ein neues Jugendhilfegesetz festgelegt hat, »daß die Erziehung in einer Pflegestelle grundsätzlich Vorrang vor einer Erziehung in einem Heim oder einer sonstigen Einrichtung hat« (Begründung).
Dieser Vorrang bestand allerdings lange Zeit nur theoretisch, denn die Jugendhilfeträger brachten wesentlich mehr Kinder und Jugendliche in Heimen als in Pflegefamilien unter; 1970 beispielsweise betrug das Zahlenverhältnis zwischen Unterbringung in Familienpflege und Heim etwa 36% zu 64% oder 1 : 1,8; 1972 hatte die Pflegefamilie auf 42% zu 58% oder 1 : 1,4 aufgeholt und für 1976 läßt sich ein Zahlenverhältnis von etwa

53,5% : 46,5% oder, wenn man die Fälle von FE und FEH, die in der eigenen Familie durchgeführt werden, mitzählt, von 48% : 52% errechnen [145].

Diese Tendenz, Pflegefamilien der Heimerziehung vorzuziehen, läßt sich in den letzten Jahren auch statistisch nachweisen: Während bis 1972 die Zahl der Pflegekinder ständig sank, nimmt sie seit 1973 wieder langsam, aber stetig zu:

Tabelle 6 [146]:

1951	1954	1957	1961	1964	1967
120 857	110 574	99 296	99 444	96 812	95 232

1969	1970	1971	1972	1973	1974
94 266	72 443	66 806	65 634	66 716	69 435

1975	1976
69 482	69 264

(Zu den in der offiziellen Statistik erfaßten Pflegekindern muß noch eine erhebliche, in ihren Ausmaßen aber gänzlich unbekannte, Dunkelziffer hinzugezählt werden.) [147]

Für die jahrelang zu beobachtende Abnahme der Bereitschaft, Pflegekinder aufzunehmen, sind viele Gründe genannt worden, so etwa die geringe finanzielle Attraktivität und das geringe Ansehen von Pflegeeltern (eine Pflegemutter: »Man kommt sich manchmal vor, als müsse man sich beim Jugendamt dafür entschuldigen, daß man überhaupt ein Pflegekind aufgenommen hat.« *Schinke* 1975, 79), die unzureichende Betreuung und Beratung durch die Behörden, den steigenden Schwierigkeitsgrad von Pflegekindern, die nur ungezielte Werbung neuer Pflegeeltern und überhaupt ein geringeres soziales Engagement angesichts steigenden Wohlstandes, oder man hat auf den Zusammenhang zwischen sinkenden Geburtsraten und ebenfalls abnehmender Bereitschaft zur Aufnahme von Pflegekindern hingewiesen und beides auf sozio-ökonomische Entwicklungen zurückgeführt (vgl. *Heinsohn/Knieper* 1974, 203 f.).

Seit 1973 nun, parallel mit dem drastischen Rückgang der Einweisungen in Heimerziehung, ist, wie oben schon erwähnt, wieder ein absoluter Anstieg der Unterbringungen in Pflegefamilien festzustellen; ebenso hat sich die Zahl der Adoptionen in aufregender Weise erhöht. Besonders bei den Unterbringungen nach §§ 5 und 6 JWG ist dieser Umschwung deutlich festzustellen; in Niedersachsen z. B. stieg von 1971 bis 1975 die Zahl der in Pflegestellen lebenden Minderjährigen von 3965 auf 7161, in Prozenten ausgedrückt: von 44,8% auf 60,9% an; entsprechend sank die Zahl der »Hilfe-zur-Erziehung-Kinder« im Heim um 16,1% (vgl. *Carspecken* 1976, 441 f.; sehr ähnlich: Landesamt ... NRW, 1977 u. 1978). Wenn diese Tendenz anhält, dürften schon jetzt oder in wenigen Jahren wesentlich mehr Kinder in Pflegefamilien als in Heimen untergebracht sein. Diese Entwicklung ist sowohl auf dem geschichtlichen Hintergrund etwa des Waisenhausstreites, wo es ja ähnliche Tendenzen gab, als auch unter familienideologischen Gesichtspunkten recht interessant.

Sozialisationsergebnisse und Probleme der Pflegefamilie

Bedenkt man die große Zahl von Pflegekindern, dann ist es erstaunlich, wie wenig öffentliche Beachtung und fachliche Betreuung den Pflegefamilien zuteil wird, auch von wissenschaftlicher Seite. Zwar findet man in Fachzeitschriften eine Unzahl kleinerer Erfahrungsberichte und Verbesserungsvorschläge, es liegen aber nur zwei ernstzunehmende Untersuchungen aus der Zeit nach 1945 über die Sozialisationserfolge und die spezifischen Probleme von Ersatzfamilien vor (*Dührssen* 1958 und *Blandow* 1972.) Sie zeigen, daß der immer wieder zu hörende, aber einer falschen, unerlaubt vereinfachenden Interpretation der *Spitzschen* Untersuchungen entstammende Satz, die Erziehung in einer schlechten Familie sei immer noch besser als in einem guten Heim, in dieser Fassung unhaltbar ist. So stellte *A. Dührssen* zwar zusammenfassend fest: Es scheint sich »zu zeigen, daß selbst in kärglichster (Familien-)Umgebung für ein Kind doch noch mehr Entwicklungsanreize geboten werden, mehr affektive Zuwendung vorhanden ist als in einer üblichen Anstaltspflege und daß dann (mit den entsprechenden Einschränkungen) für die ersten Lebensmonate sehr häufig wirklich der Satz gilt, daß die schlechteste Mutterpflege noch besser ist als Anstaltsbetreuung«. *Dührssen* fährt aber fort: »Dieser Satz wird jedoch vollkommen falsch in dem Augenblick, in dem das Kind mit etwas vorgerückterem Alter andere Erziehungsansprüche stellt, als dies in den ersten Lebensmonaten der Fall ist« (*Dührssen* 1972, 111).

Daß die geeignete Pflegestelle in der Regel besser ist als das Heim – darüber hinaus sind sich nahezu alle Theoretiker und Praktiker einig.

Jedoch: Eine ausreichende Zahl geeigneter Pflegestellen fehlt nur zu häufig.

A. Dührssen fand in ihrer Untersuchung unter 50 Pflegemüttern mindestens 18, die ihr ungeeignet erschienen, die komplizierten affektiven Probleme, die die von ihnen betreuten Pflegekinder boten, »wirklich günstig zu beeinflussen« (*Dührssen* 1972, 149). Woran aber erkennt man im voraus, ob eine Pflegemutter und -familie für die Erziehung eines ganz bestimmten Kindes geeignet ist? Erst sehr langsam und noch zögernd beginnt man einerseits Kriterienkataloge und Instrumente zur Prüfung von Bewerbern zu erstellen und andererseits, Pflegefamilien systematisch durch beratende Sozialpädagogen zu betreuen und in Kursen und Wochenendseminaren zu qualifizieren (vgl. *Borchers* u. a. 1974; *Blandow* 1976, 90 ff.; *Bornemann* 1976; *Sprey* 1977 b).

Die Frage der Eignung, die ja im Grunde nicht nur in der Vermittlungsphase, sondern auch in späteren Jahren immer wieder überprüft werden müßte (vgl. *Hess* 1955, 61; *Carspecken* 1976, 445), verschärft sich noch dadurch, daß der Schwierigkeitsgrad der Kinder, die in öffentliche Erziehung kommen, in den letzten Jahren ständig steigt (vgl. *Mehringer* 1964, 196; *Podgornik* 1976 a, 543); viele von ihnen kann man wegen ihrer »Schwierigkeiten und wegen der oft sehr komplizierten Probleme . . . den Angehörigen einer normalen Pflegefamilie gar nicht mehr zumuten« (*Mehringer* 1964, 197 f.). Überfordert man aber die Pflegeeltern, dann liegen die wahrscheinlichen Konsequenzen auf der Hand: Enttäuscht oder verbittert werden sie ihr Pflegekind über kurz oder lang, nach einiger Zeit belastender Spannungen für beide Seiten, an das Jugendamt zurückgeben; das Kind wird in eine weitere Pflegefamilie eingewiesen, kommt dann ins Heim . . .; es beginnt der »Teufelskreis des schwierigen Kindes«: nicht angenommen – schwierig – noch weniger angenommen usw. (vgl. *Mehringer* 1964, 196). Denn wenn ein Pflegeverhältnis erst einmal abgebrochen ist, finden nur noch wenige Kinder einen kontinuierlichen Aufwuchsplatz (in der Untersuchung von *Blandow* etwa 30%; vgl. *Blandow* 1972, 92). Von einem solchen Kind, einem 12jährigen Jungen, berichtet *Mehringer*, daß er 14mal sein »Zuhause« wechseln mußte, er war in 8 bis 10 Pflegestellen; Genaueres konnte man der Akte nicht entnehmen und der Junge selbst wußte es auch nicht mehr (*Mehringer* 1964, 197 f.).

Blandows Untersuchung, die allerdings nur eine statistisch repräsentative Auswahl der Pflegekinder einer einzigen größeren Stadt erfaßte, zeigte, daß insgesamt die Unterbringung jedes 4. Kindes (28,1%) erfolglos war – und zwar so erfolglos, daß das Pflegeverhältnis abgebrochen werden mußte. Spontan mag diese Zahl relativ günstig erscheinen – hinter ihr stehen aber in jedem Einzelfall sehr enttäuschende, verletzende Erfahrun-

gen und erhebliche seelische Belastungen für das Pflegekind. Außerdem gilt: »Je jünger ein Kind bei der Inpflegegabe ist, desto höher ist die Quote des Erfolgs. Bei über 4jährigen Kindern, die durch frühere Erfahrungen bereits geschädigt sind, liegt die Mißerfolgsquote schon bei etwa 50%, bei über 8jährigen bei mindestens 75%« (*Blandow* 1976, 85). Auch in anderen Ländern (z. B. England und USA) liegen die Mißerfolgsquoten zwischen 25 und 50% (vgl. *Blandow* 1972, 89).
Um die Hintergründe diees Scheiterns vieler Pflegeverhältnisse zu klären, erhob *Blandow* eine Fülle von Einzeldaten (Schichtzugehörigkeit, Berufstätigkeit der Frau, Alter der Pflegeeltern, Anzahl und Alter der eigenen Kinder, Motive für die Aufnahme eines Pflegekindes (= Art der »Deprivation« der Pflegeeltern), Selbstkonzept der Pflegemütter, Alter und Lebensweg der Kinder bei Aufnahme, Vorhandensein oder Fehlen der Bereitschaft, sich beraten zu lassen, Verhalten bzw. Verhaltensauffälligkeiten des Kindes bei Beginn des Pflegeverhältnisses usw.) und ordnete diese Daten in ein rollentheoretisches Konzept ein: Die Eltern-Kind-Beziehung wird dabei als ein soziales System angesehen, »in dem Eltern und Kind auf der Basis allgemeiner Erwartungen über das Verhalten anderer interagieren. Die Beziehung ist eingebettet in das soziale Gefüge der Familie und kann damit als Teilsystem der Familie gekennzeichnet werden. Wie in jedem sozialen System bestehen zwischen den Mitgliedern des Systems dynamische Wechselbeziehungen, und das System als Ganzes steht wiederum in Wechselbeziehung mit Systemen der Umwelt« (*Blandow* 1972, 27). Wie jedes System, so strebt auch die Pflegefamilie ein »dynamisches Gleichgewicht« an, das dann gegeben ist, wenn zwischen den Rollen eine ausreichende Komplementarität besteht (ebd., 28). Eine positive Komplementarität wird von *Blandow* dort angenommen, wo »das Kind von der Mutter akzeptiert ist und wo es in eine liebevolle, warme Atmosphäre eingebettet ist« (ebd., 86); diese emotionale Haltung geht in aller Regel mit einem Gefühl der Sicherheit auf seiten des Kindes einher, und Mütter, die eine solche Haltung verbalisieren, haben normalerweise selbst ein Gefühl der Befriedigung durch die Betreuung des Kindes.
Negative Komplementarität – also die mangelhafte Befriedigung der gegenseitigen Bedürfnisse – wird von *Blandow* dann angenommen, wenn die Mutter unzufrieden mit dem Kind war, an ihm herumnörgelte, es kritisierte oder aber direkt ablehnte, oder wenn sie dem Kind gegenüber eine rationale, lediglich auf Pflichtbewußtsein beruhende oder auch eine schwankend-affektive Haltung zeigte.
Im Gegensatz zu dem äußerlichen, rein formalen Merkmal »Abbruch eines Pflegeverhältnisses« bzw. »Nichtabbruch« lassen sich über die Frage

der Komplementarität auch qualitative Aussagen zum »Erfolg« eines Pflegeverhältnisses machen (vgl. *Blandow* 1972, 86 f.). Hier ist allerdings kritisch anzumerken, daß die Bezugnahme allein auf innerfamiliale Komplementarität, so verständlich sie forschungsmethodisch ist, zugleich auch eine Grenze der Blandowschen Untersuchung deutlich macht: Einflüsse, die auf das System Familie von außen einwirken (Verwandtschaft, Nachbarschaft, Jugendamt, Arbeitsplatzsituation, finanzielle oder Wohnungsprobleme, Presseveröffentlichungen ...), können nicht als solche erfaßt werden, sondern nur, gleichsam unanalysiert, in den »Stimmungs-« und Einstellungsveränderungen, die sie bewirken bzw. bewirkt haben.

Aus den vielfältigen und verwickelten Ergebnissen *Blandows* sollen nun noch einige kurz herausgegriffen werden:

(a) Die Prognosen für ein geglücktes (positiv komplementäres) Pflegeverhältnis sind dort günstig, wo Kinder früh, möglichst schon im 1. Lebensjahr, vermittelt werden können. Pflegefamilien haben sich als wenig geeignet erwiesen, den Problemen von Kindern, die schon mehrere Jahre in einem Heim lebten und solchen, die längere Zeit in einer gestörten Familienatmosphäre aufwuchsen, gerecht zu werden (vgl. *Blandow* 1972, 98 ff.).

(b) In ihrer geistigen Entwicklung zurückgebliebene Kinder sollten nicht, wie es häufige Praxis ist, zu Pflegefamilien mit einem »niedrigen Anspruchsniveau« gegeben werden, sondern zu Pflegeeltern, die in besonderer Weise in der Lage sind, geistige Rückstände zu überwinden. Ebenso benötigen Kinder mit »einem mindestens mittleren Grad von Verhaltensstörungen, mit einem distanzlosen oder passiven Kontaktverhalten und mit verpönten Verhaltensweisen« eine besonders sorgsam ausgewählte Betreuung; die Abbruchquote ist bei ihnen dreimal so hoch wie bei Kindern, bei denen diese Störungen nicht beobachtet wurden (103 f.).

(c) Das Alter der Pflegeeltern spielt für die Erfolgsaussichten keine besondere Rolle; junge Pflegeeltern sind besonders dann erfolgreich, wenn sie kinderlos sind; bei älteren Pflegeeltern ist die Gefährdung etwas größer, was aber auch daran liegt, daß ältere Pflegeeltern häufiger ältere Pflegekinder haben (107 f.).

(d) Bezüglich der Schichtspezifität bestätigte *Blandow* die bekannte Tatsache, daß stark überrepräsentiert Unterschichtfamilien Pflegekinder aufnehmen [148]. Die geringsten Abbruchquoten wiesen Familien der oberen Mittelschicht auf, bei denen auch negative Komplementarität sehr selten war; die höchsten Quoten an Abbrüchen und an negativer Komplementarität »erreichten« die Landwirte. Bei den Familien der Mittelschicht wie denen der »Grundschicht« (mittlere Unterschicht) scheiterten die Pflegeverhältnisse in einem Drittel der Fälle; recht günstig waren die Ergebnisse der »gehobenen Grundschicht« (untere Mittelschicht/obere Unterschicht). Arbeiterfamilien (»Grundschicht«) zeigten sich in der Regel zwar den Bedürfnissen von jüngeren und ungestörten, nicht aber denen von gestörten Kindern gewachsen (110 ff.).

(e) Familien ohne eigene Kinder hatten eine deutlich geringere Abbruchquote als Familien mit einem oder mehreren Kindern; als besonders negativ erwies sich *ein* eigenes Kind und ein zu geringer Altersabstand zwischen eigenen Kindern und Pflegekindern. Weitere Pflegekinder in der Familie haben dagegen keine negativen Auswirkungen (118 ff.).

(f) Mütter, die Pflegekinder aufnehmen, um einen Spielkameraden für ihr eigenes Kind zu bekommen, die im Pflegekind eine Hilfe für die Landwirtschaft suchen, deren Motiv »Eheschwierigkeiten« sind oder die familiäre oder persönliche Schwierigkeiten haben, zeigen erhöhte Mißerfolgsquoten. Günstig sind dagegen die Chancen in den Fällen, in denen der originäre Wunsch nach einem (oder nach einem weiteren) Kind Motiv der Aufnahme ist. Das gilt sowohl bei ungestörten als auch bei gestörten Kindern (130 ff.).

Abschließend stellt *Blandow* – durchaus nicht als erster – fest, daß nur wenige Pflegefamilien bereit und in der Lage seien, die Anforderungen zu erfüllen, die schwierige Kinder normalerweise an ihre Betreuer stellen. Für Kinder mit Sonderbedürfnissen benötige man auch Pflegeeltern mit besonderen Fähigkeiten, die professionelle oder doch halbprofessionelle Kenntnisse und ein entsprechendes Rollenverständnis aufweisen und auch wie Profis bezahlt werden sollten (159 f.) – eine Forderung, die auch auf dem Kongreß der Internationalen Gesellschaft für Heimerziehung im Herbst 1975 laut wurde: »Hört man den auf dem Kongreß anwesenden Pflegeeltern genauer zu, dann sind ihre Probleme schier unübersehbar: Schwierigkeiten mit der Erziehung der Kinder, Auseinandersetzungen der Eltern untereinander, Krach mit der Nachbarschaft, Schulschwierigkeiten, Schwierigkeiten mit den leiblichen Eltern des Kindes, Schwierigkeiten mit dem Jugendamt und so weiter und so fort. Wird da nicht offensichtlich, daß die einfach gutwilligen, freundlichen, kinderlieben Normalbürgern als Ersatzeltern überfordert sind? Müssen da nicht professionelle Erzieher her . . .?« (*Hoffmann* 1976, 96.)

1.3.6. Die professionelle Pflegefamilie

Merkmale und Probleme

Schon die Überschrift zu diesem Kapitel bereitet Schwierigkeiten: Die Bezeichnung für die neue sozialpädagogische Institution »professionelle Pflegefamilie«, mit der seit etwa 1972 öffentliche Träger der Jugendhilfe und auch Heime zunehmend experimentieren, sind von Land zu Land unterschiedlich: Sonderpflegestelle, Erziehungsstelle oder -familie; heilpädagogische oder sozialpädagogische Pflegestelle oder – unspezifischer, herkömmliche und Sonder-Pflegestellen zusammenfassend – Ersatzfamilie. Doch so unterschiedlich die Namen und auch die organisatorischen Konzepte, besonders in rechtlicher und finanzieller Hinsicht, sind – im Inhaltlichen waren sich zumindest im Anfangsstadium alle Projekte ziemlich einig: In geschickter Weise sollten hier – mit großen, vielleicht fahrlässig großen Hoffnungen besetzt – die Werte und Vorzüge der intakten Familie mit denen der fachlichen Betreuung verbunden werden.
Dieses erste Merkmal (Verbindung von kleinfamilialen Strukturen und Fachlichkeit) blieb allerdings nicht lange unkritisiert: Kann die spätbürgerliche Familie mit ihrer »Überprivatheit«, mit ihren bekannten Sozialisationsschwächen und ihrer Ideologieüberladenheit (vgl. S. 131 ff.) überhaupt der Ort sein, an dem die familial bedingten Erziehungsschäden oder die Defizite, die aus dem Fehlen von Familie resultieren, ausgeglichen werden können? Auf dem schon erwähnten Kongreß der IGfH wurde das immer wieder deutlich: Der Pflegefamilie, auch der professionellen, können nur unter Vorbehalt die zusätzlichen Aufgaben einer Ersatzfamilie zugemutet werden; ihre Fähigkeiten sind nicht pauschal zu bewerten, sondern nur in bezug auf einzelne ihrer Funktionen, und schließlich: Die Einrichtung von professionellen Pflegestellen ist ambivalent; sie dürfen nicht gegen andere Möglichkeiten – selbständige Wohngruppen z. B. oder Formen intensiver therapeutischer Arbeit – ausgespielt oder ihnen prinzipiell vorgezogen werden; sie sind sinnvoll nur in gewissenhaftem Bezug auf die besonderen Bedürfnisse eines speziellen Kindes (vgl. *Thiersch* 1974, 102; *Widemann* 1974, 114; *Colla* 1976 a, 172; *Hoffmann* 1976, 94; *Mehringer* 1976 b, 58; IGfH 1976.)
Auch das zweite gemeinsame Merkmal der verschiedenartigen Versuche forderte Widerspruch heraus und eröffnete neue Fragen: »Von den traditionellen Pflegestellen heben sich die sozialpädagogischen durch Devianz der Kinder und Jugendlichen, fachliche Kompetenz der Pflegepersonen und durch Honorierung ihrer pädagogisch-pflegerischen Leistungen ab. Diese Charakteristika führen zu einer Zweiteilung des Systems in Ersatz-

familien erster und zweiter Klasse« (*Bonhoeffer/Widemann* 1974, 15). Wie schwer muß die Devianz eines Kindes, sein abweichendes Verhalten also, sein, damit es professionell, also auch kostspieliger, betreut werden muß? Was geschieht, wenn erfolgreiche Ersatzeltern ihr Kind so weit gebracht haben, daß es unterhalb der festgelegten Marke von professionell zu »behandelnder« Devianz liegt? Was heißt »fachliche Kompetenz«? Wird sie durch Abschlußzeugnisse einer sozialpädagogischen Ausbildungsstätte nachgewiesen? Viele Autoren sind der Meinung, nur pädagogisch und/oder psychologisch ausgebildete Kräfte würden die für diese Aufgabe notwendige Toleranz und Distanz besitzen, die Auffälligkeiten der Kinder »als Hinweise auf echte Defizite und Nachholbedürfnisse oder als konsequent auf die frühere Aufforderungssituationen bezogene Selbstbehauptungs- und Schutzstrategien« zu begreifen (*Meyer-Dettum* 1974, 291). Aber: Sind nicht andere Kriterien wichtiger, beispielsweise die Fähigkeit, Frustrationen, die durch schwierige Verhaltensweisen des Kindes entstehen, zu ertragen, sich auf die Bedürfnisse eines psychisch labilen Kindes und die dadurch entstehenden Umweltkonflikte einzustellen? Oder überhaupt die Fähigkeit, emotionale Beziehungen zu so gestörten Kindern aufzunehmen und aufrechtzuerhalten? (Vgl. *Letschert* 1974, 176; *Mehringer* 1976 b, 55.) An welchen Merkmalen soll die Bezahlung ausgerichtet werden – an dem Schwierigkeitsgrad des Kindes (und wer bestimmt den?), an der Art des Berufsabschlusses ...? Auch wenn durch eine, kürzlich vom Deutschen Städtetag vorgeschlagene »bundesweite Anpassung der Erhöhung der Entschädigungen für Pflegeeltern« die finanziellen Unterschiede zwischen den »Profis« und den »Nicht-Profis« ein wenig ausgeglichen werden würden – das monatliche Pflegegeld soll je nach Alter des Pflegekindes auf 370 bis 530 DM monatlich erhöht werden [149] – ist eine dann immer noch nicht unerheblich unterschiedliche Bezahlung sachlich gerechtfertigt? Diskriminiert man damit nicht ein ganzes Heer von Ersatzeltern, die jahrelang unter z. T. großen persönlichen Opfern Pflegekinder betreut haben?

Neben diesen Problemen und denen, die sich aus unklaren Rechtsverhältnissen ergeben und die dringend neu geregelt werden müßten (vgl. *Mehringer* 1976 b, 54; *Colla* 1976 a, 173; IGfH 1976), wird die professionelle Pflegefamilie in ihrem Alltag auch von schwerwiegenden pädagogischen Problemen nicht verschont bleiben. Alle Fachleute sind sich daher darin einig, daß ein gutes Beratungssystem aufgebaut werden muß, wobei diese Beratung bestrebt sein sollte, sich selbst überflüssig zu machen, d. h. durch gegenseitige kollegiale Selbstkontrolle und Zusammenarbeit ersetzt zu werden. Das erscheint jedenfalls denen wichtig, die den Aufbau neuer Hierarchien (Supervisor – Berater – Pflegeeltern – Kind) vermeiden

wollen (vgl. *Schumann/Sauer* 1975, 268; *Colla* 1976 a, 172). Beratung wird allerdings kaum jemals Konflikte verhüten, sondern nur ihre Ursachen verständlich machen, Beurteilungs- und Einstellungsveränderungen herbeiführen, Problemlösungsverhalten verändern und Selbstreflexion und kritische Distanz aufbauen können (vgl. *Bäuerle* 1974 a, 49).
Ein spezifisches Problem der professionellen Ersatzfamilie werden in der Alltagspraxis die Rollenkonflikte sein: »Bezahlte Liebe ist ein bitterer Preis für die Professionalisierung der Ersatzfamilie« (*Bonhoeffer/Widemann* 1974, 16). Die Bezahlung schafft eine »geradezu perverse pädagogische Situation«, stigmatisiert die Pflegekinder, anstatt sie voll zu integrieren, macht ihnen den Unterschied zu den leiblichen Kindern klar und zeigt ihnen ihre Minderwertigkeit: Für ihr In-der-Familie-sein-Dürfen müssen anonyme Instanzen bezahlen (vgl. *Widemann* 1974, 111 f.). Andererseits stehen die professionellen Ersatzeltern immer in der Spannung zwischen dem unbedingt notwendigen emotionalen Engagement und der ebenfalls unverzichtbaren beruflichen Distanz zu den Kindern, die (in erster Linie?) ihr »Arbeitsfeld« sind.

Die Schichtproblematik

Auf eine weitere Problematik, die mit der Professionalisierung von Pflegeeltern an Sprengkraft gewinnt, soll noch etwas ausführlicher eingegangen werden: Während die »normalen« Pflegeeltern meist derselben Schicht angehören wie das Gros der Pflegekinder, gehören »Profi-Eltern« im Normalfall der Mittelschicht an. Gegenüber den Unterschieden im Sprachcode, in den schichtspezifischen emotionalen Ausdrucksformen, Erziehungsstilen, Werten und Normen, im Niveau der Leistungsanforderungen, in der Einstellung zu Beruf und Arbeit, im Niveau des Wohn- und Lebensstils, die die Pflegekinder aus ihrer Lebensgeschichte und ihren Erfahrungen mitbringen, müssen die Pflegeeltern und die unmittelbare Umwelt große Toleranz und einfühlendes Verständnis aufbringen und bereit sein, ihre eigenen Normen, Werte, Erwartungen und Verhaltensstandards kritisch zu hinterfragen – eine Forderung, die zwar leicht aufgestellt ist, aber im Einzelfall zu einer Fülle von emotional stark besetzten Konflikten führen kann.
Darüber hinaus aber besteht die Gefahr, daß dem heranwachsenden Pflegekind »eine zum Schicksal (seiner) Klasse solidarische Lebensperspektive nicht vermittelt wird« (*Meyer-Dettum* 1974, 301), daß es somit den konkreten, herabsetzenden (deprivierenden) und niederen (deprivierten) Lebensbedingungen seiner Klasse entfremdet wird, zugleich aber die volle Zugehörigkeit zu »Milieu« und Chancen der Schicht seiner Pflegeel-

tern nicht erlangen kann und so zu einem »marginal man« wird, zu einem Individuum, das seine Beziehungen zu der Herkunftsschicht weitgehend abgebrochen hat, neue aber noch nicht aufbauen konnte, das am Rande verschiedener Gruppen balanciert, ohne von einer voll anerkannt zu sein [150]. Die bedrückenden individuellen wie politischen Folgen einer solchen randständigen Situation sind wiederholt ausführlich beschrieben worden (vgl. z. B. *Ortmann* 1972, 81–151).
Da diese Problematik letztlich im ursächlichen Zusammenhang mit der Klassenstruktur unserer Gesellschaft steht, wird sie von der professionellen Pflegefamilie grundsätzlich nicht gelöst werden können. Was die Pflegefamilie hier tun kann, ist: dem Kind »mehr als Liebe« zu bieten: Zum liebevollen Engagement muß eine »historisch-kritische Sicht« treten. Nur wenn das Kind mit den Erfahrungen seiner Vergangenheit, mit seinem gegenwärtigen Lebensfeld (oder: seinen gegensätzlichen Lebensfeldern!) und mit seiner zu erwartenden Zukunft gesehen wird, können Unter- und Überforderungen vermieden, falsche Ziele verhindert und zumindest teilweise bessere Entwicklungschancen geboten werden.

1.4. Zusammenfassung

Die Geschichte der öffentlichen Erziehung zeigt keine eindeutig fortschreitende Entwicklungslinie und keine zwingenden Gesetzmäßigkeiten; anstaltsmäßige Unterbringung, Erziehung in Pflegefamilien und Mischformen (familienanaloge Heimerziehung, Kinderdörfer, familienähnliche Pflegenester und Kleinstheime, Kinderhäuser und Kinderwohngruppen) werden abwechselnd und unter wechselnden Begründungen bevorzugt, abgelehnt oder gleichzeitig verwendet.
Bei der Gesamtbetrachtung der historischen Materialien zeichnen sich jedoch einige verallgemeinerbare Beobachtungen und Tendenzen ab; der besseren Übersichtlichkeit wegen sollen sie vier übergreifenden Fragen zugeordnet werden:

1. Welche Faktoren bestimmten die Wertschätzung und Durchsetzung des Familienprinzips?

a) Ein äußerliches, aber dennoch bis heute sehr wichtiges Argument für die Bevorzugung von Pflegefamilien war – zumindest in den letzten Jahrhunderten – die Preisgünstigkeit dieser Unterbringungsform. Der Verzicht auf Professionalität sparte (und spart) die Kosten für Erzieher und Institution. Dieses Argument galt und gilt nicht für die Durchführung des Familienprinzips in Anstalten und gilt nur bedingt für die professionelle Pflegefamilie.

b) Familien- oder familienanaloge Erziehung wurde u. a. immer dann propagiert, wenn die anstaltsmäßige Erziehung keine befriedigenden Sozialisationsergebnisse erbrachte. Sozialisationsergebnisse galten immer dann als nicht zufriedenstellend, wenn die Kinder nicht unauffällig angepaßt in die Arbeitswelt bzw. in den Reproduktionsbereich (Haushalt, Kindererziehung ...) integriert werden konnten. Ursachen dieser Defizite waren neben dem fehlenden Engagement des Erziehungspersonals und der elend-armseligen Ausstattung der Anstalten, insbesondere ihre starre Profitorientierung und z. T. skrupellose Ausbeutung der kindlichen Arbeitskraft.

c) Als Vorteile ersatzfamilialer oder familienanaloger Sozialisation wurden u. a. die Nähe zum »praktischen Leben« und damit die als Vorbild wirkenden Ersatzeltern (Beruf, Haushalt, Sitte und Moral, Gehorsam, Religion ...) angesehen, daneben die »natürliche«, gesunde Umgebung und die heilsame Wirkung des Privaten, der »Wohnstube« und das »über allem liebevoll wachende Mutterauge«. Von der familialen Erziehungsumgebung wurde die Erziehung zum bürgerlichen Erwerbsfleiß oder doch zur Bereitschaft, das harte Los der unterprivilegierten Klasse geduldig zu tragen, erwartet. Bei professioneller familienanaloger Erziehung entfallen diese Vorteile zum Teil (z. B. ist die Identifikation mit der elterlichen Berufsrolle und damit die Eingliederung in die industrielle Arbeitswelt schwierig).

d) Hinter der Idee der öffentlichen Ersatzerziehung in einer familialen Umwelt stand zu nahezu allen Zeiten das Bild der intakten bürgerlichen oder bäuerlichen Familie – auch noch zu einer Zeit, als die weit überwiegende Zahl der Familien längst ihrer Funktionen weitgehend beraubt und in ihrem Zusammenhalt zerstört war. Zudem waren »gut-bürgerliche« Familien nur selten bereit, Pflegekinder aus unteren Schichten aufzunehmen. (Vielleicht liegt das auch mit an der »Natur« des Systems Kleinfamilie, das sich selbst als geschlossen, als Gegenstruktur zur Öffentlichkeit versteht?) Das Familienbild, von dem man bei der Propagierung des Familienprinzips ausging, stimmte also mit der tatsächlich vorhandenen Pflegefamilie nicht überein (das wurde z. B. besonders in der 2. Phase des Waisenhausstreites deutlich); gegenüber der gesellschaftlichen Wirklichkeit erwies es sich als ideologische Überhöhung.

e) Hinter der Propagierung des Familienprinzips standen und stehen häufig auch politisch-ideologische Interessen, denn Erziehung in der Familie bedeutet zugleich Erziehung zur Familie. Die heile, patriarchalische Familie sollte als Kristallisationskern einer heilen, patriarchalischen, ständisch organisierten Gesellschaft dienen und auf ein Leben in einer solchen Gesellschaft vorbereiten.

2. *Welche Faktoren standen der vollständigen Durchsetzung des Familienprinzips in der öffentlichen Erziehung entgegen; welche Argumente ließen den Wert der Familienorientierung zweifelhaft erscheinen?*

a) Ebenso wie bei der Anstaltserziehung wurde auch die Pflegefamilie besonders dann in Frage gestellt, wenn ihre Sozialisationsergebnisse gesellschaftlich nicht befriedigend waren. Das traf einerseits dann zu, wenn die Pflegefamilien selbst gesellschaftlich nicht voll integriert waren (also z. B. kein Vorbild bezüglich Arbeitsethos, Fleiß, Ehrlichkeit und Moral abgaben), andererseits aber lag es an der Zerstörung der Arbeiterfamilie als Folge der ökonomischen Entwicklung: Die Trennung von Arbeitsplatz und Wohnbereich schränkte Identifikationsmöglichkeiten und Lernchancen ein; das Übermaß an Arbeit auch für die proletarische Frau ließ alle familialen Werte zur Farce werden, Familie fand »nicht statt«; auch die Pflegekinder wurden zur Arbeit eingesetzt, um den Unterhalt der Pflegefamilie sicherzustellen. Erziehungsleistungen oder eine systematische berufliche Ausbildung konnten unter diesen Umständen nicht erwartet werden. Zur Ausbildung und Arbeitserziehung boten sich demgegenüber Anstalten an, in denen »Fachkräfte« (jedenfalls Professionelle) die Kinder unterrichteten und/oder bei der Arbeit beaufsichtigen konnten. Besonders bei der Abrichtung der Kinder zu rein mechanischen Tätigkeiten erwies sich die kollektive Unterbringung mit ihren besseren Kontrollmöglichkeiten als effektiver.

b) Daneben hielt man die »verweichlichende«, den Individualismus und den Egoismus des Kindes fördernde Familienerziehung für unfähig, mit besonders »schwierigen« Kindern »fertigzuwerden«. Insbesondere aber taugte sie nicht als Droh-, Disziplinierungs- und Strafmittel, so daß diese Funktionen den Anstalten übertragen blieben.

c) Versuche, das Familienprinzip voll in die Anstaltserziehung zu integrieren, gelangen in nur bescheidenem Maß: Fast immer fanden diese Versuche ihre Grenzen an den Strukturen der Institution (z. B. Größe der Anstalt, Masse der Kinder, Hierarchie, eigene Normenwelt ...), teilweise aber auch an der pragmatisch und/oder ideologisch bedingten Inkonsequenz, mit der es zu verwirklichen versucht wurde (z. B. »Brüderfamilien« bei *Wichern*, um den patriarchalischen Zusammenhalt der »Gesamtanstaltsfamilie« zu wahren; eingeschlechtliche Gruppen wegen »moralischer« Bedenken; reine mutter- oder frauenzentrierte Gruppen ...). Die zunehmende Professionalisierung des Erzieherberufs hatte nicht nur zur Folge, daß auch in diesem Beruf die

Trennung von Arbeitsplatz und Reproduktionsbereich häufig wurde; auch die Tatsache, daß der Erzieher fast immer Lohnerzieher ist, stellte die Durchsetzung einer echten Familienorientierung in Frage. »Familienerziehung« unterliegt anderen Normen und Verhaltensregeln als »Arbeit«; soweit der Erzieher seinen »Dienst« nur als Arbeit begreift (bzw. begreifen muß) und sein eigenes Familienleben ausklammert (es als Gegenwelt zur Arbeit versteht), muß das Familienprinzip im Heim widersprüchlich und unvollkommen bleiben.

3. *Damit ist schon die nächste zusammenfassende Frage angeschnitten: In welcher Beziehung standen und stehen Familienprinzip und Professionalisierung* [151]?

a) Grundsätzlich läßt sich feststellen (und das ist nicht sehr überraschend), daß Anstaltserziehung zur Professionalisierung tendiert, familienanaloge Erziehung dagegen nicht oder weniger professionalisiert ist. Diese Zusammenhänge waren so lange eindeutig, wie Anstaltserziehung und (Pflege-)familienerziehung sich konkurrierend bzw. ergänzend gegenüberstanden. Der Grad der Professionalisierung der Anstaltserziehung war zwar insgesamt gering, aber doch spürbar und z. T. auch bewußt (z. B. bei *Vives* oder *Francke*).

b) Diese Eindeutigkeit des Zusammenhanges ging verloren, als in der Anstaltserziehung familienanaloge Strukturen angestrebt wurden. Ein quasi professionelles Ersatzelterntum versuchte schon *Pestalozzi* in Stans zu verwirklichen, Tendenzen dazu gab es auch in der Rettungshausbewegung, bei *Wichern* und *Tiele-Winckler*, bei der sozialpädagogischen Bewegung und bei den Wohngruppen. (Dabei war allerdings der Grad der Professionalisierung oft recht gering; ebenso blieben die realisierten Gruppenstrukturen hinter dem Ideal der »echten« Familie meist weit zurück.)

c) Die Verbindung von Anstaltserziehung und Familienerziehung brachte allerdings nicht immer Professionalisierung mit sich, wie das Beispiel fachlich ungebildeter Waiseneltern und auch das traditionelle Bild der SOS-Kinderdorfmutter zeigt (eine »Tendenzwende« zeigt sich jedoch auch hier).

d) Eindeutig unprofessionalisiert war im Rahmen der öffentlichen Ersatzerziehung über Jahrhunderte hin nur die Pflegefamilie. Erste »Einbrüche« von Professionalisierung gab es hier erst im Zusammenhang mit der sozialpädagogischen Bewegung und, Jahrzehnte später, mit den professionellen Pflegefamilien und den (meist teilprofessionalisierten) Kinderhäusern.

e) Auch mit der derzeitigen Zunahme nichtprofessioneller Pflegefamilien wird voraussichtlich auf Dauer ein Mehr an Professionalisierung verbunden sein: Häufigere Schulung und Beratung von Pflegeeltern, höhere Pflegegelder und das wachsende Interesse von Mittelschichtfamilien können u. U. als Hinweise auf diese Tendenz angesehen werden (vgl. *Bäuerle* in: IGfH 1976, 7).

f) Die Ausbreitung der Professionalisierung von der Anstaltserziehung über familienanaloge Heimerziehung bis hin zur professionellen Pflegefamilie ist eindeutig. Professionalisierung und Privatisierung müssen sich also nicht grundsätzlich widersprechen, wenn auch die damit verbundenen Probleme (Dienst/Freizeit; »Lohnerzieher«) auf der Hand liegen.

4. *Lassen sich gewisse Regelmäßigkeiten bei der Einweisung von Kindern und Jugendlichen in familienanaloge Einrichtungen einerseits, in anstaltsmäßige Institutionen andererseits feststellen?*

Sieht man von den Jahrzehnten ab, in denen jeweils ein »Typ« einseitig stark bevorzugt wurde (etwa die kollektive Anstaltsunterbringung besonders in der Zeit zwischen dem 30jährigen Krieg und dem Beginn des Waisenhausstreites; oder die Familienerziehung am Ende der 1. Phase des Waisenhausstreites), dann lassen sich folgende allgemeine Auswahlkriterien erkennen:

a) Familienerziehung wurde häufiger den Kindern der Bürger gewährt; sie machten allerdings meist nur einen kleinen Teil der öffentlich zu versorgenden Kinder aus. Nichtbürgerliche Kinder kamen vorzugsweise in Anstaltserziehung. Strikt wurden diese Regelungen allerdings nie eingehalten.

b) Standen Plätze in beiden Unterbringungsarten zur Verfügung, dann wurden jüngere, weniger »verwahrloste« Kinder, Bauernkinder, Mädchen und körperlich und seelisch »intakte« Kinder bevorzugt in Pflegefamilien oder familienähnliche Gruppen eingewiesen; für ältere, stärker »verwahrloste«, kriminelle, körperlich und/oder seelisch behinderte Kinder erschien Anstaltserziehung angemessener.

c) Diese Selektionskriterien galten bis vor wenigen Jahren nahezu ungebrochen, wie sich an zahllosen Beispielen leicht belegen ließe. Erst die Reformen der 70er Jahre brachten hier eine immerhin partielle Änderung: Familienartige Wohngruppen, Kinderhäuser und professionelle Pflegefamilien erwiesen sich – entgegen eindeutig anderen Erwartungen – auch stark verhaltensauffällige und behinderte Kinder als hilfreich; familienstrukturierte Lehrlingswohngruppen erbrachten deutlich bessere »Erfolge« als traditionelle Heimgruppen und Lehrlingswohnheime; die hessischen Erziehungsstellen wurden – mit Erfolg – speziell für stark auffällige Jugendliche, insbesondere Jungen, eingerichtet. Die Reaktion auf diese Abkehr von jahrhundertealten Einweisungskriterien blieb allerdings nicht aus und zeigt sich in der derzeitigen Diskussion um die Wiedereinführung der geschlossenen Heime . . .

2. Erziehung in der Ersatzfamilie

2.1. Einführung

Im geschichtlichen Teil habe ich versucht, einen – teilweise recht »grobmaschigen« – Überblick über die Geschichte des Familienprinzips in der öffentlichen Ersatzerziehung zu geben. Als ein wesentliches Element dieser Geschichte erwies sich dabei die Auseinandersetzung zwischen zwei Prinzipien: der anstaltsmäßigen Erziehung und dem Familienprinzip.

Der Spannung zwischen diesen beiden Prinzipien entsprechen – wenn auch auf anderer Ebene – diejenigen zwischen Öffentlichkeit und Privatheit, zwischen Komplexität und Übersichtlichkeit, zwischen Unverbindlichkeit und Bindungsbereitschaft, zwischen Disziplinierung und Individualisierung, zwischen »Kälte« und »Wärme« – aber auch die zwischen Offenheit und Enge, zwischen Anregungsvielfalt und Reizarmut, zwischen Schonraum und Überlastung, zwischen dem »Bilden eines neuen Menschen« und der Tradierung alter Rollen (wobei ein Teil dieser Begriffe zusätzlich in sich spannungsgeladen ist).

Das Auf und Ab der wechselnden Bevorzugung und der zahlreichen Misch- und Zwischenformen von Anstaltsprinzip und Familienprinzip geschah (und geschieht) also, verallgemeinert gesagt, im Spannungsfeld zwischen fortschrittlichen, befreienden, zukunftgebenden, ein menschlicheres Leben ermöglichenden – und reaktionären, einengenden, überfrachtenden, ausbeuterischen Tendenzen; schlichte Zuordnungen sind dabei – das wurde im geschichtlichen Teil wohl deutlich – nicht möglich; die verschiedenen Aspekte müssen vielmehr in ihrem Gegen- und Miteinander ausgehandelt werden.

Eine derartig vielgestaltige, in sich widersprüchliche Spannung setzt voraus, daß auch die »Spannungspole« (die »Endpunkte« einer denkbaren Skala) in sich widersprüchlich, von gegensätzlichen Kräften besetzt sein müssen; logischerweise muß also auch die familienanaloge Ersatzerziehung als der eine Pol reaktionäre und fortschrittliche Elemente enthalten – eine Erkenntnis, die sich geschichtlich etwa an den beiden Phasen des Waisenhausstreites leicht veranschaulichen läßt.

Um so erstaunlicher ist es, daß im Zusammenhang mit der Diskussion um eine Reform der öffentlichen Erziehung diese Spannungen von den Praktikern kaum und von den Theoretikern nur recht selten diskutiert wurden. Statt den Ruf nach »mehr Familie« in seiner Widersprüchlichkeit zu erforschen und nach Wegen zur Milderung oder Vermeidung dieser

Widersprüchlichkeiten zu suchen, wird (trotz deutlicher Warnungen; vgl. z. B. *Bonhoeffer/Widemann* 1974, 12 f.) allzuoft nur die eine, die sozusagen »idyllische« Seite betrachtet: die kleine, überschaubare, Sicherheit, Verläßlichkeit und »Heimat« bietende familiale Gemeinschaft, die als ein Raum erscheint, der emotional dichte Beziehungen und Aktivitäten ermöglicht und so den Interessen von Kindern und sozialpädagogischen Mitarbeitern entgegenkommt (vgl. *Thiersch* 1978).

Diese Hochschätzung familialer Strukturen befindet sich allerdings in bester Gesellschaft: Sie entspricht nicht nur gängiger, alltäglicher Meinung, sondern auch der positiven Beurteilung, die »die« Familie im Grundgesetz findet (Art. 6 Abs. 1 u. 2); auch steht sie im Einklang mit positiven Einschätzungen der heute vorherrschenden Familienform, also der Kleinfamilie, durch die »staatstragenden« Parteien und die Bundesregierung (vgl. z. B. SPD 1976; FDP 1976, 51; CDU 1976; *Kohl* 1976; *Focke* 1976; Familienbericht 1975, Mobilisierung 1978 ...). Und nicht zuletzt beruht auch die Familienpolitik mit ihrer Fülle familienstützender und -fördernder Maßnahmen auf eben dieser Einschätzung [152].

Jedoch – diese breite Zustimmung ist noch lange kein Beweis für die Berechtigung der unkritischen Bevorzugung von Familie und familienanalogen Gruppen; sie kann vielmehr ebenso Produkt einer verkürzenden, die Spannungen ausgrenzenden Sichtweise sein; auf dem Hintergrund historischer Analysen und familiensoziologischer Erkenntnisse kann diese breite und unkritische Zustimmung nur als verdächtig – als ideologieverdächtig eingeschätzt werden.

Diese Spannungen, die verdeckten inneren Widersprüchlichkeiten des Familienprinzips in der öffentlichen Ersatzerziehung, möchte ich zu Beginn des 2. Hauptteils dieser Arbeit aufzuzeigen versuchen. Dabei werde ich – anders als im 1. Hauptteil – nicht historisch vorgehen, sondern mich ganz auf gegenwärtige Erscheinungsformen und Probleme beschränken.

Methodisch ist dieses Vorhaben allerdings schwierig: Da zur Wirklichkeit der Erziehung in Ersatzfamilien und familienanalogen Gruppen kaum empirische Daten oder detaillierte Erfahrungsberichte vorliegen, muß ich einen »Umweg« einschlagen, nämlich den über die »normale« Familie. Wegen der in der Öffentlichkeit und auch der Fachwelt – wie oben schon erwähnt – meist auffällig einseitig positiven Wertung der familialen Sozialisationsleistung sollen hier deren Chancen und Stärken nur sehr knapp und stichwortartig zusammengefaßt werden; die »Kehrseite« familialer Erziehung und die Gründe für die weitgehende Unterschlagung dieser Kehrseite in der öffentlichen Diskussion werden dagegen etwas ausführlicher und thesenartig dargelegt. In diesem Teil wird es auch darum gehen, die einseitige Wertschätzung der Familie als ideologisch herauszustellen – wobei unter Ideologie jenes meist apologetische, also das Bestehende verteidigende und wiederherstellende Bewußtsein gemeint ist, das den Zusammenhang der Entfremdung und Verdinglichung des Bewußtseins und der dies bedingenden materiellen Produktionsverhältnisse nicht zu durchschauen vermag und insofern die Aufgabe hat, die konkrete gesellschaftliche Situation so zu verschleiern, daß sie von der (beherrschten) Masse als gerecht und vernünftig angesehen wird, obwohl sie in Wirklichkeit nur im Sinne und im Interesse der herrschenden Klasse »vernünftig« ist (vgl. *Jakubowski* 1968, 95; *Schnädelbach* 1969, 83 f.).

Der »Umweg« über »die« Normalfamilie scheint mir deshalb erlaubt zu sein, weil die Normalfamilie in Geschichte und Gegenwart (reales oder in idealtypischer Weise überhöhtes) Modell für familienanaloge Ersatzerziehung gewesen ist: Wer sich für das Familienprinzip aussprach, leitete seine Begründungen fast durchweg aus »Erfahrungen« mit der »Normalfamilie« (oder was er dafür hielt ...) ab. Der »Normalfamilie« möglichst nahezukommen, war (und ist häufig noch) erklärtes Ziel – und zwar möglichst so nahe, daß Familie und Ersatzfamilie geradezu identisch werden. Darüber hinaus mag als Argument gelten, daß – zumindest für die Nachkriegszeit – deutlich ist, daß die allgemeine Hochschätzung der Familie und die Propagierung des Familienprinzips für die öffentliche Erziehung in enger Verbindung stehen oder sogar denselben Ursachen entspringen. Für die Übertragung der Ergebnisse auf ersatzfamiliale Gruppen kann daher auch von der Hypothese ausgegangen werden, daß familiale und ersatzfamiliale Erziehung um so eher ähnliche Wirkungen hervorbringen, je ähnlicher ihre Strukturen sind.

Hier muß allerdings noch ein Hinweis angefügt werden: Bei der Bewertung der Ergebnisse von Familienerziehung und ersatzfamilialer Erziehung kann es sich nicht um »Wirkungsforschung« im strengen Sinne handeln. Die Wirkungen – und erst recht die Nebenwirkungen – von Familienerziehung sauber herauszuarbeiten, ist äußerst schwierig: Das »normale« Kind wächst eben nicht nur in der Familie auf, sondern sehr bald schon wirken auch außerfamiliale Institutionen auf seine Persönlichkeitsentwicklung ein; eine ausschließliche (!) Wirkung von Familie ist daher kaum je nachweisbar. Was hier also nur geleistet werden kann, ist, dem positiven (Vor-)Urteil über Familie gewichtige, methodisch allerdings unterschiedlich seriöse, Beobachtungen und Untersuchungen gegenüberzustellen, so daß die positiven Sozialisationschancen der Familie zwar nicht grundsätzlich widerlegt, wohl aber die Einseitigkeit dieser positiven Beurteilung und Darstellung zerstört werden kann.

2.2. Aspekte familialer Sozialisation

2.2.1. Die Sozialisationsstärken der Familie

Romane, Autobiographien, Erzählungen und Gedichte, aber auch Fachbücher und Aufsätze über »die« Familienerziehung sind schon seit Jahrhunderten weitverbreitet. Befreit man die in ihnen befindlichen positiv wertenden Aussagen über »die Familie« vom Schleier der Poesie und dem der – hier besonders geballt auftretenden – Ideologie, und beschränkt man sich auf soziologische und psychologische Faktoren, dann liegen die Chancen der Familie gegenüber anderen vorhandenen Sozialisationsinstanzen besonders

- in ihrer personalen Konzentration und ihrer »Vertrauen« ermöglichenden Übersichtlichkeit;
- in ihrer (relativ großen) Stabilität, die u. a. aus ihrer weitgehenden Verbindlichkeit folgt;
- in ihrer Intimität, die jedem Mitglied das Gefühl gibt, »etwas wert« zu sein;
- in der ihr eigenen Dichte der Kommunikation;
- in ihrem familialen Wertsystem, das den öffentlichen Normen von Leistung, Konkurrenzfähigkeit und Verwertbarkeit bisweilen total widersprechen kann und so auch den noch nicht Erwachsenen und den nicht oder nicht mehr Leistungs- und Konkurrenzfähigen zum Zuge kommen läßt;
- in der Freundlichkeit und Wärme ihres Binnenklimas

In der Familie erfährt der Mensch, der sich im öffentlichen Leben als unter ständigem Erfolgsdruck stehend erlebt und für Erfolge und Mißerfolge allzuoft persönlich verantwortlich gemacht wird, ein Stückchen weit sozusagen »unverdientes« Angenommensein; hier erlebt er einen Sicherheit und Geborgenheit bietenden Zusammenhalt und findet Traditionen vor, die Entlastung ermöglichen; hier empfindet er – angesichts der meist entfremdeten Arbeit – ein wenig Sinnerfüllung. Familie – das ist der Raum, in dem man, zumindest manchmal, regressiv, schwach und anlehnungsbedürftig sein kann, ohne gleich dafür bestraft zu werden oder einen Image-Verlust befürchten zu müssen; das ist der Raum, in dem man glaubt, Harmonie und Glück schaffen und bewahren zu können (vgl. *Cyprian/Wurzbacher* 1975, 321; 333; *Bonhoeffer/Widemann* 1974, 14; *Thiersch* 1974, 98 f.).

2.2.2. Die »Kehrseite« familialer Sozialisation

Untersuchungsergebnisse über die »Kehrseite« familialer Sozialisation, über ihre möglichen Nebenwirkungen, finden sich teilweise systematisiert, teils nur in Einzelaspekten in der soziologischen und sozialpsychologischen Literatur (vgl. z. B. im Literaturverzeichnis die Titel 51; 62; 92; 93; 94; 98; 99; 125; 215; 221; 224–227; 232; 263; 350), in Berichten aus der psychoanalytischen und psychotherapeutischen Praxis (vgl. z. B. Titelnr. 55; 79–81; 114; 252; 255–259); in den Studien zur Sozialpsychiatrie und Familientherapie (vgl. Titelnr. 14; 158; 178) und in sozialphilosophischen Überlegungen (vgl. Titelnr. 120). Diese Ergebnisse – die methodisch von unterschiedlicher Seriosität sind – sollen im folgenden in 7 Punkten zusammengefaßt werden:

Familiale Sozialisation als Ent-Individualisierung

Claessens (1967) beschreibt Familie als eine »sozialanthropologische und soziologische Primärformation ..., die zwischen Kultur-Gesellschaft und Individuum eingepaßt ist und für die Vermittlung zwischen diesen beiden Polen des sozio-kulturellen Universums über besondere Qualitäten verfügt«. Sie ist »prototypischer sozialer Durchgangsraum ..., in dem das ungeformte, nur potentiell seiner Entfaltung harrende Individuum durch tiefgreifende Prozesse sozialisiert wird« (*Claessens* 1967, 14).
Zusammen mit der äußeren Versorgung des Kindes und in Verbindung mit ausreichender »affektiver Zufuhr« sorgt die Familie für die Grundsozialisation, für die »Sozialisierbarmachung« des Kindes; *Claessens* nennt diesen Vorgang »Soziabilisierung«. Die Prozesse der Soziabilisierung werden überlagert: Emotionalität, Denkweise, Sprache, Moral, Weltanschauung und daraus resultierendes Verhalten werden im Sinne einer ganz bestimmten Kultur im Zuge der »Enkulturation« geprägt. Indem immer mehr und immer direktere Erwartungen der gesellschaftlichen Umwelt auf das Kind einwirken, das Kind diese Erwartungen als die eigenen verinnerlicht und so die ihm zugemutete Rolle »aus eigenem Antrieb« übernimmt, tritt eine »sekundäre soziale Fixierung« ein (vgl. *Claessens* 1967, 25; 107). Die auf das Kind im Verlauf dieses Prägungsprozesses einwirkenden Wertmuster und Rollenerwartungen haben allerdings nicht etwa den Charakter von »Angeboten« oder »Chancen«, sondern wirken auf das zu ihrer Übernahme gezwungene Kind unnachsichtig und praktisch unabwendbar ein (vgl. ebd. 154; 157). Denn neben den durch Modell-Lernen übernommenen Verhaltens- und Wertketten und den zahlreichen direkten sozialen Kontrollmechanismen werden durch ein

»ausgeklügeltes Tabusystem« dem Kind Schuldgefühle eingepflanzt, die wie »das Schwert des Damokles (wirken), das auf jeden herabstürzen wird, der seine eigene Wahl und seine eigenen Erfahrungen jenen vorzieht, die (ihm) von der Familie und der weiteren Gesellschaft auferlegt werden« (*Cooper* 1975, 23).

Nun gehen die ersten entscheidenden Einflüsse auf das heranwachsende Kind zwar von der Familie aus, sie sind aber nicht originäre Schöpfungen dieser Familie. Die Familie ist nur – mehr oder weniger total – »Transmissionsriemen« gesellschaftlicher Ansprüche; sie hat weitgehend nur die Qualität eines Mediums, eines Mittlers; sie ist die »psychologische Agentur der Gesellschaft« (*Fromm* 1970 a, 17). Dem kleinen Kind – so läßt sich zugespitzt formulieren – wird im Zuge der familialen Sozialisation in erster Linie »beigebracht, nicht in dieser Gesellschaft zu überleben, sondern sich ihr zu unterwerfen«, d. h. sich »richtig« zu verhalten. Und »richtig« heißt: die Forderungen der Familie zu erfüllen und damit die gesellschaftlichen Strukturen und Machtverhältnisse zu stabilisieren (vgl. *Cooper* 1975, 23; *Goode* 1971, 17; *Claessens* 1967, 162). Und ist ein Kind (oder ein Erwachsener) nicht so »verrückt«, sich unterwerfen zu lassen und sich angepaßt-normal zu verhalten, stehen Einrichtungen bereit, die sich darauf spezialisiert haben, den Abweichler wieder zur »Normalität« zurückzubringen ...

Die individuellen und gesellschaftlichen Opfer, die während des Prozesses der Sozialisation bis zur Erreichung ihres Zieles, den »gesellschaftsfähigen«, d. h. ausreichend angepaßten, kalkulierbaren, auf »Normalität« getrimmten Menschen, erbracht werden, sind enorm; die Verluste an Freiheit, Individualität, Spontaneität, Kreativität usw. sind erschreckend hoch.

Klassen- und schichtspezifische Sozialisation

Zu den gesellschaftlichen Strukturen, die von der Familie überliefert und stabilisiert werden, gehört in erster Linie der Klassencharakter unserer Gesellschaft und die Untergliederung der produktionsmittellosen Klasse, die den weitaus größten und weiter wachsenden Teil der Bevölkerung ausmacht, in mehrere Schichten [153]. Weitestgehend wird in der Familie entschieden, wer Verfügungsgewalt über Produktionsmittel erhält und wie der Besitz an Privilegien bezüglich Herrschaftsteilnahme (Macht), Konsum, Bildung, Arbeitsentfremdung und -gestaltung, Wohnen, Ansehen, Gesundheits- und Lebenschancen usw. verteilt wird. Der Wechsel von einer Klasse zur anderen findet – im Zeichen fortschreitender Konzentrationsprozesse – meist nur in der Richtung des Abstiegs statt; Auf-

und Abstieg von einer Sozialschicht in eine andere ist individuell möglich, gesamtgesellschaftlich gesehen aber schwierig und relativ selten [154].
In welchem Ausmaß die unteren Schichten (im wesentlichen ungelernte und angelernte Arbeiter, teilweise auch kleine Angestellte und Facharbeiter) durch ihre familial überlieferte gesellschaftliche Lage benachteiligt sind, sollen die folgenden Stichworte verdeutlichen:

1. Direkte Folgen des relativ geringen Einkommens können sein:

a) geringere Konsumchancen und weniger Gebrauchsgüter, damit verbunden z. B. auch weniger Anregungsmöglichkeiten;
b) geringere finanzielle Sicherheit und Zwang zu häufiger Sparsamkeit;
c) unzureichende Wohnverhältnisse mit den Folgen »sozialer Verstümmelung und psychischer Spannungen, die sich nur in destruktiven Aggressionsakten entladen können« (*Göbels* 1972, 88);
d) vergleichsweise seltene häusliche Anwesenheit des Vaters; dadurch geringere Beteiligung an der Kindererziehung, obwohl gerade er für die Vermittlung von Erfahrungen aus der »Welt der Arbeit« wichtig wäre;
e) häufigere Berufstätigkeit der Mütter in überdurchschnittlich wenig befriedigenden Berufen;
f) meist geringe Selbständigkeit und Zufriedenheit der Eltern im Beruf mit der Folge geringer Toleranz und geschwächtem Einfühlungsvermögen bei gleichzeitiger Zunahme autoritären und aggressiven Erziehungsverhaltens, besonders des Vaters;
g) verstärkter Rückzug in die Intimgruppe Familie und Verwandtschaft bei gleichzeitig häufigem »Unterschichtenmatriarchat«; die traditionell väterlichen Rollenelemente sowie die Kontakte zur sozialen Umwelt, zum Beruf und zur Öffentlichkeit kommen vergleichsweise wenig zum Zuge; auch die Beteiligung an den Aktivitäten von Parteien, Verbänden, Vereinen und Schulen ist relativ selten bzw. nicht »tonangebend«.

2. In Verbindung mit dem niedrigen sozio-ökonomischen Status stehen häufig:

a) objektiv geringere Schul- und Bildungschancen mit daraus folgender weitgehender »Bildungsabstinenz«;
b) Erwerb eines weniger abstrakten, differenzierten und umfangreichen Sprachcodes, der als Ausdruck der eigenen Lebensbedingungen zwar oft kräftiger, bildhafter und »praktischer« ist, aber die kognitive Entwicklung und die sprachliche Leistungsfähigkeit nicht in der Weise fördert, wie es der mittelschichtsorientierte Schulbetrieb verlangt; darüber hinaus wirkt er auch in vielen anderen Bereichen als Barriere;

c) Erziehungsorientierungen, die mehr auf Anpassungsfähigkeit und weniger auf Selbstsicherheit abzielen und Selbstzufriedenheit und relative Anspruchslosigkeit hoch einschätzen;
d) eine weniger entwickelte Leistungsmotivation.

3. Diese Nachteile und Entbehrungen können weitere nach sich ziehen:
a) Die Entwicklung von Ich-Stärke, Identität und Selbstwertgefühl gelingt oft nur recht bedingt;
b) das Über-Ich ist weitgehend außenorientiert;
c) das »Verhaltensrepertoire für Konfliktsituationen (ist) faktisch auf relativ rüde erscheinende Formen« beschränkt (*Göbels* 1972, 99 f.);
d) aus den verdinglichten, fremdbestimmten, eintönigen und besonders belastenden Arbeitsbedingungen folgen Wertorientierungen, die stark von der Übereinstimmung mit äußeren Vorschriften geprägt sind, wie z. B. »Gehorsam«, »Reinlichkeit«, »Gefälligkeit«, »Zuverlässigkeit« usw.;
e) Planung und Zukunftsorientierung werden relativ klein geschrieben;
f) auf Grund der wirtschaftlichen und beruflichen Frustrationen sind die Ehen häufiger gefährdet und zerrüttet;
g) das Wissen um gesunde Lebensführung und angemessenes Verhalten in Krankheitsfällen ist bildungsbedingt geringer, die ärztliche Versorgung wesentlich schlechter, der Jahresurlaub kürzer; trotz arbeitsmedizinischer Fortschritte ist der Lebensverschleiß in der industriellen Arbeitswelt enorm geblieben; Arbeiter sterben im Durchschnitt mehrere Jahre früher als Mittelschichtler oder gar die Angehörigen freier Berufe [155].

Wurzbacher und *Cyprian* stellen in einem Gutachten für das BMJFG zusammenfassend fest, daß die »Diskriminierung der Unterschichtskinder durch eine Vielzahl ungünstiger Erziehungsfaktoren in einem krassen Gegensatz zu Art. 3 GG (Gleichheitsgrundsatz) steht« (*Wurzbacher/Cyprian* 1973, 52).

Geschlechtsspezifische Sozialisation

Wilhelm Reich behauptete, der Mensch erlebe in der Familie die ersten Klassengegensätze und verinnerliche schon hier das Prinzip der Klassengesellschaft (vgl. *Haensch* 1969, 10); die Frau werde durch ihre ökonomische und damit auch soziale Abhängigkeit vom Mann und ihre sexuelle Unterdrückung in der zwangsmonogamen Ehe in ihrer Entfaltung dauernd gehemmt. Daß viele Frauen diesen Status, den *Ernst Bloch* den »halbkolonialen« genannt hat, in der Regel akzeptieren, schränkt die prinzipielle Richtigkeit dieser Analyse in keiner Weise ein, sondern zeigt nur, wie tief (und wie resignativ) hier ideologische Werthaltungen verinnerlicht worden sind (vgl. *Brückner* 1975, 126) [156]. Nun wird man zwar die Berufstätigkeit – zumal die der proletarischen Frau – nicht grundsätzlich mit ihrer Gleichberechtigung gleichsetzen dürfen; die Berufstätigkeit ist wohl auch keine grundsätzliche Voraussetzung für die Emanzipation der Frau, da Berufstätigkeit (= Verkauf der Ware Arbeitskraft) im Kapitalismus immer eine mehr oder weniger entfremdete Tätigkeit bedeutet. Wo aber – wie in unserer Gesellschaft – Berufstätigkeit als entscheidendes Merkmal für den gesellschaftlichen Wert eines Menschen angesehen wird (ehrlicher wäre: für seine Verwertbarkeit) und sich von daher auch das Bewußtsein des eigenen Wertes stark bestimmt, stellt der zwangsweise Ausschluß vieler Frauen von der Berufstätigkeit – einerlei, ob auf Grund von struktureller Arbeitslosigkeit oder auf Grund des männlichen Verbotes – ein wesentliches Emanzipationshindernis dar und kann – zumal in Verbindung mit der gesellschaftlichen und typisch männlichen Unterbewertung der Haus- und Erziehungsarbeit – zur »Ichlosigkeit« der Frau führen (vgl. *Brückner* 1975, 126; *Schrader-Klebert* 1969). Berufstätigkeit dagegen heißt in immer noch der weit überwiegenden Mehrzahl aller Fälle für die Frau: Doppelbelastung. Ein Drittel aller Ehemänner berufstätiger Frauen helfen überhaupt nie im Haushalt; berufstätige Frauen haben durch Beruf und Haushalt eine wöchentliche Arbeitszeit von durchschnittlich etwa 80 Stunden, während ihre Männer auf durchschnittlich etwa 45 Stunden (Arbeit + Haushalt) kommen (vgl. *Mollenhauer* u. a. 1975, 28; Familienbericht 1975, 35). Die Folge davon ist, daß Frauen heute zunehmend – und nicht etwa Männer oder beide Ehepartner! – eine Teilzeitbeschäftigung anstreben (vgl. Familienbericht 1975, 26). Teilzeitbeschäftigung heißt aber häufig zugleich: eine weniger befriedigende, schlechter bezahlte und weniger Selbständigkeit erlaubende Arbeit. Jede zweite Frau schließlich hört bei der Heirat zu arbeiten auf.

Beweise für die weiterhin bestehende Gültigkeit der These Reichs von den »Klassenstrukturen« in der Ehe sind auch folgende Tatsachen:

a) Frauen verdienen etwa 1/3 weniger als Männer (vgl. *Wild* 1975, 380; *Focke* 1975);
b) nur 2–3% der leitenden Angestellten und höheren Beamten in der BRD sind Frauen (vgl. *Richter* 1974, 33);
c) die große Masse der Frauen hat entweder keine Berufsausbildung oder eine geringere als Männer vergleichbarer Herkunft (vgl. *Haensch* u. a. 1973, 89; *Wild* 1975, 379);
d) Urlaubsanspruch und Alterssicherung für Hausfrauen sind entweder

gar nicht oder nur unbefriedigend geregelt (vgl. *Haensch* u. a. 1973, 90);

e) Frauen fühlen sich im Durchschnitt unglücklicher und mehr von nervösen Beschwerden belastet als Männer (vgl. *Richter* 1974, 32);

f) unter den Sozialhilfeempfängern sind 62% Frauen und 38% Männer (vgl. FR v. 7. 6. 1977).

Zusammenfassend kann also auch hier festgestellt werden, daß die familiale Sozialisation die unveränderte und ständige Verletzung des Gleichberechtigungsgrundsatzes von Mann und Frau (Art. 3 Abs. 2 GG) von Generation zu Generation überliefert. Da sich Frauen dagegen nur vereinzelt wehren (und Mädchen nur selten zum Kampf gegen diese Verletzung erzogen werden), muß *Horkheimer* (1936, 44) recht gegeben werden, wenn er sagt: »Die Kinder erleben in der mütterlichen Erziehung unmittelbar die Einwirkung eines der herrschenden Ordnung ergebenen Geistes.«

»Gesellschaftscharakter«

Neben den bisher beschriebenen Schicht- und Geschlechtsrolleneigenschaften überliefert die Familie einen ziemlich allgemein verbreiteten »Gesellschaftscharakter«. Unter »Gesellschaftscharakter« sollen hier – nach *E. Fromm* – diejenigen Charakterzüge verstanden werden, die sich in einer bestimmten Wirtschafts- und Gesellschaftsstruktur als die brauchbarsten erwiesen haben und an die sich der weit überwiegende Teil der als »normal« und »gesund« geltenden Bevölkerung angepaßt hat [157]; es handelt sich beim »Gesellschaftscharakter« also um die »typischen seelischen Eigenschaften des Individuums (einer) Gesellschaft oder Klasse«, oder, etwas anders gesagt, »um die gesellschaftlich jeweils erwünschte Struktur der Persönlichkeit« (*Fromm* 1970 b, 58 ff.; Zit.: 60; *Hochheimer* 1975, 170).

Folgende Charakterzüge, die ursprünglich für den frühkapitalistischen Bürger typisch waren, lassen sich heute im aufstrebenden Proletariat und im Kleinbürgertum feststellen:

a) Lebensglück und Lebensgenuß (und insbesondere sexueller Genuß) sind für die bürgerliche Psyche nicht mehr selbstverständlich bejahter Zweck des Handelns. Oberster Wert ist die Pflicht; ein formaler (Berufs-)Gehorsam wird als besonders wertvoll betont.

b) Besitzen und Sparen sind unabhängig vom Genuß des Erworbenen ethische Forderungen bzw. an sich lustvolles Verhalten. Auf der Ebene der zwischenmenschlichen Beziehungen äußert sich dieses in einer Verdinglichung; menschliche Beziehungen sind nicht mehr in erster

Linie von Liebe, sondern weitgehend von vernunftmäßigen und wirtschaftlichen Erwägungen gekennzeichnet. Damit verbunden ist eine Gleichgültigkeit gegenüber dem Schicksal des Mitmenschen; es fehlt das Gefühl der Verantwortung eines jeden für das Los aller (vgl. *Fromm* 1970 b, 65).

c) Die Bedeutung der Privatsphäre – sei sie materieller oder seelischer Art – steigt; sie ist etwas Heiliges, ein Eingriff in sie stellt ein elementares Verbrechen dar.

d) Schließlich zeichnet sich der bürgerliche Geist durch Rationalität, Rechenhaftigkeit und Ordentlichkeit aus (vgl. *Fromm* 1970 b, 61 ff.; ähnlich argumentieren *Horkheimer* 1936, 32; 44; *Gottschalch* u. a. 1971, 29 f.; vgl. auch *Haensch* u. a. 1973, 84; *Neidhardt* 1975 a, 91; *Cooper* 1975, 23).

Autoritärer Charakter

Eine besondere Ausprägung des ersten der vier von *Fromm* beschriebenen Charakterzüge liegt im »autoritären Charakter« vor: »Die Familie besorgt, als eine der wichtigsten erzieherischen Mächte, die Reproduktion der menschlichen Charaktere, wie sie das gesellschaftliche Leben erfordert, und gibt ihnen zum großen Teil die unerläßliche Fähigkeit zu dem besonders gearteten autoritären Verhalten, von dem der Bestand der bürgerlichen Ordnung in hohem Maße abhängt.« Autoritäres Verhalten aber ist »von altersher ein Prinzip von Herrschaft, Übermacht und Fremdbestimmung gewesen« (*Hochheimer* 1975, 161).
Während in früheren Zeiten der Mensch sehr direkt menschlichen und göttlichen Autoritätsansprüchen unterstellt war, tritt in der Neuzeit die Autorität sehr viel verschleierter z. B. in Form von »Verfügungsgewalt über Produktionsmittel«, »Sachzwänge«, »Produktions- und Verwaltungsnotwendigkeiten« auf. Der blinde Urteilsspruch der Ökonomie, für den niemand verantwortlich zu sein scheint, wird als »unabwendbar« genommen und faktisch in den Handlungen der Menschen anerkannt.
Die psychische Folge dieses Sich-Fügens ist die nackte Bewunderung des Mächtigen; sadomasochistische Charakterzüge breiten sich aus; die geistige Welt, Phantasie, Träume, Wünsche, Urteile und Gedanken werden vom Gedanken an die Macht von Menschen über Menschen, von den Kategorien des Oben und Unten, vom Schema des Befehlens und Gehorchens beherrscht (vgl. *Horkheimer* 1936, 24 ff.). Nicht selten entwickelt der heranwachsende Mensch, der an autoritäre Strukturen gewöhnt ist und eine Abneigung gegen eigene Willenshandlungen entwickelt hat, die Bereitschaft, jede beliebige Autorität zu akzeptieren, wenn sie nur stark

genug ist. »Keine ideale Autorität, sei sie religiös, moralisch oder philosophisch, wird um ihrer selbst willen akzeptiert; allein das, was ist, wird anerkannt« (*Horkheimer* 1960, 158; 161).

Die Hauptaussage des »klassischen« Erklärungsansatzes von *Horkheimer* (der hier nur sehr abgekürzt dargestellt werden konnte), daß nämlich die Familie die Reproduktionsstätte autoritärer Charaktere ist, wird besonders für die unteren Schichten durch empirische Untersuchungen bestätigt (vgl. *Caesar* 1972; Familienbericht 1975, 67), während in den mittleren Schichten sublimere, scheindemokratischere Formen der Vermittlung autoritärer Charakterstrukturen vorherrschend geworden sind (vgl. *Cooper* 1975, 23).

So macht *Hochheimer* etwa darauf aufmerksam, wie umfassend auch heute noch (oder schon wieder) »in der bürgerlichen Wirklichkeit« die Bereitschaft zu »möglichst vollständige(r) Anpassung des Subjekts an die verdinglichte Autorität der Ökonomie« in Gestalt der Vernunft ist (*Hochheimer* 1975, 160 ff.; vgl. 180 f.). In welchem erschreckenden Maße autoritäre Charakterstrukturen immer noch verherrschen, wird auch an der wachsenden Zahl der Fälle von Kindesmißhandlungen deutlich, besonders aber an der Tatsache, daß die allermeisten dieser Mißhandlungen im Dunkeln bleiben und von Nachbarn, Verwandten, Lehrern, Ärzten usw. nicht angezeigt werden (vgl. auch Familienbericht 1975, 63 u. *Wolff* 1975, 25). Über die Folgen ist man sich meist nicht im klaren: Frühe legitimierte Gewaltanwendung der Eltern kann das Verlangen nach organisierter, monopolisierter und gerechtfertigter Unterdrückung von außen fördern, kann zu Entmutigung und Konformität führen und schließt als Revanche die mögliche spätere Neigung entweder zum Terror und/oder zum blinden Gehorsam in sich (vgl. *Heitkämper* 1976, 182). Ein weiterer Beweis für das Vorhandensein autoritärer Charakterzüge ist auch in der Häufigkeit brutalen Verhaltens von Männern gegenüber ihren Frauen zu sehen – und in der Tatsache, daß auch diese Delikte nicht nur weitgehend schweigend ertragen, sondern oft gar als unveränderbares, gleichsam normales Übel angesehen werden. Was aber noch schwerer wiegt, ist, daß sich die Söhne dieser gefährlichen und herrschsüchtigen Väter schon sehr früh zu deren Ebenbildern entwickeln; ganz Entsprechendes läßt sich bei den Mädchen beobachten (vgl. dazu *E. Pizzeys* Bericht über das Londoner Frauenhaus, 1977, 26 ff.).

Auf die vielleicht schlimmste Folge autoritärer, stark konformistischer, intoleranter und nichtintellektueller Familienstrukturen und Erziehungsformen hat insbesondere die Aggressionsforschung aufmerksam gemacht: Aggressivität, Unduldsamkeit, Gewalttätigkeit und kalte Feindseligkeit haben hier ihre Ursache oder finden zumindest ein sie stark begünstigendes Klima. Die Familie kann so zur Reproduktionsstätte von Unfrieden und Gewalt werden (vgl. *Heitkämper* 1976, 180).

Familial bedingte psychische Erkrankungen und Defekte

Eine weitverbreitete Einschätzung der Familie, die zugleich ihre große Isolation nach außen, zur Gesellschaft hin, deutlich macht, besagt, daß in der Familie alles »ganz anders« sei; sie erscheint – obwohl sie so sehr von gesellschaftlichen Einwirkungen bestimmt ist – als »Gegenstruktur«, als der Ort, an dem man relativ »frei« ist, an dem man sich »aufwärmen« kann, an dem man Ärger abladen, Bedürfnisse befriedigen, Überlastungen kompensieren kann, wo man Emotionen zeigen und die eigene Macht demonstrieren darf. Kurz gesagt: Die Familie ist der Ort des »emotionalen Spannungsausgleichs« (*Neidhardt* 1975 a, 77; vgl. *Rosenbaum* 1973, 133 ff.). Das kleine, anfällige Sozialsystem Familie ist jedoch mit dieser Aufgabe nur allzu häufig überfordert; zu viele Anforderungen stürzen auf es ein. Um trotzdem zum »emotionalen Spannungsausgleich« zu gelangen, um die »Homöostase« (*D. D. Jackson*; vgl. *Ackermann/Franklin* 1975, 9) zu erreichen, auf die jedes Familiensystem (wie auch jedes organische System) drängt, sind häufig ganz erhebliche Veränderungen in den familialen Strukturen erforderlich, müssen neue Rollen »erfunden«, aufgetragen und auch gespielt werden. Es ist zumeist das schwächste Familienmitglied, das sich gegen das Auferlegen einer neuen Rolle (bzw. das starre, undynamische Festhalten an einer Rolle, die seinem Entwicklungsstand nicht mehr entspricht) nicht wehren kann, das daher zum »Symptomträger« bestimmt wird (vgl. *Richter* 1969, 73). Je belastender – weil einseitiger, enger, bedrängender, überfordernder – die Rollenerwartungen für das Kind werden, je wirklichkeitsverleugnender, undurchschaubarer, widersprüchlicher sich die damit verbundene familiale Kommunikation gestaltet und je verzerrter und unangebrachter das Familiensetting (das Beziehungsgefüge der Familie) ist, desto größer wird die Gefahr einer psychischen Erkrankung.

In den letzten Jahren ist die Fülle der Beweise dafür, daß viele psychiatrische Störungen, einschließlich vieler psychosomatischer Leiden, mit Störungen in der Ursprungsfamilie eines Menschen zusammenhängen, erdrückend geworden (vgl. *Lidz* 1976, 7; zur Leugnung dieser Beweise vgl. *Mitscherlich* 1963, 44 f.), wenn sich auch nicht alle sozial-wissenschaftlich orientierten Erklärungsansätze auf einen Nenner bringen lassen. Sei es, daß traumatische Rollen des Kindes als Folge elterlicher Übertragungsprozesse oder narzißtischer Projektionen herausgestellt werden (*Richter* 1969, 76 ff.; 1972 a, 55 f.) oder daß die gesamte familiale Beziehungsstruktur als neurotisierend erkannt wird, indem alle Spannungen, Belastungen und Erwartungen einem – meist dem schwächsten – Familienmitglied zugeschoben werden (vgl. *Richter* 1972 b, 58 ff.); oder sei es, daß als Folge irrationaler, paradoxer (sich ständig widersprechender) oder mystifizierender (verwirrender, vernebelnder) familialer Kommunikationsstrukturen schwere psychotische Störungen, wie z. B. Schizophrenie, nachgewiesen werden konnten (vgl. *Lidz* 1976; *Bateson* u. a. 1969; *Laing* 1975) – deutlich ist in allen Theorien die unheilvolle Rolle der Familie als Ursache oder Mittlerin psychischer Erkrankungen. Und diese Defekte sind durchaus keine seltenen, geradezu exotischen Erscheinungen, ganz im Gegenteil: Überfüllte psychiatrische Krankenhäuser, lange Wartelisten bei Erziehungs-, Ehe- und Familienberatungsstellen, steigende Selbstmordzahlen, die höchsten Scheidungsziffern der Nachkriegszeit, Alkoholismus und Drogenmißbrauch und nicht zuletzt die Flut von Anfragen an die Briefkastentanten der Illustrierten deuten auf das Ausmaß der psychischen Verelendung hin (vgl. *Sölle* 1977; *Cooper* 1975; Psychiatrie-Enquete der Bundesregierung, Bonn 1975).

Weitere strukturelle Mängel der familialen Sozialisation

»Die besondere Stärke der Familiensozialisation (liegt) in der Babyphase«, wenn es darum geht, Kleinkindern feste Bezugspersonen, zuverlässige Betreuung, das Gefühl der Sicherheit, der Geborgenheit zu gewähren und Voraussetzungen zur Erfahrung und Erfassung der »Welt« zu vermitteln. Doch bald wird die Familie (die vor dem Dilemma steht, mikrostrukturell – also in den Strukturen der Kleingruppe – auf gesellschaftliche Makrostrukturen hin sozialisieren zu sollen) zu eng; bedingt durch die gesellschaftliche Trennung von Wohnung und Arbeitsplatz fehlen im »familialen Bildungsplan« wesentliche Elemente (vgl. *Mollenhauer* u. a. 1975, 185; *Heitkämper* 1976, 178); er ist in der Regel »nicht komplex genug, um den wachsenden Differenzierungsbedürfnissen des Kindes elastisch genug folgen« zu können; er stellt an das heranwachsende Kind keine ausreichenden kognitiven und praktischen Ansprüche und bietet ihm nicht genügend Entwicklungsreize und Anregungen. Die Folgen sind Mängel in der intellektuellen und produktiven Entwicklung, insbesondere bezüglich des Erfassens und Gestaltens der Umwelt.

Durch – häufig wohnungsbedingte – übergroße Kontrolle werden den Kindern zu wenig Spielräume und Toleranzen zugestanden; ihre Spontaneität wird in nicht wenigen Familien systematisch unterdrückt (vgl. *Neidhardt* 1975 a, 90). Erfahrungen aus außerhalb der Familie liegenden Bereichen bleiben – vom Kindergarten abgesehen – gering, so daß sich

»öffentliche« Verhaltensregeln und Normen nur unzureichend erlernen bzw. bewältigen lassen (vgl. *Wurzbacher/Cyprian* 1973, 50). Am deutlichsten zeigt sich die »Überprivatheit« der Familie am Beispiel der Arbeitssphäre, die den Kindern weitgehend fremd ist, da sie sie nicht anschaulich erleben können. Was für das Leben der Eltern (soweit sie berufstätig sind) harte Realität ist, erleben die Kinder nur gebrochen in den Folgeerscheinungen: Abwesenheit, Müdigkeit, Frustrationen, Ängste, Aggressionen ... Kinderwelt und Arbeitswelt sind zwei Bereiche, die sich an kaum einem Punkt berühren, die sich fremd gegenüberstehen und keine gegenseitigen Lernchancen bieten (vgl. *Mollenhauer* u. a. 1975, 184 ff.; *Wurzbacher/Cyprian* 1973, 39; *Heitkämper* 1976, 183).
Auch an anderen Erscheinungen zeigt sich deutlich eine erschreckende Enge der Kleinfamilie: So wird z. B. die Bedeutung der Altersgefährten für die soziale Entwicklung von Kindern in vielen Familien verkannt; auch Nachbarschaftskontakte werden in unnötigem Maße beschränkt. Sogar bei der Ehepartnerwahl wollen noch 27% der Eltern mitreden und gar 13% die Entscheidung weitgehend allein treffen (vgl. *Wurzbacher/Cyprian* 1973, 29 f.)!
Darüber hinaus hat die Kleinfamilie erhebliche Schwierigkeiten, mit Sonderproblemen aller möglichen Art fertig zu weden – seien es körperliche oder geistige Behinderungen, schwerer wiegende Verhaltensauffälligkeiten oder »nur« eine etwas länger dauernde Erkrankung eines Familienmitgliedes. Die Ursachen hierfür liegen nicht nur in der unzureichenden Vorbildung der Eltern (vgl. *Neidhardt* 1975 a, 87), sondern auch – ganz schlicht – in der viel zu kleinen Zahl von Personen, auf die diese Belastung verteilt werden könnte (vgl. *Kubis* 1970, 150).
Horkheimer hatte wohl recht, als er schon 1936 feststellte, daß »die Kleinfamilie in der Mehrzahl aller Fälle, gemessen an den pädagogischen Möglichkeiten der Gesellschaft, elende Bedingungen für die menschliche Erziehung bietet« (*Horkheimer* 1936, 33).

2.2.3. Die Ideologie der Familie

Die oben vorgetragene Zusammenstellung von Ergebnissen der Familienforschung zeigte, daß die einseitige Hochschätzung der Sozialisationsleistungen der Familie, wie sie besonders von Politikern, aber auch von Kirchenführern, von manchen konservativen Sozialwissenschaftlern u. v. a. betont wird, in dieser Form unberechtigt, ja falsch ist. Familiale Sozialisation hat tatsächlich erhebliche Schattenseiten.
Wenn diese Hochschätzung trotz der ja durchaus nicht neuen Erkenntnisse immer noch oder sogar, wie im Referentenentwurf für ein neues

Jugendhilferecht von 1977, verstärkt vertreten, die »Kehrseite« dagegen fast ebenso stark unterdrückt oder doch systematisch heruntergespielt werden, läßt sich vermuten, daß dahinter erhebliche, aber nicht offen dargelegte Interessen stecken – m. a. W., daß diese einseitige Hochschätzung ideologisch ist.
Aus Raumgründen kann ein methodisch »sauberer« Nachweis der Ideologiehaltigkeit hier nicht durchgeführt werden; ich muß mich im folgenden auf einige Hinweise und Thesen beschränken:

1. In der Bevölkerung läßt sich langsam, aber doch deutlich erkennbar, eine gewisse Distanz zur Institution Familie (zumindest in ihrer jetzigen Form der bürgerlichen Kleinfamilie) erkennen: »Hinter der äußeren Fassade hat die Ehe einen noch nie dagewesenen Funktionsverlust erlebt«, faßt der Stern die Ergebnisse einer Umfrage speziell unter Männern zusammen, die 1976/77 durchgeführt wurde. Der Anteil derjenigen Männer, die die Ehe für eine »notwendige Einrichtung« halten, sank zwischen 1963 und 1976/77 von 92% auf 72% (vgl. Stern 10/1977, 50 ff.). Ähnliches zeigt die zunehmende Zahl von Junggesellen und -innen (vgl. Stern 10/1978, 72 ff.) und die – wenn auch insgesamt noch kleine – Zahl von Wohngemeinschaften und Kommunitäten unterschiedlicher Organisationsformen. Für die Politiker aller »staatstragenden« Parteien ist dagegen der Wert der Familie völlig unbestritten; sie ziehen vielmehr in das die Familie erhaltende Korsett von Schutzmaßnahmen und finanziellen Unterstützungsleistungen ständig neue Stützen ein (vgl. SPD 1976, 61): »Das unkritische Verhältnis zu einer kontroversen Frage zeigt (aber) allemal auf eine latente Interesse-Beziehung hin« (*Hofmann* 1971, 64).

2. Daß Kinder in ihrer Familie von ihren Eltern oder Großeltern versorgt und erzogen werden, ist durchaus nicht so total verbreitet, wie es scheint. Ganz abgesehen von der zunehmenden Mitwirkung von öffentlichen Institutionen an der Erziehung der Kinder gibt es schon seit Jahrhunderten neben der öffentlich organisierten Ersatzerziehung pädagogische Einrichtungen, die für eine gemeinschaftliche Zusatzerziehung besonders für die Kinder der oberen Schichten zu sorgen hatten. Auch heute bringen nicht wenige der lauten oder stillen Förderer des Familiengedankens (Unternehmer, Spitzenkräfte in Wirtschaft, Verwaltung, Kunst und Politik) ihre Kinder in Elite-Internaten und Privatschulen unter; andere lassen ihre Kinder im eigenen Haus von Kinderpflegerinnen, Erziehern oder Kindermädchen erziehen. Das Auseinanderklaffen zwischen der öffentlichen Überhöhung des Wertes der Familie und dem Verzicht auf die Erziehung der eigenen Kinder in der Familie (oder überhaupt auf ein

»Familienleben«, das diesen Namen verdient), ist verdächtig (vgl. *Hofmann* 1971, 65).

3. Auf der einen Seite wird in offiziellen Stellungnahmen ständig die innere Freiheit der Familie beschworen und jegliche Bevormundung abgelehnt: »Die Gestaltung des inneren Familienlebens ist nicht Sache des Staates, sondern ausschließlich freier Wille der Familie selbst« – so der damalige Oberregierungsrat *Ludwig* (1954, 172; inhaltlich ähnlich Familienbericht 1975, VI). Doch auf der anderen Seite werden an sie erhebliche gesellschaftliche Erwartungen gestellt; der frühere Familienminister *Heck* (CDU) etwa stellte ihr die Aufgabe, den »sozialen Sinn, die Hilfsbereitschaft, die menschliche Zuverlässigkeit, die Treue, die Ehrfurcht, den Respekt, die Liebe zur Heimat und das Bewußtsein vom Vaterland« zu entwickeln (*Heck* 1964, 115) – eine Aufgabenstellung, die auch *Helmut Kohl* noch kennt und die er »Pflicht zum demokratischen Patriotismus« nennt (*Kohl* 1976, 14 f.). Mit einer ganzen Palette gesellschaftlicher Hilfen und Sanktionen kann die Erfüllung dieser Erwartungen durchgesetzt werden; kommt die Familie ihrer derart definierten gesellschaftlichen Aufgabe nicht nach, kann ihr im Extremfall vom Vormundschafts- oder Familiengericht bescheinigt werden, daß sie ihrem Erziehungsauftrag nicht gewachsen sei; es wird ihr dann das Recht zur Erziehung abgesprochen. Nicht, daß die genannten Aufgaben, die der Familie gestellt werden, unbedingt negativ einzuschätzen wären ... auffallend ist aber auch hier das Auseinanderklaffen zwei sehr unterschiedlicher, im Grunde widersprüchlicher Aussagen.

4. »Ideologie ist immer final gerichtet, sie will etwas, das sie nicht nennt« (*Hofmann* 1971, 65). Die Frage nach Ziel und Zweckbestimmtheit der Überhöhung des Wertes der Familie ist, so scheint mir, außerordentlich ergiebig. Die folgenden Thesen, die sich auf die oben kurz zusammengefaßten Materialien aus der Familienforschung stützen und die im einzelnen jeweils auszuführen und zu begründen wären, sollen deutlich machen, wer der wahre Nutznießer der Familienideologie ist:

a) Die natürliche Abhängigkeit des Kindes wird als *Ausgangsbasis zum Aufbau hierarchischer, autoritärer Charakterstrukturen* benutzt; diese werden in der schichtspezifischen Sozialisation auch auf gesellschaftliche, hierarchisch-autoritäre Beziehungen übertragen, so daß diese ähnlich ›naturgegeben‹ erscheinen; die privilegierten Schichten verteidigen auf diese Weise erfolgreich ihren Besitz und ihre gesellschaftliche Führungsposition.
b) Durch *geschlechtsspezifische Erziehung* wird das Privileg der Männer

auf (relativ) angenehmere, interessantere, selbständigere, begehrtere, angesehenere und besser bezahlte Arbeitsplätze gesichert; gleichzeitig wird die Frau in einer (relativ) abhängigen Stellung vom Mann gehalten. Dadurch, daß die Frau dazu erzogen wird, ihre Hauptbefriedigung aus der Sorge für die Familie und die Kinder zu ziehen, wird die generative Reproduktion der Gesellschaft (also Gebären und Aufziehen von Kindern) garantiert; Kosten und Mühen dieser gesellschaftlich notwendigen Arbeit werden aber weitgehend der Familie aufgelastet.

c) Die *Betonung des Wertes der Individualität und des Intimraumes der Familie* schafft isolierte, konkurrierende, unsolidarische, unpolitische und privat konsumierende Menschen, die leichter manipulierbar und ausbeutbar sind und es nicht gelernt haben oder es faktisch nicht wagen können, gemeinsam für die Interessen ihrer Klasse einzutreten.

d) Die *Einprägung des »gesellschaftlichen Charakters«* in der produktionsmittellosen Bevölkerung schafft Individuen, die die Voraussetzungen für eine entfremdete, arbeitsteilige, technisierte Produktion mitbringen.

e) Die *Festlegung der Familie auf die Funktion der individuellen Reproduktion und Spannungsentladung* fördert die Vereinzelung, erspart der Gesellschaft die sonst dafür notwendigen Einrichtungen und Kosten sowie eine weitreichende Umstrukturierung der Arbeitsorganisation und sorgt für eine Verlagerung von Spannungen und Konflikten aus den Produktionsstätten in die Familien.

Daß alle diese Aspekte der Stabilisierung der bestehenden Machtverhältnisse dienen und daneben »dem Kapital« erhebliche Kosten sparen, die sonst den notwendigen Reproduktionskosten zuzurechnen wären, braucht hier nicht eigens mehr erwähnt zu werden: »Der Unterwerfungstrieb ist ... keine ewige Größe, sondern ein wesentlich in der bürgerlichen Klein-Familie erzeugtes Phänomen« (*Horkheimer* 1936, 39).

2.2.4. Zusammenfassung

Die Bewertung der Erziehung in der Kleinfamilie stellt sich zwiespältig (ambivalent) dar: Innerhalb unserer individualistischen Leistungsgesellschaft, die – dank extremer Arbeitsteiligkeit, drohender Arbeitslosigkeit, ökologischer Krise, zunehmender politischer Unterdrückung, »Atomstaats-«Gefahren, politischer Perspektivlosigkeit usw. – wenig Befriedigungschancen bietet, verheißt Familie Geborgenheit und Übersichtlichkeit, Stabilität und Intimität, Rückzugs- und Entspannungsmöglichkeiten, »Wärme«, Glück, Harmonie und ein wenig »Sinnerfüllung«. Doch läßt sich die Kehrseite dieses – scheinbaren – Idylls nicht übersehen:

Einpressen in gesellschaftliche Normalität, Tradierung der gesellschaftlichen Schicht- und Machtverhältnisse durch schichtspezifische soziale Plazierung; Weitergabe entsprechender Normen und Schaffung der Bereitschaft, Abhängigkeit und Unterschiede in Macht und Verfügungsgewalt zu akzeptieren; Festhalten an den diskriminierenden Ungleichheiten zwischen Mann und Frau; Einprägen eines den Verwertungsinteressen des Kapitals genehmen »Gesellschaftscharakters«; Vermittlung neurotischer oder psychotischer Defekte; Überemotionalisierung und Überprivatheit; mangelnder kognitiver Anreiz; zu spätes Entlassen in außerfamiliale Verflechtungen ...

Die Ersatzfamilie wird sich daraufhin befragen lassen müssen, inwieweit sie einerseits die positiven Seiten familialer Erziehung bieten kann (hier dürften die Probleme der Professionalität, der beruflichen Distanz und der »Elternschaft auf Zeit« eine Rolle spielen) und in welchem Maße sie auch die negativen Nebenwirkungen erzeugt (vgl. die folgenden Seiten). Emanzipatorische Alternativen zur gegenwärtigen öffentlichen Ersatzerziehung werden – soweit nicht kollektive Erziehungsformen in Frage kommen (vgl. 3.1.2.) – versuchen müssen, den sozialisationsgeschädigten Kindern und Jugendliche belastbare und überschaubare Beziehungen in einer Sicherheit und Geborgenheit vermittelnden Umgebung (als sozusagen positive familiale Elemente) zu bieten, ohne ihnen zugleich die einengenden und -zwängenden familialen Strukturen zuzumuten, um auf diese Weise die unerwünschten Nebenwirkungen so weit wie möglich auszuschalten (vgl. 3.2.2.).

2.3. Sozialisation in der Ersatzfamilie

2.3.1. Fehlen empirischer Daten

Standen schon die Aussagen über die »Kehrseite« der Familienerziehung auf empirisch teilweise tönernen Füßen, so sieht es bezüglich der Ersatzfamilie noch viel düsterer aus. Empirische Daten über die »Nebenwirkungen« der Erziehung in Ersatzfamilien und familienanalogen Gruppen fehlen nahezu total, und zwar sowohl statistisch exakte Untersuchungen als auch brauchbare Beobachtungs- und Erfahrungsberichte. Bestenfalls finden sich noch Zahlen über den – meist recht äußerlich gemessenen – »Erfolg« von Erziehungsbemühungen von Ersatzfamilien.

Im folgenden möchte ich kurz die in Frage kommende Literatur vorstellen: Die alte Arbeit von *A. Dührssen* (1958) über »Heimkinder und Pflegekinder in ihrer Entwicklung«, die an sich recht spannende Daten lieferte, bringt zu der hier besprochenen Problematik wenig Material. *Dührssen* beschäftigt sich in dieser Veröffentlichung u. a. mit Intelligenzleistungen und Schulentwicklung, mit »neurotischer Symptomatik« und mit »sozialem Erleben und Verhalten« und differenziert dabei sehr eindrücklich zwischen Kindern, die die ersten sechs Lebensjahre im Heim zubrachten, solchen, die nach einer Phase der Familienerziehung ins Heim kamen, Kindern, die zuerst im Heim waren und dann in eine Pflegefamilie aufgenommen wurden und entsprechend auch zwischen Pflegekindern mit unterschiedlichen Biografien – aber ihre Fragestellung (die unterschiedliche Leistungsfähigkeit von Institutionen öffentlicher Erziehung und die Folgen früher Anstaltspflege) und ihr Instrumentarium unterscheiden sich doch zu sehr von unserer Fragestellung.

Ähnliches gilt für die Arbeit von *Vollert* (1970), der als einer der ersten im deutschsprachigen Raum eine Erziehungsinstitution mit der Methode der Aktionsforschung (action research) untersuchte und sich als Ziel setzte, »einen ersten Überblick über die Erziehungsarbeit in den deutschen SOS-Kinderdörfern zu gewinnen«. Schon von daher ist es verständlich, daß intensive Untersuchungen der Erziehungsergebnisse bei einzelnen Kindern nicht vorgenommen werden konnten; dazu war auch der Personal- und Sachaufwand viel zu gering. Vielmehr war es Vollerts Absicht, einerseits Vorschläge zur Veränderung der pädagogischen Arbeit anzubieten und andererseits weitere detailliertere Untersuchungen anzuregen (*Vollert* 1970, 37).

Die oben ebenfalls schon erwähnte Untersuchung von *Blandow* (1972) über die Pflegefamilie setzt als Kriterium für den Erfolg eines Pflegeverhältnisses ein »dauerhaftes Bestehen . . . des Pflegeverhältnisses und/oder eine emotional befriedigende Bindung zwischen Pflegeeltern und Pflegekind« (*Blandow* 1976, 84), wobei der zweite Erfolgsmaßstab (emotional befriedigende Bindung) für die empirische Überprüfung schwer zu operationalisieren ist (vgl. *Blandow* 1972, 86). Die wenigen vorliegenden Untersuchungen bezüglich der Lebensbewährung von Pflegekindern, über die Blandow zusammenfassend berichten kann, messen den »Erfolg« am Maß der »sozialen Einordnung«, also etwa am Berufserfolg, Familienstand, strafrechtlicher Unauffälligkeit usw.; u. U. fragen sie auch noch, ob der Befragte sich selbst als glücklich oder doch als zufrieden mit sich und seinem Lebensschicksal einschätze (vgl. *Blandow* 1976, 88). Auch diese Fragen zielen nicht in die hier gefragte Richtung.

Etwas günstiger ist die Situation bei der einen recht »soliden« Eindruck machenden und inhaltlich sehr instruktiven Analyse der rheinischen Kinderhäuser von *Hochmair*, *B.* u. *M. Möllhof* und *Völker* (1976). Zwar wurden auch hier nur die Ersatzeltern befragt und »eingeschätzt«; Aussagen über die »Nebenwirkungen« ersatzfamilialer Erziehung lassen sich daher naturgemäß nur sehr bedingt finden. Aber es lassen sich dieser Arbeit doch einige für uns interessante Aspekte entnehmen, besonders den Kapiteln »Zum Erziehungsverhalten« (S. 65 ff.), »Zu den Rahmenbedingungen« (S. 83 ff.) und »Familiencharakter« (S. 135 ff.).

Die inzwischen in den Fachzeitschriften recht intensiv angelaufene Diskussion über Alternativen zur Heimerziehung und Ersatzfamilie (vgl. IGfH 1971 u. 1974; *Dobberkau* 1974) beschränkt sich im wesentlichen auf eher äußerliche und organisatorische, zum Teil noch auf praktisch-pädagogische Probleme. Beispielsweise finden sich häufig Überlegungen zur Neuordnung der rechtlichen Stellung der Pflegefamilie (vgl. z. B. AGJ 1977; Thesen und Berichte zu den AGs A u. B in: IGfH 1976, 43 ff.; 115 ff.) oder auch Vorschläge und Berichte zu Verbesserung des Pflegekinderwesens und zur Organisationsform von Ersatzfamilien. Angaben aber über die oben als »Nebenwirkungen« familialer Erziehung bezeichneten Erscheinungen – schichtspezifische Erziehung, geschlechtsspezifische Erziehung, autoritäre Charaktere, das Phänomen des »Gesellschaftscharakters«, psychische Probleme, Schwierigkeiten, die durch die Enge und Privatheit der Familie entstehen usw. – erscheinen in der Zeitschriftenliteratur äußerst selten.

Zu erwähnen wäre hier auch noch der 2. Familienbericht der Bundesregierung (Familienbericht 1975), der von einer Kommission erarbeitet wurde, die sich im wesentlichen aus Soziologen, Sozialpädagogen und Pädagogen zusammensetzte. In diesem Bericht wird die Pflegefamilie in etwa 40 Halbzeilen (knapp ½ Spalte) abgehandelt (1975, 127 f.); das muß notwendigerweise erhebliche Verkürzungen und Verzerrungen mit sich bringen (vgl. dazu auch die kritischen Anmerkungen von *Sprey* 1977 a). Auf familiengegliederte Heime (Überschrift: »Richtungen der Heimreform«) geht der Bericht ebenfalls nur kurz ein, die wissenschaftliche Diskussion zu diesem Thema wird dabei weitgehend ausgeblendet (1975, 127). Etwas ausführlicher sind die Ausführungen zur Adoption geraten (ebd., 128 f.).

Und schließlich: Erstaunlicherweise gibt nicht einmal die »graue« Literatur (soweit sie mir zugänglich war) – also z. B. Praktikumsberichte, Anerkennungsjahr-Arbeiten, Diplomarbeiten, Arbeitspapiere usw. – viel zu diesem Thema her; die Durchsicht von ca. 200 Praktikumsberichten beispielsweise, die im Institut für Erziehungswissenschaft der Universität Tübingen im Themenbereich »öffentliche Ersatzerziehung« angefertigt wurden, ergab nur eine denkbar magere Zahl von Aussagen zur Frage der Nebenwirkungen familienähnlicher Ersatzerziehung.

Dieses offensichtliche Desinteresse an einer exakten Durchleuchtung der Erziehungsergebnisse von Ersatzfamilien ist überraschend; es steht in einem (nur scheinbaren?) Widerspruch zum wachsenden Interesse von Sozialverwaltung und etablierter Sozialpädagogik an einer familienähnlichen öffentlichen Erziehung. Dieses Desinteresse zwingt zum Nachdenken: Gilt etwa das Etikett »Familie« an sich schon als – unhinterfragter – Beleg für günstige Aufwuchs- und Lebensbedingungen? Liegen vielleicht die »Nebenwirkungen« – oder doch einige – durchaus im Interesse der Sozialbürokratie? Oder scheut man sich davor, den geheiligten Intimraum Familie vor den schamlosen Augen der Sozialwissenschaftler bloßzulegen? Vielleicht haben interessierte Stellen Angst davor, daß die wissenschaftliche Untersuchung der sozialpädagogischen Institution Ersatzfamilie auf erhebliche Fehler, Mißstände und unerwünschte Nebeneffekte stoßen könnte, so daß diese »billige, bequeme, unpolitisch private Erziehungsform« (*Thiersch* 1976, 157) wieder in Mißkredit kommen könnte? Oder aber liegt es schlicht daran, daß die in Frage kommenden Wissenschaftler dieses Gebiet noch nicht als ausreichend interessant entdeckt haben? Erscheinen ihnen vielleicht die methodischen Probleme, die von der Sache her notwendige interdisziplinäre (fächerübergreifende) Arbeit als zu kompliziert? ... Das sind kaum zu beantwortende Fragen; möglicherweise treffen auch mehrere Gründe zugleich zu.

2.3.2. Übertragung der Ergebnisse der familienideologischen Untersuchungen auf unterschiedliche Formen von Ersatzfamilien

Es liegt auf der Hand, daß es angesichts dieser Forschungslage unmöglich ist, verantwortbare und ausreichend gesicherte Aussagen über die Nebenwirkungen von Erziehung in Ersatzfamilien zu machen, zumal es »die« Ersatzfamilie oder »die« familienanaloge Erziehung nicht gibt, sondern zu jedem Typ (z. B. Pflegefamilie, Familiengruppe im Heim, Kinderdorf, Außenwohngruppe) gesondert Überlegungen und Untersuchungen angestellt werden müßten. Diese Untersuchungen müßten sowohl den strukturellen Aspekt (»Welche Konsequenzen hat die spezifische Struktur dieser familienanalogen Erziehungsgruppe?«) als auch den inhaltlichen Aspekt (»Werden in den Erziehungsgruppen dieses Typs eher familiale Werte gepflegt oder welche Werte sonst?«) berücksichtigen. Insbesondere bezüglich des inhaltlichen Aspektes dürften sich auch innerhalb eines Typs erhebliche Streuungen finden lassen.
Trotz der problematischen Materiallage möchte ich im folgenden versuchen, anhand von drei Typen zu überlegen, inwieweit die oben dargestellten möglichen »Nebenwirkungen« familialer Erziehung auch auf Ersatzfamilien zutreffen könnten; das kann allerdings zum Teil nur in der sicher unbefriedigenden Form von Hinweisen auf noch erforderliche Forschun-

gen geschehen. Die Beschränkung auf drei Typen (Kinderdorf, Kinderwohngruppen/Kinderhäuser, Pflegefamilien) geschieht deshalb, weil die Materiallage bei diesen Einrichtungen noch – relativ! – am günstigsten ist und weil zweitens mit diesen »Typen« ein recht breiter Raum der »Skala« zwischen herkömmlichem Heim und Familienerziehung abgedeckt ist. Bei jedem dieser drei »Typen« werde ich die im Kapitel »Die Kehrseite familialer Sozialisation« beschriebenen möglichen Nebenwirkungen familialer Erziehung in der dort angeführten Reihenfolge ansprechen.

Das Kinderdorf (SOS und ähnliche, mit »Mütterfamilien« arbeitende Einrichtungen) [158]

1. Vermutlich werden die (meist der Unterschicht entstammenden) Kinder im Kinderdorf *keine einheitliche Schichtidentität* ausbilden können: Die Chance, in die Schicht der (inzwischen meist aus der unteren oder mittleren Mittelschicht stammenden) Kinderdorfmutter aufzusteigen, ist angesichts der insgesamt recht dürftigen Sozialisationsbedingungen gering; der Entstehung eines in sich einheitlichen Unterschichts-Bewußtseins oder gar »proletarischen« Bewußtseins stehen Vorbild, Arbeitsverhältnisse, Lebensstil, Sprache usw. der sich als Identifikationsobjekt anbietenden »Mutter« entgegen.
2. Auch die »moderne« Kinderdorfmutter arbeitet im Kinderdorf – pointiert gesagt – nicht in einem Beruf, sondern »ist« Mutter. Dem entspricht ganz, daß »Erziehung zur Familie« ausdrücklich genanntes Erziehungsziel ist (Gedächtnisprotokoll). Welche Auswirkungen auf die *Geschlechtsrollen-Erziehung* der Mädchen ergeben sich aus dieser reinen Mutterfamilie? Jungen werden – soweit sie nicht in die Rolle eines Gattenersatzes gedrängt werden (vgl. *Richter* 1969, 108 ff.) – die oft beschriebenen Probleme beim Finden ihrer Geschlechtsrolle haben (vgl. z. B. *Vollert* 1970, 202, 176); die Polarisierung Mütter/männliche Führungskräfte dürfte ein hierarchisches Geschlechtsrollenbild begünstigen [159]; zu untersuchen wäre auch hier, in welchem Maß dieses durch den jetzt vermehrten Einsatz von männlichen Mitarbeitern gerade auch als Hilfskräfte (z. B. Zivildienstleistende) ausgeglichen werden kann.
3. Bezüglich des *Gesellschaftscharakters* läßt sich vermuten, daß die Kinderdorfmütter auf Grund ihrer häufig kleinbürgerlichen Herkunft und einer nur knappen fachlichen Vorbereitung Eigenschaften wie »Pflicht«, »Unterordnung«, »Sparsamkeit«, »Fleiß«, »Sauberkeit« usw. einen hohen Wert beimessen werden. Da die Kinderdorfmutter als Alleinerzieherin wenig kontrolliert wird und bei ihr alle Fäden

zusammenlaufen, hat sie eine vergleichsweise große Macht, ihre Vorstellungen durchzusetzen [160]. Andererseits bleiben den Kindern wenig »Ausweichmöglichkeiten«: Sie können weder »ihre« Bezugsperson zwischen verschiedenen Erwachsenen auswählen noch die Erzieher oder Eltern gegeneinander ausspielen. Zu untersuchen wäre, welche Entlastungsmöglichkeiten die im Kinderdorf vergleichsweise stabile und dauerhafte Kindergruppe haben kann.

4. Da auch im Kinderdorf eine Generationen-Hierarchie besteht und darüber hinaus das ganze Dorf hierarchisch gegliedert ist (Kinder – Helferinnen – Mütter – stellvertretender Dorfleiter – Dorfleiter – SOS-Zentrale; »quer« dazu evtl. Psychologen und Ämter) und das Kind sich daher oft undurchsichtigen Macht- und Abhängigkeitsstrukturen ausgeliefert sieht, wird es prinzipiell ebenfalls auf *autoritäre Charakterstrukturen* geprägt werden.
5. Bei der Frage nach den *psychischen Defekten* familialen Ursprungs läßt sich vermuten, daß die leicht unbefriedigte und u. U. innerlich einsame Situation der Kinderdorf-Mütter eine emotionale Überforderung der Kinder bewirken und u. U. zu neurotisierenden Familienstrukturen führen könnte. Schwerere psychotische Erkrankungen werden mit Sicherheit selten sein (vgl. SOS 1972, 12, mit entspr. empirischen Daten).
6. Die Merkmale *Überemotionalität*, familiale Wert- und Verhaltensmuster, zu geringe kognitive Stimulierung, zu spätes Entlassen in außerfamiliale Verflechtungen usw. dürften für Kinderdörfer aufgrund ihrer inneren Struktur und ihrer geografisch isolierten, bisweilen gettohaften Lage noch mehr zutreffen als für die Durchschnittsfamilie [161]; *Vollert* beispielsweise weist auf die »trotz aller Anstrengungen doch recht begrenzten Möglichkeiten der Kinderdorfmutter . . ., aus dem Kinderdorfbereich herauszukommen«, hin (1970, 70).

Kinderwohngruppen/Kinderhäuser

1. Bezüglich der *schichtspezifischen Sozialisation* werden die Probleme hier ähnlich gelagert sein wie bei der professionellen Pflegefamilie (vgl. 1.3.6.); nach Zahlen bei *Hochmair* u. a. sind 80–90% der Kinderhausmütter und ca. 70% der Kinderhaus-Väter der Mittelschicht zuzurechnen (1976, 35); der Mittelschichts-Lebensstil (usw.) wird recht ausgeprägt sein. Für die meist der Unterschicht entstammenden Kinder bedeutet das: Bruch mit der Vergangenheit (vgl. *Hochmair* u. a. 1976, 137; *Hoch* 1975, 96). Die Normenkonflikte dürften hier insbesondere deshalb so verschärft auftreten, weil sie in der Wohnung des Erziehers,

also in seinem ›Privatbereich‹ stattfinden (vgl. *Hoch* 1975, 95) [162]. Ohne Zweifel bieten Wohngruppen und Kinderhäuser im Vergleich zum Heim deutlich größere Chancen, Verhaltensauffälligkeiten abzubauen oder doch stark zu vermindern (vgl. *Leski* 1974, 273; *Hochmair* u. a. 1976, 106 f.) und die Schule erfolgreicher zu durchlaufen (ebd.). Trotzdem wäre zu untersuchen, welcher sozialen Schicht die Kinder später tatsächlich zuzurechnen sind und wie sie mit dem in vielen Fällen doch zu erwartenden »sozialen Abstieg« und der Umstellung auf – wiederum – fremde, neue Normen und Verhaltensmuster, geringere Finanzmittel usw. zurechtkommen.

2. Angaben zur *geschlechtsspezifischen Sozialisation* liegen kaum vor. Hier wird es zwischen den Gruppen erhebliche Unterschiede geben [163]. Zu untersuchen wäre die Frage: Welche Erwachsenen arbeiten im Haushalt, welche außerhalb? Wie sieht die Aufgabenverteilung zwischen den Erziehern aus; welche Aufgaben werden den Kindern zugemutet? Wie gehen die erwachsenen Partner miteinander um usw.? Aus der Analyse von *Hochmair* u. a. ist bekannt, daß 30% der befragten Kinderhaus-Eltern als wichtigstes Erziehungsziel »soziales Verhalten« nannten und darunter auch »das andere Geschlecht achten« faßten (1976, 66). In allen Kinderhäusern und fast allen (der mir bekannten) Kinderwohngruppen arbeitet die Mutter hauptberuflich im Haus, während ein nicht unerheblicher Teil der Väter »draußen« einem »normalen« Beruf nachgeht (ebd., 13). Inwieweit die – in ca. 70% der Kinderhäuser verlangte oder erwartete – Mitarbeit der Kinder geschlechtsspezifisch ausgeprägt ist, geht aus den vorliegenden Untersuchungen nicht hervor.
3. Bezüglich der Werte des *Gesellschaftscharakters* liegen nur die Ergebnisse verbaler Befragungen vor: Als wichtigstes Erziehungsziel nannten 77% der Kinderhauseltern »Selbständigkeit der Kinder« (Durchsetzungsfähigkeit und Selbstvertrauen; seine Rechte kennen; sich nicht ausbeuten lassen). Soziales Verhalten (u. a. Hilfsbereitschaft, Solidarität) nannten 30%, Kritikfähigkeit immerhin 20%. »Zufriedenheit der Kinder« war für 12% das Ziel ihrer Erziehung. – Anpassungsfähigkeit, Sauberkeit und Ordnung waren dagegen nur für 18 (!)% bzw. 5% der Eltern wichtig (vgl. *Hochmair* u. a. 1976, 64 f.). Ähnliches zeigte sich auf Fragen nach dem Eltern-Verhalten in bestimmten Erziehungssituationen: Mehr als die Hälfte der Kinderhäuser überläßt es den Kindern selbst, über die Ordnung in ihren Zimmern zu bestimmen oder bietet ihnen nur Hilfe an (ebd., 68) [164]. 77% aller Kinderhaus-Eltern akzeptieren es klaglos, wenn ihre Kinder schmutzig nach Hause kommen – weitere 17% »mit Einschränkungen« (ebd., 70). Die Rein-

lichkeitserziehung wird häufig liberal gehandhabt (ebd., 69); auf die Verwendung des Taschengeldes üben die meisten Ersatzeltern keinen oder nur wenig Einfluß aus (71) usw. Aufgabe genauerer Nachuntersuchungen wäre es hier, zu überprüfen, ob das tatsächliche Verhalten mit dem beabsichtigten übereinstimmt oder ob hier nicht doch erhebliche Abweichungen vorkommen. Zu fragen wäre auch, welche Auswirkungen einerseits die relativ häufige Anwesenheit (Kontrolle?) mindestens eines Erwachsenen hat und in welchem Ausmaß andererseits »die Möglichkeit, daß die Kinder sich solidarisch erklären, wenn sich einzelne von ihnen in Konflikt mit Erwachsenen befinden«, genutzt wird und auch sanktionsfrei genutzt werden kann (*Hochmair* u. a. 1976, 109).

4. Erzieher in Wohngruppen und Kinderhäusern beabsichtigen ohne Zweifel nur in seltenen Fällen, *autoritäre Charaktere* heranzubilden. In 18% der rheinischen Kinderhäuser können die Kinder den Angaben entsprechend bei »allen Entscheidungen« mitbestimmen; zumindest in Einzelfragen lassen insgesamt 95% aller Kinderhaus-Eltern ihre »Zöglinge« mitentscheiden. »Mit dem erreichten Mitbestimmungsgrad sind einige Kinderhaus-Eltern unzufrieden. Sie wünschen sich von seiten der Kinder ein höheres Maß an Beteiligung. Trotz vieler Versuche, sie zu aktivieren, scheint es ihnen noch nicht ausreichend gelungen zu sein« (*Hochmair* u. a., 75). 52% der Kinderhaus-Eltern befürworten den Erziehungsgrundsatz, Fehler und Irrtümer vor den Kindern zuzugeben (ebd., 89). Auf der anderen Seite beugen sich die Kinderhaus-Eltern aus verständlichen Gründen weitestgehend den Forderungen der Schule; bei der Erledigung der Hausaufgaben greifen sie stärker lenkend und kontrollierend ein: »Sie wollen auch mit Mitteln, die von ihnen sonst nicht bevorzugt werden, erreichen, daß die Kinder Erfolg in der Schule erzielen« (ebd., 72 f.; 76). Auch hier müßten genauere Analysen zeigen, inwieweit gute Vorsätze auch tatsächlich verwirklicht werden und welche Konsequenzen aus der relativ starken Bewertung schulischer Leistung und Anpassung für die Charakterentwicklung folgen. Auch nach den Auswirkungen etwa vorhandener hierarchischer Strukturen wäre hier zu fragen (z. B. zwischen Stamm-Heim und AWG, oder überhaupt in der Organisation des Jugendhilfesystems, in dem der Erzieher ziemlich weit unten plaziert ist, oder als Folge der starken finanziellen Abhängigkeit von Jugendämtern ...; vgl. *Menges* 1976, 135) [165].
5. Familial bedingte *psychische Defekte* dürften wegen der doch geringeren Intensität der gegenseitigen emotionalen Abhängigkeit und der fachlichen Kenntnisse der Erzieher in Kinderwohngruppen deutlich

seltener als in der Normalfamilie auftreten. Hier liegen aber nahezu keinerlei gesicherte Angaben vor. Allerdings berichten *Menges* (1976, 73) und *Hoch* über die Gefahren von double-bind-Situationen: »Der Erzieher muß dem Kind aus pädagogischen Gründen in Situationen Zuwendung geben, in denen er eher negative Gefühle gegen das Kind empfindet. Diese Diskrepanz kann zu double-bind-Situationen führen.« Auch das häufige Eingreifen der leiblichen Eltern kann erhebliche psychische Verunsicherungen und »Doppelbindungen« bewirken (*Hoch* 1975, 87; 91).

6. Die *sonstigen negativen Folgen kleinfamilialer Erziehung* scheinen in Wohngruppen und Kinderhäusern ebenfalls seltener vorzukommen als in der Normalfamilie. *Hochmair* u. a. betonen, daß »der umfassende Lebensraum einer Großfamilie ... den Kindern eine Vielzahl von Lernmöglichkeiten, sowohl in sozialer als auch in kognitiver Hinsicht (biete). Die zahlreichen Kontakte der Kinder zu Freunden, Nachbarn sowie zu den Verwandten der Kinderhaus-Eltern und auch die Besuche von Vereinen und Jugendgruppen erweitern ihren Erfahrungshorizont. Nicht unerheblich sind auch die Erlebnisse der Kinder, die sie während der gemeinsamen Ferien mit den Kinderhaus-Eltern haben« (ebd., 135; vgl. 110). Viele Kinderhäuser sind wegen ihres reichhaltigen Spielzeugangebotes und ihrer Offenheit auch bei Nachbarskindern sehr beliebt. Auf die relativ zahlreichen Außenkontakte auch der AWG-Kinder habe ich oben schon hingewiesen; ein vergleichsweise reichhaltiges Anregungs- und Kontaktniveau bestätigen aus eigener praktischer Erfahrung auch *Hoch* (1975, 85) und *Menges* (1976, 134). Die Gefahr der Überemotionalisierung ist in der Ersatzfamilie zudem wesentlich geringer (vgl. *Menges* 1976, 133).

Trotz dieser positiven Befunde weisen alle Berichte auf die für Wohngruppen und Kinderhäuser akute Gefahr einer zu großen Isolation der Ersatzeltern hin. Ursachen dafür dürften einerseits die große Arbeitsbelastung, andererseits die meist sehr (zu?) ernst genommene Aufsichtspflicht sein, bisweilen auch Vorurteile und Ablehnung durch die Nachbarschaft (vgl. *Hochmair* u. a. 1976, 84; *Menges* 1976, 64): »Ihnen fehlt der natürliche Kontakt am Arbeitsplatz, das Zusammentreffen mit Arbeitskollegen ... Es fehlt an Anregungen von außen. Das Ehepaar ist den ganzen Tag zusammen, ohne wirklich Zeit füreinander zu haben ...« (*Hoch* 1975, 99.)

»Die Arbeitsgruppe (1 des Kongresses Kinder in Ersatzfamilien) stellte fest, daß sich die Sozialisationsbedingungen von Kindern in Familien und Pflegefamilien nicht grundsätzlich unterscheiden. Daraus folgt, daß die Kritik an der Kleinfamilie (Isolierung, Kommunikationseinschränkung, Dominanz der Eltern, spezifische Rollenteilung zwischen Mann und Frau) grundsätzlich auch auf die Pflegefamilie zutrifft« (IGfH 1976, 135).

Da diese – wenn auch mit Überzeugung vorgetragene – »Feststellung« doch etwas zu pauschal ist, soll auch bezüglich der Pflegefamilie zu den einzelnen »Nebenwirkungsaspekten« nachgefragt werden:

1. Obwohl »eine bedeutende Variable zur Beschreibung eines Menschen seine Schicht- und Berufszugehörigkeit« ist, liegen über die Schichtzugehörigkeit von Pflegeeltern keine zusammenfassenden Übersichten vor. Traditionell entstammen (wie ja auch der geschichtliche Teil dieser Arbeit zeigte) Pflegeeltern überdurchschnittlich häufig unteren Sozialschichten (vgl. *Blandow* 1972, 109 f.; ders. 1976, 82). Da auch die Familien der weitaus meisten Pflegekinder der Unterschicht zugehören [166], konnte man bis vor kurzem vermuten, daß Unstimmigkeiten in der *schichtspezifischen Sozialisation* relativ selten seien. Das bedeutete aber zugleich, daß – vermutlich – alle Nachteile (und Stärken) der Unterschicht-Sozialisation voll zum Zuge kamen. In den letzten Jahren nun scheint sich hier, wie oben schon kurz erwähnt, fast unbemerkt ein Wandel zu vollziehen, für den allerdings bisher jedes statistisch verwertbare und repräsentative Material fehlt. Eine 1974 durchgeführte Aktenerhebung (vgl. Anm. 166) ergab fast eine Umkehrung der Ergebnisse von *Blandow*: 64,2% der Pflegeeltern entstammten den mittleren Schichten und nur 33,9% der Unterschicht (davon 33,1% der oberen Unterschicht!) [167] (Weitere Hinweise finden sich bei *Meyer-Dettum* 1976, 100; *Grossmann-Aden* 1976, 109; *Thiersch* 1976, 154.) Hier Genaueres zu wissen, wäre wichtig, um die Pflegefamilie im Hinblick auf die von ihr geleistete schichtspezifische Erziehung besser einschätzen und evtl. Gefahrenmomente besser angehen zu können [168].
2. Die *Geschlechtsrollen-Konzepte* dürften in Pflegefamilien vermutlich strenger und traditioneller sein als bei der Durchschnittsfamilie [169]; eine wichtige Komponente wird hier das Aufnahmemotiv und das Rollenkonzept der Pflegemutter sein (vgl. *Blandow* 1972, 57 ff.; 66 ff.; 123 ff.).

3.+4. In der Erziehung zu den Eigenschaften und psychischen Strukturen, die den *Gesellschaftscharakter* einschließlich des *autoritären Cha-*

rakters ausmachen, dürften in Pflegefamilien keine wesentlichen Unterschiede zur Normalfamilie (der betreffenden Schicht) bestehen; auch hier müßten aber genauere Forschungen einsetzen, die insbesondere die Bedeutung der »öffentlichen Kontrolle«, der jede Pflegefamilie in gewissem Maße unterliegt, beleuchtet (vgl. IGfH 1976, 36).

5. Es ist anzunehmen, daß Pflegekinder in bezug auf die *psychischen Erkrankungen* familialer Ursachen besonders stark gefährdet sind. Mögliche Ursachen: Neurotisierende Aufnahmemotive der Pflegeeltern; eine stark ambivalente Einstellung zum Kind; Spannung zwischen dem Pflegekind und gleichaltrigen leiblichen Kindern der Pflegeeltern; Angst vor dem Verlust der Pflegeeltern aufgrund diesbezüglicher Drohungen (vgl. *Dührssen* 1972, 74); Loyalitätskonflikte mit den oder wegen der leiblichen Eltern ... Insbesondere dürften von verfrühten oder überspannten Erwartungen der Pflegeeltern an Anpassungsleistungen der Pflegekinder, an einen Abbau von Verhaltensauffälligkeiten und an gute Schulleistungen erhebliche Gefahren ausgehen. Eindeutige empirische Belege für diese Vermutungen gibt es bisher nicht; zu überprüfen wäre hier auch noch, ob ein vielleicht mit dem Schichtwandel verbundenes geändertes Selbstverständnis der Pflegeeltern ebenfalls veränderte Bedingungen bezüglich der Gefahr psychischer Erkrankungen mit sich bringt.
6. Ähnliches gilt zur Frage der *sonstigen familialen »Schäden«*: Unterscheidet sich das durchschnittliche Anregungsniveau von Normalfamilien und Pflegefamilien? Treten in Pflegefamilien die Faktoren »Überprivatheit« und »Überemotionalisierung« sowie »geringes öffentliches Engagement« etwa gehäuft auf (die Aufnahme-Motive lassen sich vielleicht so interpretieren, daß ein Großteil der Pflegeeltern besonderen Wert auf »Familie«, »Privatsphäre«, »Heim« usw. legt ...)? Welchen Einfluß haben hier Kontrolle und Beratung durch die Jugendämter usw.?

2.3.3. Relativierung

Es ist anzunehmen, daß die Wirklichkeit familienähnlicher Ersatzerziehung noch sehr viel bunter, vielfältiger und schwieriger in den Griff zu bekommen ist, als es der oben angestellte Versuch, die Ergebnisse der Analyse der »Kehrseite« familialer Erziehung auf die Ersatzfamilie zu übertragen, vermuten läßt – obwohl dieser Versuch ja auch schon viele Fragen offenließ. *Liegle* betonte auf dem Kongreß »Kinder in Ersatzfamilien« wohl zu Recht, »daß Familie sicher die Institution ist, die am wenigsten sich hinter die Kulissen schauen läßt ... Es gibt eigentlich keine

Institution, die schlechter erforschbar ist. Das, was in einer Familie lebendig geschieht, irgendwie erforschbar zu machen, ist schwierig« (IGfH 1976, 36). Insbesondere aber dürfte jede *Verallgemeinerung* von Aussagen über familiale Praxis und Praktiken – die ja das Ziel jeder wissenschaftlichen Analyse sein muß – in der Gefahr stehen, unerlaubt und bis zur Verzerrung hin zu verkürzen. Um dieser Gefahr hier nicht ganz zu erliegen, möchte ich im folgenden zwei Ersatzfamilien skizzenhaft vorstellen, die in vieler Hinsicht die in der theoretischen Übertragung vermuteten Strukturen und Eigenschaften gerade nicht oder doch nicht so ausgeprägt besitzen und von daher auch von den Vermutungen abweichende »Nebenwirkungen« zeigen werden. Bei den beiden Ersatzfamilien handelt es sich um eine »normale« Pflegefamilie – A – und um eine heimabhängige Außenwohngruppe – B [170].

Familie A (Pflegefamilie)

Das Ehepaar A., beide etwa Mitte 20, wohnen in einer Mietwohnung im Vorort einer kleineren Kreisstadt. Beide sind von Beruf Krankenpfleger, Frau A. arbeitet allerdings z. Z. nicht in ihrem Beruf, sondern »schafft« daheim (beide sind durch ihre Wortwahl sichtbar bemüht, die Hausarbeit als gleichwertige Arbeit, nur eben ohne Verdienst, zu bewerten) und versorgt Haushalt und Kinder. Die A.s haben eine leibliche Tochter (zum Zeitpunkt des Interviews 2;10 Jahre alt) und seit knapp einem Jahr eine Pflegetochter (jetzt 1;8 Jahre alt), die aufgrund des ständigen Pflegestellen- und Bezugspersonenwechsels während des 1. Lebensjahres schon mit erheblichen Schäden in die Familie A. gekommen ist. Familie A. hatte vorher schon zwei Pflegekinder, die dann aber von ihren leiblichen Eltern wieder zurückgeholt wurden. Motiv für die Aufnahme der Pflegekinder war der Wunsch nach einem zweiten Kind, das auch altersmäßig zu ihrer Tochter passen sollte (aus gesundheitlichen Gründen möchte sich Frau A. keine zweite Schwangerschaft und Entbindung auflasten). Versucht man eine Einordnung der Motive anhand der von *Blandow* beschriebenen Selbstkonzepte der Pflegeeltern, dann dürften bei den A.s eine Mischung von »Mutter-« und »Helferkonzept« vorliegen.
Die geräumige Altbauwohnung, in der die A.s wohnen und die sie als Rückzugs- und Schutzraum betrachten (!), ist hell und wohltuend leer. Die Wohnzimmereinrichtung besteht im wesentlichen aus überzogenen Matratzen, einem kleinen Tischchen, einigen Bücherborden und einer großen Stereoanlage (die A.s lieben u. a. Barockmusik). Den Kindern steht neben einem großen Kinderzimmer (ihre »Wohnung«, in der sie so ziemlich machen dürfen, was sie wollen, und wo sie selbst bestimmen

dürfen, wie Frau A. sagt) eine Terrasse und eine große Diele zum Spielen zur Verfügung. Während des Interviews toben sie lautstark, munter und ungehindert durch die ganze Wohnung.

Die Eltern von Herrn A. wollten, daß er Jurist würde; überhaupt wollten sie ihm, wie Herr A. meint, einiges aufzwingen. Gegen diesen Zwang hat sich der bärtige Herr A. wenigstens teilweise mit Erfolg durchgesetzt; in seinem jetzigen Beruf sieht er jedenfalls »mehr Sinn«. Ihm ist es – ebenso wie seiner Frau – wichtiger, das Leben zu genießen, als zwanghaft zu sparen und Besitz anzusammeln.

Auch seine Kinder möchte Herr A. nicht »in ein Schema »'reinpressen«. »Selbständigkeit« ist für beide Elternteile das Erziehungsziel, das ihnen auf meine Frage hin als erstes einfällt; es steht bei ihnen »ziemlich weit oben«. Die Kinder sollen »zu möglichst freien, zu wirklich unabhängigen Menschen« werden – »soweit man überhaupt frei sein kann«. Wichtig ist es aber auch, daß sie lernen, die Interessen der Eltern zu respektieren (»euer Raum – unser Raum«). Im Streitfall wird man »drüber schwätzen« und Kompromisse suchen müssen. Strafen werden von den A.s selten verhängt. Auf die schulische und berufliche Karriere ihrer Kinder wollen die A.s wenig Wert legen (»Karriere können sie später noch machen, wenn sie das wollen«); wichtig ist ihnen dagegen die »Förderung von mehr inneren Werten«. Aus diesem Grunde würden sie gerne ihre Kinder später auf eine Waldorf-Schule schicken.

Die Rollenverteilung ist, wie oben ja schon deutlich wurde, eher traditionell (wenn Herr A. auch während des Interviews wiederholt Tee kochte). Zwar meinen sie, daß diese Aufteilung eher aus funktionalen und rationalen Gründen erfolge – aber Herr A. ist nicht ganz davon überzeugt, daß ihm ein Rollentausch (er als Hausmann) leichtfallen würde. Wenn beide halbtags schaffen könnten – »das wäre für uns das Ideale«. Aber sie befürchten, dann nur eine minderwertigere Arbeit zu bekommen. Frau A. ist für den häuslichen Bereich zuständig (»das ist ihr Job«, sagt Herr A.), einschließlich des Autos (Frau A. würde gerne lernen, es auch selbst zu reparieren) und des »schriftlichen Krams« (»den mach' ich manchmal ganz gerne«). Die Finanzen werden locker gehandhabt; Entscheidungen werden gemeinsam getroffen. Geschlechtsspezifische Vorlieben beim Spielzeug haben die Eltern bei den beiden Mädchen noch nicht entdecken können, »mit Puppen fangen sie recht wenig an«, Bewegungsspiele und ihre Dreiräder (»Fahrräder«, wie die Kinder sagen) sind ihnen lieber.

Besonders Frau A. leidet unter ihrer Isolation. Als Zugezogene wird sie von der einheimischen Bevölkerung nicht akzeptiert; außerdem spürt sie eine gewisse soziale Mißachtung durch die Bevölkerung und durch die eigene Verwandtschaft wegen der »fremden Kinder« in ihrer Familie.

Bekanntschaften anzuknüpfen, ist schwer. Zwar weiß Frau A. auch von anderen Müttern, mit denen sie auf dem Spielplatz gesprochen hat, daß diese sich nicht ausgelastet fühlen – eventuellen Einladungen sind diese Mütter aber nicht gefolgt. Da der kleine Ort wenig »Kulturelles« bietet und ja auch einer bei den Kindern bleiben muß, sind die A.s abends meist daheim. Sie hoffen, in Zukunft mehr Kontakte zu anderen, ebenfalls jüngeren Pflegeeltern zu bekommen. Diese Kontakte sind im Zusammenhang mit einem vom Jugendamt und der Volkshochschule veranstalteten Pflegeeltern-Seminar angebahnt worden.

Familie B (heimabhängige Außenwohngruppe)

Familie B. – er Mitte, sie Anfang 30 – arbeiten und leben seit mehreren Jahren in einer ausgelagerten Kinderwohngruppe. Für ihre zwei eigenen und 5 Pflegekinder steht ihnen ein großes, modernes Haus mit Spielwiese in einem dörflich wirkenden Vorort einer hessischen Mittelstadt zur Verfügung. Herr B., ein kurzhaarig-korrekter, etwas spröde wirkender Mann, arbeitet tagsüber in der Verwaltung eines Betriebes, abends und am Wochenende betätigt er sich in begrenztem Ausmaß in der Gruppe. Die Mahlzeiten nimmt er immer zusammen mit den Kindern ein. Frau B. ist ausgebildete Erzieherin, sie macht einen lebenstüchtigen und -bejahenden Eindruck. Zusammen mit einer »Zweitkraft« (Jahrespraktikantin) obliegt ihr der größte Teil der Haushalts- und Erziehungsarbeit. Während sich das Ehepaar B. von allen Kindern mit »Papa« und »Mama« anreden läßt, soll die Praktikantin als doch etwas außerhalb der Familie Stehende mit »Fräulein . . .« angeredet werden. Die Kinder sind zwischen 6 und 16 Jahren alt; sie waren, bevor sie zu Familie B. kamen, meist jahrelang im Heim und weisen noch aus dieser Zeit erhebliche Verhaltensauffälligkeiten auf, die sich allerdings in den letzten Jahren schon deutlich abgeschwächt haben. Die meisten von ihnen besuchen die dem Heim angegliederte Sonderschule.

Die Rollenteilung zwischen den Erwachsenen ergibt sich aus der Arbeitssituation: Da Herr B. seinem Beruf nachzugehen hat, kümmern sich die beiden Frauen um Küche, Kinder und Kleidung (usw.).

Das pädagogische Konzept, das vom Ehepaar B. konsequent vertreten wird, könnte als »Konzept der Regeln« bezeichnet werden. Schon der Tageslauf – vom gemeinsamen Wecken bis hin zum altersmäßig abgestuften Lichtausmachen-Termin am Abend – ist in Reihenfolge und Zeitangabe streng geregelt. Auch für die schulfreien Tage und für die Ferien gibt es spezielle Regelungen, ebenso für fast alle Gegebenheiten im Tageslauf. So sollen die Kinder beispielsweise morgens warten, bis die Erzieherin ihnen erlaubt, das Licht anzumachen, damit sie lesen können. Die Kinder sollen im Bett bleiben, bis Frau B. aufgestanden ist. Zum Frühstück bekommt jedes Kind ein Glas Milch und zwei Scheiben Brot. Die für einen Brotaufstrich richtige Menge Margarine und Marmelade ist vorgeschrieben. Gibt es Haferflocken, dürfen die Kinder nur Zucker dazu nehmen, weil sie mit Kakaopulver das Tischtuch verkleckern könnten.

Auf Sauberkeit legt Ehepaar B. überhaupt großen Wert. So wird z. B. nur einmal wöchentlich gebadet. Unter der Woche dürfen die Kinder nicht baden oder duschen, da dies zu viel Schmutz machen würde. Nicht ohne Grund antworteten Kinder dieser Gruppe auf meine Frage, was sie gerne tun würden, wenn das bei ihnen nicht verboten wäre: »Mit meinem Fahrrad durch Pfützen fahren.«

Die Tischsitten sind streng. Das Anlehnen an die Rücklehne des Stuhls ist verpönt; die Kinder sollen gerade und auf der vorderen Hälfte des Stuhles sitzen. Grundsätzlich wird mit Messer und Gabel gegessen, selbst dann, wenn es Hähnchen gibt. Fällt einem Kind etwas vom Teller, dann erhält es einen Verweis. Zwischen den Mahlzeiten gibt es – außer Süßigkeiten – nichts zu essen und nichts zu trinken. Die Sitzordnung am Tisch wird jeden Monat neu erstellt. Um unnötigen Streit bei Tisch zu vermeiden, ist auch geregelt, wer den Brotanschnitt bekommt, wer den Topf auskratzen und die Schüsseln ausschlecken darf.

Frau B. legt fest, wann die Kinder ihre Hausaufgaben zu erledigen haben. Bei den Hausaufgaben wird den Kindern, soweit sie es nötig haben, geholfen. Am Wochenanfang wird die Kleidung für die folgende Woche zugeteilt; morgens bestimmt Frau B., ob an diesem Tag Sandalen oder Halbschuhe angemessen sind – usw.

Wird eine Regel nicht beachtet, dann brauchen die Erzieher nur noch selten einzugreifen – irgendein Kind wird schon den »Regelbrecher« zurechtweisen. Gibt es für ein neu auftauchendes Problem noch keine Regelung, dann wird schnell nach einer solchen gesucht.

Die Wohngruppe ist insgesamt gut im Ort integriert, die Kinder werden nicht diskriminiert, zu den Nachbarn besteht ein gutes Verhältnis. Einige Kinder besuchen regelmäßig die örtlichen Vereine und Gruppen. Die Kinder kaufen selbständig in den örtlichen Geschäften ein; Familie B. legt großen Wert darauf, daß die Kinder politisch informiert sind (Tagesschau) und zu kritischen Verbrauchern erzogen werden. Zu den Kindern der Nachbarschaft haben sie allerdings nur wenig Kontakt, Frau B. meint nämlich, das Spielen »auf der Gasse« unterbinden zu müssen, da es in diesem Ort nicht üblich sei; außerdem können sich die Kinder ja auch auf der hauseigenen Wiese austoben. Auch zu anderen Wohngruppen – weitere befinden sich im selben Ort – besteht wenig Kontakt.

2.4. Zusammenfassung

Eine Zusammenfassung fällt angesichts der Unterschiedlichkeit der Aspekte und der Fülle der offenen, auf wissenschaftliche Klärung wartenden Fragen schwer. Viele der negativen »Nebenwirkungen«, die sich aus der familialen Sozialisation ergeben können, treten auch bei familienähnlich organisierter Ersatzerziehung auf. Allerdings unterscheiden sich die verschiedenen Formen von Ersatzfamilien dabei deutlich. Je weniger geschlossen und eng die Familiengruppe ist, je offener sie sich gegenüber ihrer Umwelt zeigt, je mehr Solidarisierungsmöglichkeiten (und Lernmöglichkeiten dazu!) sie ihren Kindern bietet, je mehr Freiraum und Zwanglosigkeit vorhanden ist, je gleichberechtigter die Erwachsenen untereinander und Erwachsene und Kinder miteinander umgehen, je weniger hierarchischer Druck ›von oben‹ ausgeübt wird, je höher der Grad professioneller (oder auch mal nicht-professioneller!) Reflexion ist und je systematischer (und ebenfalls gleichberechtigter) Beratung geschieht (usw.), schließlich: je weniger einschneidend die materiellen Zwänge und Notwendigkeiten sind – desto weniger kraß werden die beschriebenen »Nebenwirkungen«, eintreten, desto weniger belastend wird die »Kehrseite« familienanaloger Erziehung sein.
Ein besonderes Problem stellt dabei allerdings die schichtspezifische Erziehung dar: Typische Unterschichtserziehung – etwa in der traditionellen Pflegefamilie – läßt die Pflegekinder in ihrem Lebens- und Klassenzusammenhang und ihrer Herkunftsschicht und bereitet sie damit auf eine realistische Zukunft vor – sie überliefert aber auch Ungleichheit, Benachteiligung, verringerte Lebenserwartungen, ungerechte Strukturen. – Mittelschichtserziehung – etwa in der professionellen Pflegefamilie – reißt die Pflegekinder aus ihrer Herkunftsschicht, gewährt ihnen – im Sinne von Aufstiegsorientierung – bessere Lebenschancen und einen höheren Lebensstandard – ohne doch für die Zukunft ihren Verbleib in dieser Schicht sicherstellen zu können; nur zu leicht werden diese Kinder politisch und sozial heimatlos, zwischen den Schichten stehend, unzufrieden, aber zugleich hoffnungslos unpolitisch (vgl. *Meyer-Dettum* 1976, 101).
Die Tatsache, daß diese Aspekte so wenig in der öffentlichen Diskussion beachtet werden und daß statt dessen meist in denkbar unkritischer Weise die Familienähnlichkeit öffentlicher Erziehung hochgelobt und als positiver Wert an sich propagiert wird, zeigt, daß auch die Hochschätzung der Ersatzfamilie ideologischen Charakter hat. Auch die Ersatzfamilie erweist sich – allerdings in recht unterschiedlichem Maße – als Vermittlerin von Ideologien, als »Ideologiefabrik«.

3. Alternativen

3.1. Was brauchen Kinder?

3.1.1. Das »vernünftige Paradies«

Blickt man auf die in dieser Arbeit dargestellten geschichtlichen Abläufe und wirtschaftlichen Interessen, soziologischen Strukturen und deren psychische Konsequenzen, auf ideologische Überformungen und politische Ziele zurück, so könnte es erscheinen, als sei das ganz hautnahe und handfeste Bedürfnis des benachteiligten, chancenlosen, am Rande der Gesellschaft stehenden Kindes nach Zuwendung, Geborgenheit und menschlicher Näher etwas aus dem Blick gekommen. Auf dieses Bedürfnis des Kindes nach »Menschlichkeit« hat *Anne Frommann* immer wieder aufmerksam gemacht. Einige wichtige Gedanken aus drei Aufsätzen, deren Titel schon ihr Programm andeuten (Heimerziehung – Menschlichkeit als Methode, 1969; Das vernünftige Paradies, 1971; Privatleben von Kindern – eine öffentliche Aufgabe?, 1974) sollen im folgenden kurz dargestellt werden; sie führen die bisherigen Überlegungen über veränderte Strukturen in der öffentlichen Erziehung konsequent weiter:
Alle Kinder und Jugendlichen, die ins Heim kommen, bringen seelische Grundbedürfnisse und Abwehrmechanismen mit, deren Befriedigung bzw. Annahme sie von uns verlangen. Erzieherisches Handeln heißt, diese Bedürfnisse und Abwehrmechanismen zu erkennen und in »Umweltgestaltung«, in menschliche Beziehungen und sachliche Angebote (»Lernhilfen«) umzusetzen. Kinder stellen »Tag für Tag, deutlich oder undeutlich, mit Worten oder Taten, auf erträgliche oder unerträgliche Weise ihre Fragen: Bedeute ich euch etwas? Was bietet ihr mir? Interessiert ihr euch für mich und mein Schicksal? Kann ich mir bei euch einiges leisten? Haltet ihr mich aus? Geht ihr mich etwas an? Kann ich mich nach euch richten? Wo gehöre ich hin? Wer bin ich? Was wird aus mir?« (*Frommann* 1969, 165 f.).
Wer diese Fragen in einer Weise beantworten will, die für das Kind befriedigend, beruhigend und Mut machend ist, muß mehr als eine 8-Stunden-Tag-Beziehung zum Kind eingehen, muß vielleicht »Privatexistenz als Beruf, menschliche Bindung als Profession« definieren, muß dem Kind »zur Verfügung stehen« – zwar nur auf Zeit, aber für die Zeit, in der er gebraucht wird und unersetzlich ist, auch ganz (ebd., 166). Dabei den richtigen Ausgleich zwischen Distanz und menschlicher Dichte des Umgangs und des Aufeinander-Einlassens zu finden, ist allerdings gerade

angesichts behinderter, seelisch gestörter und stark verhaltensauffälliger Kinder ungemein schwer. Nur eine *Gruppe* von mehreren Erwachsenen kann den Belastungen gewachsen sein, die von der dauerndern Begegnung mit diesen Kindern ausgehen (ebd.)!

In den Heimen ist es die Enge, sind es die überholten Autoritätsstrukturen, die starke zeitliche und räumliche Gebundenheit, die es dem Erzieher so schwer machen, zu sich selbst in reflektierende Distanz zu treten und sein Handeln auch einmal vom Standpunkt des Kindes aus zu sehen. »Dienst« und »Privatleben« treten hier immer mehr auseinander, mit Dienst werden dann sehr bald schablonenhaft »Konflikte« und »Belastungen« assoziiert und mit Privatleben geschichtslose Vorstellungen von »Ordnung, Ruhe, Harmonie« verbunden. Die Fähigkeit, die Welt in ihrer Komplexität und vielfältigen Wirklichkeit zu sehen, geht verloren (ebd., 167).

Als Ausweg aus diesem persönlichen und beruflichen Dilemma bietet sich jedenfalls die 40- oder auch die 45-Stunden-Woche mit ihren strengen Definitionen von »Dienst« und »frei«, von Engagement und Sich-Zurückziehen, nicht an. Aussichtsreicher scheint der genau entgegengesetzte Weg zu sein, nämlich zu versuchen, die eigenen Bedürfnisse immer mehr in die Arbeit einzubringen und sich zunehmend solche Arbeitsbedingungen zu verschaffen, die nicht weg vom Kind, sondern immer näher an seine, an die gemeinsame Wirklichkeit heranführen. Bessere Chancen also scheint der Weg zu bieten, der zur Schaffung eines »gemeinsamen Lebensraumes« führt (1971, 545), eines Lebensraumes, der sowohl den Bedürfnissen der Erwachsenen als auch denen des Kindes gerecht wird. Kinder stellen dabei folgende Bedingungen an diesen Lebensraum, an ihre Umgebung: Er muß überschaubar sein, unöffentlich (denn »Kinder können ›auf dem Marktplatz‹ – also in der Öffentlichkeit – nicht gedeihen«; 1974, 143), er muß »warm, aber zugleich auch offen, anregend, farbig und ein wenig angehaucht vom Duft der großen weiten Welt« sein. »Kinder müssen in einem kleinen, vorübergehenden Paradies gelebt haben, um vertrauen zu können und um die Wirklichkeit erkennen zu können.« Sie müssen »sich manchmal allmächtig oder fast allmächtig gefühlt haben, um Grenzen hinnehmen zu lernen und um nicht Begrenzendes nur zu hassen und zu fürchten. Ein bißchen Reichtum müssen sie erleben, um den Druck der Realität erträglich zu finden ...« (1971, 456).

Starre, auf Funktionieren abgestimmte Institutionen können dieses »vernünftige Paradies« ebensowenig schaffen, wie es ein Familienmodell kann, in dem das Kind – gemäß rechtlicher Festlegung und alltäglicher Praxis – als Besitz betrachtet wird, über den Erwachsene eigennützig verfügen können (1971, 548; 1974, 142).

Eine Chance, dieses »Paradies« zu realisieren, hat am ehesten die kleine Gruppe, die sich eigenverantwortlich selbst organisieren kann (1971, 548). Solche Familien oder Gruppen, die »Randkinder« in ihren Privatbereich übernehmen, die sie und ihre Bedürfnisse akzeptieren und ihre Rechte auf Leben, Erziehung, Bildung und Chancengleichheit mit allen Konsequenzen ernst nehmen, die diese »Wegwerfkinder« an ihrem Leben teilnehmen lassen und die ihrerseits am Leben der Kinder freundlich, geduldig und ohne daraus abgeleitete Besitzansprüche teilnehmen, müssen dafür, daß sie diese öffentliche Aufgabe übernehmen, unterstützt, anerkannt und auch finanziell angemessen honoriert werden (1974, 142 f.).

3.1.2. Exkurs: Heimerziehung = Erziehung im Kollektiv zum Kollektiv?

Überblickt man die in den letzten Abschnitten genannten und von *A. Frommann* als wünschenswert bezeichneten Struktureigenschaften einer neu zu organisierenden öffentlichen Erziehung (personale Konzentration und Übersichtlichkeit, Intimität, ein »unöffentliches« Wertsystem, Hereinnehmen von Kindern in den Privatbereich von Erzieherfamilien, gar ein »kleines Paradies«) ... dann muß geradezu notwendigerweise der Verdacht aufkommen, hier werde ein unpolitischer Individualismus, eine Vereinzelung benachteiligter Kinder, eine Trennung von ihrer Herkunftsklasse und ein individualisiertes Herumwerkeln an der Verwirklichung von Chancengleichheit propagiert. Eine geradezu erschreckende Ansammlung von »Todsünden« einer sich emanzipatorisch verstehenden Sozialpädagogik! Denkt man dann noch einmal an die oben dargestellten möglichen Nebenwirkungen einer familienanalogen Sozialisation, so fragt man sich unwillkürlich, ob man nicht demgegenüber an den besonderen Chancen einer – veränderten! – Heimerziehung festhalten müsse; einer Heimerziehung, in der eine »Erziehung zum Kollektiv durch das Kollektiv« geleistet werden könnte.
Bieten sich das gemeinsame Schicksal der »Heimzöglinge«, deklassiert zu sein, und ihre einheitliche Klassenlage nicht geradezu als Grundlage zu einer »Erziehung zum Klassenkampf« an? Oder, wenn man eine weniger revolutionäre Zielsetzung vertritt: Gibt es neben dem Kollektiv noch eine zweite Organisationsform, die so viele Möglichkeiten bietet, Selbstbestimmung einzuüben, deklassierte Herkunft und Lebensgeschichte als nicht individuell verschuldet, sondern ökonomisch verursacht zu deuten und Wege zum solidarischen Überwinden individuellen Schicksals zu diskutieren (vgl. *Widemann* 1974, 117 ff.)?
Auch in der Theorie und Praxis der Heimerziehung der sozialistischen Länder spielt das Kollektiv eine entscheidende Rolle: »Ein entwickeltes

Gesamtkollektiv im Heim ist eine notwendige und wesentliche Bedingung für hervorragende Ergebnisse in der sozialistischen Erziehung« (*Kellotat* 1974 a, 10). Die Persönlichkeitsentwicklung der Mädchen und Jungen in den Heimen erfolgt über einen mehr oder weniger langen Zeitraum im »Heimkollektiv«, das sich aus verschiedenen Teilkollektiven zusammensetzt, deren Ziele und Aufgaben aber immer aus den allgemeineren Zielen und Aufgaben des Gesamtkollektivs abgeleitet sein müssen (vgl. *Kellotat* 1974 b, 110 f.).

Jedoch – die Chancen, derartige Formen kollektiver Sozialerziehung mit politischer Ausrichtung auch in bundesrepublikanischen Heimen durchzuführen und dazu Heime zu Kollektiven im Sinne *Makarenkos* (vgl. *Mannschatz* 1968), zu freien Schulgemeinden wie *Bernfelds* Kinderheim Baumgarten (*Bernfeld* 1969, 84 ff.) oder zu selbstorganisierten Großkollektiven wie das Georg-von-Rauch-Haus in Berlin (vgl. z. B. *Lessing/Liebel* 1975) umzustrukturieren, stehen schlecht und wurden auch in der Zeit, als im Rahmen der Heimkampagne zahlreiche Jugendwohnkollektive als echte Alternativen zur staatlichen Jugendhilfe gegründet wurden (vgl. *Liebel* u. a. 1972), kaum ernsthaft erwogen.

Die Gründe dafür liegen auf der Hand: Sofern man Kollektiverziehung nicht nur – den eigentlichen Sinn verkürzend – als »Gruppenerziehung« versteht, sondern als eine »Erziehung in Gruppen und Institutionen . . ., die dadurch zu Kollektiven (Grundkollektiven) werden, daß sie in einem bewußten Bezug zum Wertsystem einer bestehenden oder antizipierten sozialistischen Gesellschaft (Gesamtkollektiv) stehen . . . (und so) einen Beitrag zur Schaffung und Entwicklung einer sozialistischen Gesellschaft« leisten (*Liegle* 1974, 329) – solange man von diesem Verständnis ausgeht, läßt sich Kollektiverziehung in den Einrichtungen eines Staates, der auf Privatbesitz und individuellem Leistungs- und Konkurrenzverhalten basiert, nicht verwirklichen. Das Schicksal beispielsweise des eben erwähnten Kinderheimes Baumgarten oder der politisch orientierten Jugendwohnkollektive sprechen da eine deutliche Sprache: Massiver Widerstand des jüdischen Großbürgertums und Kapitals zwangen Bernfeld nach etwa einem halben Jahr erfolgreicher Arbeit im Kinderheim Baumgarten zur Aufgabe. Bei den Jugendwohnkollektiven führte der zunehmende Druck der Sozialbürokratie in fast allen Fällen entweder zur Schließung oder zu weitgehendem Verzicht auf politische Zielsetzungen und zum Einschwenken auf ein sozialpädagogisch-individualtherapeutisches Konzept. Insofern ist *Büttner* zuzustimmen, der in einer kritischen Analyse der Chancen kollektiver Erziehung zusammenfaßt: »Kollektive Erziehungspraxis als Ausdruck einer vorgestellten Alternative findet . . . an den gesellschaftlichen Bedingungen seine Schranken . . . Alle Modellversuche kollektiver Praxis (zeigen) den Widerspruch zwischen Individuum und Gesellschaft als Resultat der eigenen Sozialisation auf der Basis der Ideologie des Privateigentums« (*Büttner* 1974, 231 f.).

Darüber hinaus stellt sich die Frage, ob nicht für die Kinder, die heute in öffentliche Erziehung eingewiesen werden und deren Symptome doch anders gelagert sind als bei den Kindern, die von Makarenko und Bernfeld betreut wurden, eine derartige Kollektiverziehung zumindest anfangs eine Überforderung darstellen würde. (Hier müßte man einmal die Biografien der Jugendlichen analysieren, die beispielsweise aus dem Georg-von-Rauch-Haus-Kollektiv ausgeschlossen wurden, da sie nicht »gemeinschaftsfähig« waren bzw. die das Haus freiwillig verließen. Vgl. dazu auch den vom Berliner Senat herausgegebenen Trebebericht – Zusammenfassende Stellungnahme zur Trebeproblematik in Berlin, *Barrasch/Hütte/Nolte*, Berlin o. J. (1974)). Die Erfahrungen mit sozialpädagogischen Wohngemeinschaften lassen sich zur Beantwortung dieser Frage allerdings m. E. nicht heranziehen, da hier die Jugendlichen in aller Regel schon durch jahrelangen Heimaufenthalt geschädigt und »unsozial« gemacht worden waren und ihnen die Wohngemeinschaft nur als liberalisierte Form von Heimerziehung erschien (vgl. z. B. *Moosburger* 1975; *Meuth/Miehle* 1976).

Freiräume, in denen in gewissem Rahmen auch eine politische und klassenbewußte Erziehung möglich sein kann und in denen die Grundforderungen kollektiver Erziehung wenigstens in kleinen Teilen erfüllt werden können, scheinen sich am ehesten noch im kleineren, privateren, unauffälligeren und weniger spektakulären Rahmen finden zu lassen. Wohngemeinschaften und -kollektive nutzen diesen Rahmen seit längerer Zeit – wobei der politische Erfolg allerdings häufig eher kläglich oder doch wenig sichtbar ist (vgl. Jugendwohnkollektive – Schwierigkeiten, den Alltag zu verändern, 1977). Wieweit sich diese Erfahrungen auch auf den Bereich der Ersatzerziehung für Kinder und für solche Jugendliche, die in freien und selbstorganisierten Jugendwohnkollektiven überfordert wären, übertragen lassen, soll im nächsten Kapitel überlegt werden.

3.2. Was man machen könnte: Alternative Formen, Verbundsysteme ... und Familien, die offener, großzügiger und bunter sind

3.2.1. Zusammenfassende Überlegungen

Wie sollte man nun öffentliche Ersatzerziehung organisieren, wenn man die unerwünschten Nebenwirkungen vermeiden, die erwünschten Effekte aber erzielen und ansonsten die Forderungen, die im Laufe dieser Arbeit aufgestellt worden sind, berücksichtigen möchte? Ist das nicht alles graue Theorie, und muß man nicht in der Praxis schon froh sein, wenn man »seine« Kinder irgendwie über die Runden bringt und sie einigermaßen »anständige« und zufriedene Menschen werden?

Bevor ich einige alternative Formen beschreiben werde, von denen ich meine, daß sie durchaus auch praktizierbar sind und bei denen ich mir vorstellen könnte, daß in ihnen noch etwas mehr als nur brave Wohlanständigkeit und (immer leicht zur Passivität tendierende) Zufriedenheit gedeihen könnte, möchte ich das bisher Gesagte noch einmal kurz zusammenfassen:

1. Die möglichen negativen Nebeneffekte der familialen Sozialisation treten weitgehend auch bei familienanaloger Ersatzerziehung auf.
2. Eine unkritische, nur positive Wertung der Familie und des Familienprinzips, wie man sie heute – weniger in der Theorie als in der Praxis und bei den Praktikern – häufig erleben kann, ist ideologisch. Prinzipiell ist die Ersatzfamilie ebenso wie die Familie Vermittlerin von systemstabilisierenden und herrschaftssichernden Ideologien.
3. Jede Voraussage oder Verallgemeinerung der genannten »Nebenwirkungen« ist schwierig; politisch-pädagogische Einstellungen der Erzieher und ihre eigene Sozialisation, ökonomische und hierarchische Zwänge spielen hier ebenso wie Bildung und Beratung eine Rolle. Sehr allgemein läßt sich aber sagen, daß die Weitergabe oder Nichtweitergabe der beschriebenen Ideologien an die nachwachsende Generation weniger vom subjektiv guten oder schlechten Willen der Erzieher abhängig ist als von den objektiv vorhandenen und auch stark unbewußt prägenden familialen Strukturen.
4. Je mehr diese Strukturen mit denen der bürgerlichen Kleinfamilie übereinstimmen, desto wahrscheinlicher ist die perfekte Übertragung der genannten »Nebenwirkungen« bürgerlicher Familienerziehung einschließlich ihrer ideologischen Verbrämung. Gruppenstrukturen, die der bürgerlichen Kleinfamilie weniger ähnlich sind, werden auch weniger »erfolgreich« bei der Weitergabe familienideologischer Nor-

men und Werte sein (es sei denn, man erziehe dort sehr bewußt »zur Familie« und ihren Normen).

5. Je abgekapselter die Ersatzfamilie von Nachbarschaft, Arbeitswelt und Politik vor sich hin lebt, je mehr sie die traditionelle Geschlechtsrollenverteilung pflegt, je weniger sie professionalisiert ist und je weniger Beratung sie erhält, desto eher wird sie die beschriebenen unerwünschten »Nebenwirkungen« zeigen.
6. Je kleiner und uneinheitlicher die Kindergruppe in der Ersatzfamilie ist und je weniger entlastende Rückzugs- und Solidarisierungsmöglichkeiten sie bietet, desto anfälliger werden die Kinder für enge, unfreiheitliche familienideologische Werte sein.
7. Andererseits hat die Familien- und die familienanaloge Erziehung gegenüber der durchschnittlichen Heimerziehung deutliche strukturelle Vorteile; sie ermöglicht Beziehungen, die übersichtlich, stabil und intim sind, die eine vergleichsweise dichte Kommunikation erlauben und das Gefühl von Geborgenheit und Sicherheit vermitteln; sie schafft ein Klima, in dem sich Kinder wie Erwachsene auch bei Mißerfolgen »wertvoll« und angenommen fühlen können, in dem sie auf Leistung und Konkurrenz – zumindest teilweise – verzichten und einen gewissen Lebensinhalt verspüren können und in dem sie auch mal schwach und anlehnungsbedürftig sein dürfen. Insofern bieten familiale Strukturen Erwachsenen die Befriedigung einiger grundlegender Bedürfnisse und Kindern die Chance einigermaßen erfolgreicher Sozialisation.
8. Gerade benachteiligte und psychisch behinderte Kinder haben (im moralischen wie im juristischen Sinne) ein Recht auf befriedigende und stabile menschliche Beziehungen und auf ein angemessen gestaltetes Lebensfeld. Für beides erweist es sich als günstige Voraussetzung, wenn eine kleine, überschaubare Gruppe entsprechend ausgebildeter Erwachsener diese Kinder in ihren privaten Bereich hineinnimmt. Für dieses Aufnehmen und Annehmen der Kinder steht den Erwachsenen öffentliche Anerkennung und Honorierung zu.
9. Das Lebensfeld, das geschädigten Kindern geboten werden sollte, sollte warm, aber zugleich auch offen, anregend, farbig und ein wenig angehaucht »vom Duft der großen weiten Welt« sein. Es muß den Kindern ein wenig »Macht« und Erfolg ermöglichen, damit sie notwendige Grenzen um so eher akzeptieren können. Es sollte ihnen Möglichkeiten bieten, Engagement als sinnvoll zu erleben.
10. »Erziehung zum Kollektiv durch das Kollektiv« läßt sich angesichts der politischen Verhältnisse und der Strukturen unserer Gesellschaft in den Heimen der BRD nicht verwirklichen; möglicherweise wären

die Kinder und Jugendlichen, die heute in öffentliche Ersatzerziehung eingewiesen werden, aufgrund ihrer Vorschädigungen von echter Kollektiverziehung auch zunächst überfordert. Gewisse Möglichkeiten, in diese Richtung zu arbeiten, bieten bestenfalls kleinere, unauffälligere Gruppen, zumal diese auch aufgrund ihrer größeren Flexibilität und Übersichtlichkeit weniger überfordernd sein könnten.

Soweit die zusammenfassenden Thesen; diese – z. T. in deutlicher Spannung zueinander stehenden – Elemente müßten meiner Meinung nach in einem (teilweise) neuen Modell öffentlicher Erziehung berücksichtigt werden, wenn man die Vorteile familienanaloger Sozialisation nutzen und zugleich ihre zahlreichen negativen Seiten soweit wie möglich ausschalten möchte.

3.2.2 Alternative Formen öffentlicher Erziehung: Offener, freier, bunter und solidarischer

Auf der breiten Skala, die von heimähnlichen Strukturen am einen und familienähnlichen Formen am anderen Ende eingegrenzt wird, sind eine Anzahl verschiedener »Konstruktionen« vorstellbar, bei denen einige der in dieser Arbeit genannte Forderungen in je unterschiedlichem Ausmaß verwirklicht werden können. Welche dieser Formen für ein bestimmtes Kind (und einen bestimmten Erwachsenen!) die besten Lebens- und Sozialisationsbedingungen bietet, läßt sich natürlich nicht allgemein sagen; das wird jeweils vom Alter des Kindes, von Art und Schwere seiner Verhaltensauffälligkeiten und Defizite und von seiner psychischen Belastbarkeit, Konstitution und Vorerfahrung abhängen.

Vier meiner Meinung nach praktizierbare (und hier und da auch schon praktizierte) Modelle möchte ich nun beschreiben und begründen:

Das Pflegefamilien-Kooperativ

Rein äußerlich handelt es es sich hierbei um einen mehr oder weniger lockeren Zusammenschluß zweier oder mehrerer »normaler« oder professionalisierter Pflegefamilien, die in verschiedenen Wohnungen eines Hauses oder in enger Nachbarschaft leben. Über die Art der Aufteilung der Arbeit entscheidet das Kooperativ; beispielsweise könnte je ein Pflegeelternteil einem »normalen« Beruf nachgehen, während der andere im Hause bleibt und seine Pflegeelternschaft als Teil- oder Vollzeitberuf ausübt und von einem öffentlichen oder freien Träger der Jugendhilfe dafür bezahlt oder »entschädigt« wird. Es könnten aber auch beide

Elternteile berufstätig oder teilzeitbeschäftigt sein; die Pflegekinder würden während der Arbeitszeit dann von der oder den kooperierenden Familien mitversorgt [171]. Es sollte angestrebt werden, daß in mindestens einer der im Kooperativ verbundenen Familien der Vater Hausmann oder Pflegevater »von Beruf« ist und die Mutter außerhalb des Hauses arbeitet. Jedes der Pflegeelternpaare nimmt zu den evtl. vorhandenen eigenen 1 bis 3 Pflegekinder auf. Als Pflegeeltern können dabei übrigens nicht nur verheiratete oder sonstwie »gepaarte« Menschen in Frage kommen [172]. Auch Einzelpersonen, die u. U. nicht selbst Pflegekinder aufnehmen, könnten in das Kooperativ integriert werden und als eine Art »Springer« Onkel- oder Tantenfunktionen wahrnehmen.

In bestimmten, wesentlichen Bereichen arbeiten die benachbarten Familien ständig zusammen, z. B. beim Einkaufen, Kochen, Betreuen der Kinder, Schulaufgabenhilfe, gemeinsame Freizeitbeschäftigungen, Besuch oder Teilnahme an kulturellen, politischen, kirchlichen und sportlichen Veranstaltungen, gegenseitige Hilfe und Vertretung in allen aktuell gewünschten Bereichen. Darüber hinaus beraten sich die Pflegeeltern gegenseitig spontan oder an regelmäßigen Terminen, reflektieren ihre erzieherische und politische Praxis, sprechen über persönlich belastende Probleme usw. Ihnen stehen auf Wunsch über dieses gegenseitige Beraten und Helfen hinaus die Einrichtungen (Supervision, Krankheitsvertretungen, diagnostische und therapeutische Dienste) von Jugendbehörden, Sozialstationen oder Heimen zur Verfügung (Verbundsystem; vgl. *Wördehoff* 1975, 235).

Die technische und inhaltliche Zusammenarbeit innerhalb des Kooperativs hat nicht nur funktionalen, pragmatischen Charakter, sondern gehört fest zum Erziehungskonzept.

Welche Vorteile kann dieses Kooperativ bezüglich der uns beschäftigenden Frage nach den negativen Nebenwirkungen familialer Erziehung bieten?

Das, was der Familie an Wärme, Sicherheit, Geborgenheit, Kommunikationsdichte usw. eigen ist, bleibt weitgehend erhalten. Das Kind weiß – vielleicht zum ersten Mal in seinem Leben – »wohin es gehört«, und die Pflegeeltern wissen, daß letztlich (!) sie allein für dieses Kind verantwortlich sind.

Aber sie werden in dieser Verantwortung durch die kooperierenden Familien zeitlich und psychisch entlastet. Sie stehen nicht allein; die gefährliche Kleinfamilien-Isolation ist aufgebrochen, die Ehepaare sind zur Befriedigung ihrer eigenen Bedürfnisse nicht auf sich selbst und ihre Kinder angewiesen (vgl. *Colla* 1976 a, 172).

»Supervision« geschieht partnerschaftlich in der Gruppe gleichberechtig-

ter Erwachsener [173]. Auf zusätzliche Einzelberatung von außen – Gruppensupervision oder Einzelberatung — kann dann zurückgegriffen werden, wenn dieses notwendig erscheint (vgl. *Thiersch* 1974, 100). Eine neue Hierarchisierung in der Sozialarbeit (Supervisor – Erzieher – Praktikant – Kind) und die Gefahr der Entpolitisierung durch Supervision wird dadurch von vornherein weitgehend verhindert (vgl. *Blinkert/Huppert* 1974 und insbes. *Koch* 1975).
Die starren Geschlechtsrollen-Schemata lassen sich allerdings nur dann erfolgreich aufbrechen, wenn auch die Pflegeväter systematisch und geschlechtsunspezifisch in die Arbeit mit einbezogen werden (s. o.).
Für die Kinder ergeben sich Vorteile durch die größere Gruppe, in der soziales Verhalten einerseits, Solidarität gegenüber den auch in diesem Modell übermächtigen Erwachsenen andererseits, geübt werden kann. Die etwas größere Kindergruppe kann Entlastung und Rückzugsmöglichkeiten bieten, also ein Stück Einübung in selbständiges und selbstverantwortetes Verhalten gewähren. Die starren Abhängigkeiten von den Pflegeeltern werden durch das Zusammensein mit den anderen Erwachsenen wenigstens etwas gelockert; ebenso kann das Gefühl, Kinder seien »Besitz« (»meine« Kinder – »eure« Kinder) tendenziell aufgelöst werden: Es sind unsere Kinder, für die wir da sein sollen.
Der erweiterte Aktionsraum (mehrere Wohnungen!), die Addition verschiedenartiger Begabungen und Fähigkeiten (vier oder mehr Erwachsene, dazu ältere Kinder und evtl. Jugendliche) und die Sicherheit durch die Kindergruppe versprechen neben einem reichhaltigeren, bunteren und anregenderen Angebot an kognitiven und sozialen Reizen die Chance, sich frühzeitig aus zu totalen familiären Bindungen zu lösen und früher, unbelasteter und »mutiger« den Weg in die Öffentlichkeit zu wagen. Die Beziehungen zur Arbeitswelt und zu ihren Problemen sowie zur (Kommunal-)Politik werden – jedenfalls mehr als im Heim – dadurch gesichert, daß je ein Elternteil »draußen« arbeitet und das ganze Kooperativ in normale nachbarschaftliche Wohnstrukturen eingegliedert ist.
Problematisch bleibt erstens die Frage, ob es den Pflegeeltern gelingen kann, sich von den Normen und Werten, die zur Ausprägung des »gesellschaftlichen« Charakters führen, in gemeinsamer Reflexion freizumachen; angesichts der verbliebenen familialen Strukturen, der stark einwirkenden gesellschaftlichen Einflüsse und der auch die Pflegefamilien berührenden hierarchischen Strukturen und Verwertungsinteressen der Wirtschaft wird dieses Sich-Freimachen allerdings nie ganz zu erreichen sein.
Zweitens bleibt die Frage offen, wieweit das Problem der zukünftigen Schichtzugehörigkeit der Pflegekinder zufriedenstellend bewältigt werden

kann. Pflegekinder aus der Unterschicht werden auch und gerade im Pflegefamilien-Kooperativ notwendig neuen Normen und Verhaltenserwartungen ausgesetzt sein, die sich von ihren bisher erworbenen Lebensmustern nicht nur unterscheiden, sondern sie auch von ihrem bisherigen Lebensfeld und ihrem Klassenzusammenhang entfremden können. Die Gefahr, daß sie – nicht zuletzt durch den abrupten Abbruch ihrer Lebensgeschichte – zu »marginal men« werden, ist groß (vgl. S. 113 f.). Die Verführung »zu jenem individuellen Aufstieg, in dem sie sich – verdrängend und kompensierend – den gesellschaftlich bedingten Problemen der eigenen Situation verschließen« (*Thiersch* 1974, 100), wird sich angesichts der prägenden Kraft der Vorbilder und des Lebensfeldes (Pflegeeltern und deren leibliche Kinder; Leistungserwartungen; Wohnungseinrichtungen; Konsumgewohnheiten; kulturelles Niveau) kaum verhindern lassen – auch dann nicht, wenn sich das Elternkooperativ engagiert mit diesem Problem beschäftigt.

Immerhin mag hier die Tatsache, daß mehrere Unterschichtskinder mit ähnlichem biografischen Hintergrund im Kooperativ leben, für die einzelnen Kinder ein wenig entlastend wirken und ihren eigenen Erfahrungen einen größeren Wert geben.

Wurzbacher und *Cyprian* geben in ihrer Expertise für das Bundesfamilienministerium den »Zusammenschlüssen mehrerer Kleinfamilien zu einer Anzahl gemeinsamer Aktivitäten« – also etwa unserem Modell des Pflegefamilienkooperativs – mehr Zukunftschancen als den »totalen Vergemeinschaftungen« (z. B. Wohngemeinschaften). Allerdings scheitert »eine größere Verbreitung solcher relativ offenen Strukturformen ... bisher nicht nur an der mangelnden Bereitschaft vieler Familien, sich von ihrer privatistischen Zurückgezogenheit zu lösen, sondern in hohem Maße auch an den Zwängen einer vorwiegend am Gewinnprinzip orientierten Wohnungswirtschaft« (*Wurzbacher/Cyprian* 1973, 64) – im Klartext: Der kapitalistische Wohnungsmarkt hält offensichtlich Wohnungen für kooperative Wohnformen für nicht sehr gewinnträchtig und bietet sie daher nicht an, das Vorhaben kooperationswilliger Familien und Pflegefamilien wird daher oft am Fehlen geeigneter benachbarter Wohnungen scheitern. Das BMJFG hat damals (1973) im Vorwort der Expertise die positiven Möglichkeiten von Kooperationsformen zwischen mehreren Kleinfamilien gewürdigt und zugesagt, »die Familienpolitik der Bundesregierung (werde) den Erkenntnissen über die Zusammenhänge auch weiterhin die gebotene Aufmerksamkeit zukommen lassen« (in: *Wurzbacher/Cyprian* 1973, 11): leere Versprechungen, denn geschehen ist seitdem – nichts.

Kinderwohngruppen-Verbund/Kinderhaus-Verbund

Bei diesem Konzept arbeiten zwei oder drei der in Kap. 1.3.4 (S. 104 ff.) beschriebenen Kinderwohngruppen oder Kinderhäuser in ähnlicher Weise wie bei Pflegefamilien kooperativ zusammen [174].
Voraussetzung ist auch hier das Wohnen in nächster Nachbarschaft. Während beim Pflegefamilienkooperativ nur ein Teil der Erwachsenen (haupt-)beruflich »Eltern« sind, sind bei den Kinderwohngruppen immer 2 Kräfte (Ehepaar oder ein Elternteil + zusätzliche Kraft) vom Träger der Einrichtung voll angestellt. Beim Kinderwohngruppen-Verbund werden wie beim Familienkooperativ bestimmte Arbeiten und Aktivitäten gemeinsam oder in gegenseitiger Absprache durchgeführt: gegenseitiges Beraten, »Kontrollieren« und Helfen sollte hier ebenfalls fest mit zum Konzept gehören [175].
Durch die erheblich größere Kinderzahl (bei zwei Gruppen etwa 10 bis 15 Kinder, bei drei Gruppen ca. 15 bis 22 Kinder verschiedenen Alters einschließlich der eigenen) können sich mehrere kleinere Gruppen mit Kindern etwa gleichen Alters bilden. Wo die lokalen Verhältnisse es nahelegen, kann ein eigener (jedoch kein »exklusiver«) Kindergarten oder -laden gegründet werden. Ein Verbund mit den helfenden Einrichtungen einer Sozialstation oder eines Heimes sowie die eventuell notwendige Zusammenarbeit mit einer (Heim-)Sonderschule für verhaltensauffällige Kinder ist hier ebenso angebracht wie beim Familienkooperativ. Insgesamt jedoch sollte versucht werden, durch Besuch öffentlicher Kindergärten und Schulen und Beteiligung an den Aktivitäten von Jugendvereinen, Klubs usw. eine möglichst gute Integration mit der Nachbarschaft (im weiteren Sinne) zu erreichen.
Auch für diese Alternative sprechen einige Gründe: Da sich auch hier Privatleben von Erziehern und Kindern durchdringen, »Privatexistenz als Beruf, Bindung als Profession« verstanden wird, wird man eine günstige, »menschliche« Sozialisationsumgebung erwarten können. Auch hier wissen die Kinder, »wo sie hingehören«, auch hier sind Konstanz und Wärme (oder doch wenigstens die Chance, dieses zu bieten) gesichert.
Als besonders wichtig erscheint mir bei diesem Konzept die Möglichkeit, die Isolation zu durchbrechen, unter der Wohngruppenerzieher und Kinderhauseltern sonst nur zu häufig leiden. Diese Isolation erschwert eine distanzierte Reflexion des eigenen erzieherischen Verhaltens, verursacht nicht zuletzt Eheprobleme und -krisen (vgl. *Hoch* 1975, 99) und führt zu einer unangemessenen Betonung der familialen Werte (wie Häuslichkeit, Harmonie, Ordnung ...). Institutionalisierte Zusammenar-

beit mit Kollegen und gegenseitige Hilfe und Beratung können hier sicher sehr entlastend wirken.

Probleme, aber auch besondere Chancen wird die große Zahl der Kinder mit sich bringen. Günstig wird sich hier die Kombination altersgleicher Kleingruppen (horizontal durch die verbundenen Wohngruppen) mit der altersgemischten Gruppierung (vertikal innerhalb der einzelnen Wohngruppen) auswirken. Mehr noch als beim Pflegefamilienkooperativ können hier die Gleichaltrigengrupppen ein Eigenleben entfalten, das zur Ausbildung eines gewissen Gruppen-Über-Ichs und einer Gruppenidentität führen und wertvolle soziale Lernerfahrungen vermitteln kann (vgl. *Bettelheims* Kibbuzbuch, 1971 b, 95 ff.; 129 ff.). Die Gleichaltrigengruppen können dabei durchaus ein gewisses Eigengewicht gegenüber der Autorität der Erwachsenen erhalten und können den Kindern eine Entlastung von den Anforderungen der nahezu ständig anwesenden (vollberuflichen!) Erzieher bieten. Außerdem besteht mit Hilfe der Gruppen die Möglichkeit, basisdemokratische Verhaltensweisen einzuüben und Kinder wirklich mitbestimmen zu lassen. Andererseits kann diese Massierung beschädigter Individuen für sensible, noch nicht recht gruppenfähige Kinder eine deutliche Überforderung darstellen; man wird Kinder, die in öffentlicher Erziehung untergebracht werden sollen, hierauf frühzeitig untersuchen müssen und sie eventuell lieber in einem Familienkooperativ aufwachsen lassen.

Die Chance, eine Fixierung auf geschlechtsspezifisches Rollenverhalten zu vermeiden, scheint mir im Kinderwohngruppen-Verbund besonders groß zu sein: Die häusliche Arbeit läßt sich einerseits einigermaßen rationalisieren, andererseits auf Männer und Frauen gleichmäßig verteilen. Jeder Erzieher wird jedenfalls noch die Gelegenheit haben, über seinen Anteil an den hauswirtschaftlichen Aufgaben hinaus seine spezifischen Interessen und Fähigkeiten einzubringen, so daß den Kindern ein reichhaltigeres Angebot an kognitiven, emotionalen, künstlerischen, sportlichen, politischen, handwerklichen usw. Anregungen (als Stimuli und als Modelle wirksam) zur Verfügung stehen. Psychische Defekte familialen Ursprungs sind dagegen in diesem Milieu kaum zu befürchten.

Was die Stärke des Kinderwohngruppen-Verbundes sein kann – sein Zusammenhang, seine innere Solidarität –, kann zugleich zu seiner Schwäche werden: Die Fülle der möglichen Kontakte innerhalb des Verbundes kann zur Isolierung gegenüber der »Außenwelt« führen – der Nachbarschaft, der Arbeitswelt, dem Gemeinwesen. Die Gefahr ist gerade deshalb so groß, weil von den Erwachsenen in der Regel niemand »draußen« arbeitet [176]. Auch die Nachbarschaft wird leicht dazu tendieren, »die Heimkinder« (mit ihren Erziehern, diesen Tagedieben) zu gettoisieren. So kann der Wohngruppen-Verbund jedenfalls leicht zur »Insel« werden – mit allen Reizen und Gefahren des Inselleben

s.

Möglich ist allerdings auch, daß das häufige Zusammensein mit relativ vielen bzw. verschiedenen Personen im Verbund zu einer gewissen Interaktions-Übersättigung führt, die dann einen Rückzug ins eigene »Nest« und damit eine Reaktivierung familienideologischer Werte zur Folge haben könnte.

Beide Gefahren wird man sorgsam im Auge behalten müssen, um ihnen frühzeitig durch Öffnung nach außen oder durch reflektierendes und vorsichtiges Verstärken der »familialen« Strukturen (des Kerngruppen-Zusammenhaltes) begegnen zu können.

Problematisch wird auch hier wieder das Aufeinandertreffen schichtspezifisch unterschiedlicher Verhaltensmuster und Wertorientierungen sein – ein, wie schon öfters betont, letztlich nicht zu lösendes Problem. Immerhin wird sich im Kinderwohngruppenverbund noch am ehesten die Möglichkeit, solidarisches Verhalten zu erlernen, für eine klassenbewußte politische Erziehung nutzen lassen – wenn auch die Mittelschichtzugehörigkeit und Aufstiegsorientierung der Erzieher und die Tatsache, daß sie meist nicht in den industriellen Arbeitsprozeß eingegliedert und so den Verwertungsinteressen des Kapitals nur sehr indirekt unterworfen sind, hierbei erschwerend wirken werden.

Das halbprofessionelle Wohnkollektiv

Das halbprofessionelle Wohnkollektiv [177] stellt meiner Meinung nach den konsequentesten Versuch dar, Kindern in öffentlicher Erziehung eine feste, überschaubare und relativ intime Bezugsgruppe von Erwachsenen und Kindern zu bieten, ohne zugleich alle Nebenwirkungen familialer Erziehung mit in Kauf nehmen zu müssen.

Bei diesem Konzept nimmt eine kleine Wohngemeinschaft von Erziehern und an Fragen der Erziehung Interessierten zu ihren eigenen evtl. vorhandenen Kindern einige Pflegekinder auf. Insgesamt sollte dabei die Gruppengröße 10 bis 12 Personen auf keinen Fall übersteigen: Wird nämlich diese Zahl überschritten, dann ist normalerweise ein deutlicher Anstieg von Problemen und Stabilitätsschwierigkeiten zu beobachten (vgl. *Cyprian/Wurzbacher* 1975, 319). Geht man von dieser Gruppengröße aus, dann heißt das, daß etwa gleich viele Erwachsene und Kinder in der Gruppe leben oder die Kinder leicht in der Überzahl sind. Die Pflegekinder sollten aus rechtlichen, aber auch aus pädagogischen Gründen fest zu einer Person oder zu einem Paar »gehören« (und damit den eigenen Kindern der Kollektivmitglieder sozusagen gleichgestellt sein); im alltäglichen Leben aber sollten sie von der ganzen Gruppe betreut und nicht bevorzugt oder benachteiligt werden; sie müssen zu jedem Erwachsenen einen völlig ungezwungenen Kontakt haben können (vgl. *Cooper* 1975, 37).

Der größere Teil der Wohngemeinschaftsmitglieder geht einer »normalen« Arbeit nach; etwa zwei Mitglieder können – abhängig von der Zahl der Pflegekinder – von einem Träger der Jugendhilfe teilzeit- oder vollzeitbeschäftigt werden und sich so um Kinder und Haushalt kümmern. Anzustreben wäre, daß bezüglich der außerhäuslichen Arbeit hin und wieder abgewechselt werden kann (für ein solches rollierendes System sind einigermaßen unkomplizierte Möglichkeiten durchaus vorstellbar) [178] und daß sich bezüglich der Hausarbeit nicht über kurz oder lang doch wieder die tradierte geschlechtsspezifische Rollenverteilung ergibt. Innerhalb des Wohnkollektivs können in unterschiedlichem Maß die familialen Funktionen kollektiviert sein (vgl. *Cyprian/Wurzbacher* 1975, 320); das halbprofessionelle Wohnkollektiv wird allerdings zweckmäßigerweise nicht zum Typ Kommune, sondern zum Typ Wohngemeinschaft tendieren. Wohnkommunen nämlich, die die vollständige Kollektivierung des Individuums und seiner sozialen Beziehungen anstreben (einschließich der »Privatsphäre« und der Sexualität), zeichnen sich meist durch Kurzlebigkeit und extrem starke Mitgliederfluktuation aus – Faktoren, die die Sozialisationsfähigkeit stark beeinträchtigen (vgl. ebd., 330). Soweit es nötig ist, können die therapeutischen Einrichtungen von Heimen, Sozialstationen oder Sonderschulen in Anspruch genommen werden; auf »Vertretungen« im üblichen Sinn und Supervision wird man in den meisten Fällen nicht zurückgreifen müssen: Normalerweise wird sich das Kollektiv selbst helfen, beraten und kontrollieren können.

Auch für diese Modell sprechen einige recht wichtige Gründe. *Hochheimer* hat sie in geradezu klassisch-kompakter Weise, allerdings auch noch mit dem ungebrochenen Optimismus der späten 60er Jahre, zusammengefaßt: »Beispielsweise wird die Gefahr von Machtmißbrauch gegenüber ausgelieferten Untertanen durch die gegebene Kontrollmöglichkeit im erweiterten Familienverband verringert; gegenseitige Diskussion von Gewohnheiten kann aufkommen; der zwischenmenschliche Erfahrungsbereich wird erweitert; Aufklärungschancen nehmen vielfältig zu; Verhaltensänderungen lassen sich anbahnen und erproben; Ausnutzungen und Possessivitäten (Besitzdenken) inhumaner Art können sich auflockern; die Erweiterung der Atmosphäre und Vermehrung ihrer Beziehungspersonen entlasten die Exklusivität und Isoliertheit der traditionellen ›engen‹ Familie. Von den Kindern her gesehen, bieten sich ebenfalls mehr Möglichkeiten an für Erfahrungen mit mehr Erwachsenen wie mehr Kindern, als vor allem in ihrer häufigen Rolle als Einzelkinder. Auch sie haben die Chance, ihre Bindungsbedürfnisse breiter zu verteilen und nicht so ausschließlich zweiheitlich an ihr Elternpaar zu fixieren. Mehr Möglichkeiten zur Wahl zu haben, fördert nicht nur das Lernen und Denken in Richtung auf Spontaneität und Kreativität. Es schafft darüber hinaus einen weiteren Erfahrungsraum und entsprechend varianteren (vielfältigeren) Verhaltens- und Sozialstil« (*Hochheimer* 1975, 179 f.).

Das hört sich großartig an – aber sieht Hochheimer die Chancen von Wohnkollektiven nicht zu einseitig?

Zu der Frage der »Strukturbedingungen frühkindlicher Sozialisation in Wohnkollektiven« liegt seit ein paar Jahren eine erste zusammmenfassende Veröffentlichung vor, aus der ich oben schon wiederholt zitiert habe (*Cyprian/Wurzbacher* 1975). Die Ausgangsfrage der Untersuchung von Cyprian und Wurzbacher ist dem Thema dieser Arbeit sehr verwandt: Gelingt es den Alternativformen, »die immer häufiger konstatierten Sozialisationsmängel der Kleinfamilie zu vermeiden, ohne daß deren Vorzüge wie Stabilität, Kontinuität, Freundlichkeit und Wärme des ›Binnenklimas‹ aufgegeben werden müssen?« (ebd., 312). Zwar haben ihre Antworten bisher nur hypothetischen Charakter; einige von ihnen sind aber immerhin durch empirische Untersuchungen schon anschaulich untermauert und entsprechen vielen veröffentlichten und nicht veröffentlichten praktischen Erfahrungen. Auch wenn das »halbprofessionelle Wohnkollektiv« eine Sonderform des »normalen« Wohnkollektivs ist, dürften sich die Überlegungen von Cyprian und Wurzbacher auf unser Konzept übertragen lassen, da beiden Formen dieselben Strukturmerkmale zugrunde liegen. Die beiden Nürnberger Sozialisationsforscher beschäftigen sich zunächst mit der Gruppengröße als einem sozialisationsrelevanten Strukturmerkmal. Sie betonen, daß sich die vermehrten Interaktionsmöglichkeiten in den Wohngemeinschaften vorteilhaft auswirken können; das Angebot an sozialen Prozessen und Bezugspersonen erweitert sich gegenüber der Kleinfamilie beträchtlich, das Kind lernt schon in frühen Jahren einen größeren Ausschnitt an Realität kennen und verschiedene soziale Modelle vergleichen und beurteilen. Ebenso wie das soziale Lernen wird der kognitive Bereich durch die zahlreicheren, bunteren Interaktionen stark gefördert, denn Gruppenleben bedeutet immer »Zusammensein unterschiedlicher Charaktere, Summation verschiedener Fähigkeiten, Vermehrung des Ideenreservoirs ...« (*Kentler* 1972, 10).

Allerdings ist es mit einem vergrößerten Angebot an Interaktionsmöglichkeiten noch nicht getan: Eine gewisse Intensität und positive Emotionalität in den Beziehungen, eben ein beachtliches Maß an liebevoller Zuwendung ist unumgänglich nötig.

Die Kibbuzforschung zeigt, daß da, wo diese liebevolle Zuwendung gegeben ist, eine frühere Gruppenerziehung und eine Betreuung durch mehrere Erwachsene (multiple mothering) die normale Entwicklung des Kindes nicht beeinträchtigen muß (vgl. *Liegle* 1971, 163). Und zu ähnlichen Ergebnissen kam aufgrund ihrer umfangreichen kulturanthropologischen Forschungen auch schon vorher *Margret Mead*: »In Wirklichkeit gibt es nach dem gegenwärtigen Stand der Anthropologie nichts, was eine derartige starke Betonung der Bindung zwischen Mutter und Kind rechtfertigen würde. Im Gegenteil weisen kulturelle Querschnittsuntersuchungen darauf hin, daß die Anpassung dann besonders leicht vonstatten geht, wenn das Kind von vielen freundlichen Menschen umsorgt wird« (*Mead* 1954; zit. n. *Rosenbaum* 1973, 173).

Es kann also – trotz aller ideologischen Unkenrufe – als gesichert gelten, daß kleine Kinder keine Nachteile erleiden, wenn sie von mehreren Bezugspersonen positive Zuwendung erhalten; sie lernen dann ihrer Umgebung im ganzen zu vertrauen und einen generellen »sozialen Optimismus« (*Claessens*) zu entwickeln, der dadurch begründet sein mag, daß es in der größeren Gruppe Trennungserlebnisse (bzw. Situationen des Alleinseins) seltener und auch weniger nachdrücklich erlebt. Ganz Entsprechendes stellte auch *Bettelheim* nach einer gründlichen Bewertung der emotionalen Aspekte der Sozialisationsbedingungen im Kibbuz fest: »Betrachten wir . . . die Bilanz (!) aus der aus der positiven Bindung gewonnenen Sicherheit und der Trennungsangst, kann es sehr wohl sein, daß die Kibbuzkinder auch hier im Vorteil sind« (*Bettelheim* 1971 b, 96).

Diese recht gut abgesicherten Ergebnisse müssen für unser Konzept allerdings in doppelter Hinsicht abgeändert werden: Einerseits handelt es sich bei den Kindern, die in öffentliche Erziehung kommen, in der Mehrzahl um ältere Kinder, für die der Kreis der näheren Bezugspersonen in der Regel sowieso schon erheblich über die Mutter-Kind-Dyade hinaus erweitert ist. Andererseits leiden aber gerade diese Kinder sehr häufig an einem tiefsitzenden Beziehungsdefizit, das anfangs zu einer längeren Phase der Regression (»Ich bin euer Baby!«) bei gleichzeitigem Mißtrauen (»Ich kann mir das kaum vorstellen – ob ihr mich wirklich lieb habt?«) führt. Man müßte einmal empirisch überprüfen, ob die späte Nachentwicklung einer zufriedenstellenden Beziehungsfähigkeit (soweit sie überhaupt noch möglich ist) nur über den befriedigenden Kontakt zu einer oder auch zu mehreren Personen erreicht werden kann.

Cyprian und *Wurzbacher* beschäftigen sich zwar nicht ausdrücklich mit dieser Frage, weisen aber darauf hin, daß »Kinder ihre Bezugsperson aus den Gruppenmitgliedern selbst selegieren«; der Einwand, eine größere Zahl von Erwachsenen verwirre und verunsichere das Kind nur, werde

dadurch entkräftet (vgl. *Cyprian/Wurzbacher* 1975, 327).
Positiv sind die Chancen des halbprofessionellen Wohnkollektivs wohl auch bezüglich der Gefahren psychischer Schädigungen familialer Ursache einzuschätzen. Da die Erwachsenen vergleichsweise wenige Verzichte auf sich nehmen müssen, ihnen – sozusagen – weniger »Kosten« aufgebürdet werden und die Verantwortung tatsächlich auf mehrere Personen verteilt ist, kann man im allgemeinen mit einem entspannteren Verhältnis zwischen Kindern und Ersatzeltern/Erziehern rechnen. Überbehütung, die ja häufig aus Schuldgefühlen wegen angeblicher Vernachlässigung entsteht, ist angesichts der gut organisierten Betreuung der Kinder kaum zu befürchten; im Elternkollektiv kann ein Teil der elterlichen Konflikte, Ängste und Bestrebungen geklärt werden, für die in der Kleinfamilie häufig die Kinder als »Projektionswand« herhalten müssen. »Ungeklärt muß im Augenblick noch bleiben, ob die kollektive Kindererziehung nicht für das einzelne Kind manchmal Selbstwertprobleme mit sich bringt«; bei den Kindern können sich nämlich bisweilen Eifersucht und das Gefühl ungenügender Anerkennung einstellen, weil sie häufig beobachten werden, daß sich ihre »Eltern« nicht nur um sie, sondern ebenso liebevoll um die anderen Kinder kümmern (*Cyprian/Wurzbacher* 1975, 328). So berechtigt dieser Einwand ist, muß man doch feststellen, daß er die Situation nahezu aller Kinder in Ersatzerziehung beschreibt. Gerade für diese von Selbstwertproblemen geplagte Gruppe von Kindern kann das Wohnkollektiv vielleicht besonders hilfreich sein: Sie können jedenfalls *auch* erfahren, daß sich ihnen *mehrere* Erwachsene relativ intensiv und nicht nur in einer bezahlten Dienstzeit zuwenden.
Entscheidende Auswirkungen auf den Sozialisationserfolg gehen von den Faktoren »Stabilität« und »Kontinuität« des Kollektivs aus, denn gerade hinsichtlich der Bedingungen frühkindlicher Sozialisation (und wohl auch der späteren Nachsozialisation) erweisen sich Tragfähigkeit und Sicherheit der Beziehungen als die entscheidenden Momente [179]. Die bisher vorliegenden Erfahrungen zeigen jedoch, daß die meisten »normalen« Wohnkollektive im Hinblick auf die Stabilität der Lebensform und des Zusammenhaltes wenig zuverlässig sind (vgl. *Cyprian/Wurzbacher* 1975, 135).
Hier liegt sicher einer der schwerwiegendsten Einwände gegen dieses Konzept. Ganz ohne Zweifel muß jegliche Instabilität im halbprofessionellen Wohnkollektiv so weit wie eben möglich vermieden werden. Das, was Kinder in Heimen an Bezugspersonenwechsel und in Pflegefamilien an abgebrochenen Pflegeverhältnissen miterlebt haben, darf hier nicht fortgesetzt werden. Was für jede Form der öffentlichen Ersatzerziehung gilt – daß Erziehen kein Job ist, daß man als Erzieher ein Stück von sich

selbst investieren muß und daß sie nur dann erfolgreich sein kann, wenn man eine genügend lange Zeitstrecke dafür einplant –, gilt auch für die Erziehung in Wohnkollektiven. Die organisatorischen Voraussetzungen für Kontinuität und Stabilität scheinen mir hier im Vergleich zu den anderen Formen öffentlicher Erziehung allerdings besonders günstig zu sein. Und wenn aus unumgänglichen Gründen doch ein Erzieher oder ein Erzieherpaar ausscheiden muß, besteht für die Pflegekinder immer noch die Wahl zwischen zwei Möglichkeiten: daß sie im Restkollektiv bleiben oder zusammen mit der ausscheidenden Familie das Kollektiv verlassen. Beides wird schmerzlich sein und seelische Narben hinterlassen; der Einschnitt wird aber wohl letztlich nicht so schwerwiegend sein wie der Wechsel des Gruppenerziehers im Heim (falls er es überhaupt »geschafft« hat, Bezugsperson im eigentlichen Sinn zu werden), die Verlegung von einer Gruppe in eine andere oder von einem Heim in ein anderes oder der Abbruch eines Pflegeverhältnisses. Beim Wohnkollektiv wird immer ein Stück Sicherheit bietender Kontinuität gewahrt: »Bisherige Erfahrungen zeigen ..., daß Trennungen und Brüche in und mit Wohngemeinschaften in der Regel besser bewältigt werden als in der Kleinfamilie« (*Wolff* 1976, 105).

Wichtig sind auch für diese Alternativform die Sozialisationswirkungen, die von der Kindergruppe ausgehen: Schon am Ende des zweiten Lebensjahres können Kinder ein Gruppengefühl ausbilden und den Wunsch nach Interaktion und Kooperation zeigen. Durch das Miteinander-Umgehen in der Gruppe gewinnen sie Sicherheit und Vertrauen; sie lernen früher (und überhaupt!) kooperatives und solidarisches Verhalten und erwerben soziale Fähigkeiten, die ihr Verhaltensrepertoire gegenüber Kindern, die in erster Linie in der Umgebung von Erwachsenen leben, deutlich erweitern. Besonders kann der für Wohnkollektive übliche, mehr oder weniger weitgehende Verzicht auf Privatbesitz dazu führen, daß Kinder weniger egoistisch und egozentrisch werden. Und schon sehr früh können sie die Erfahrung machen, wie sehr die gewaltmäßige Durchsetzung der eigenen Interessen die individuellen Bedürfnisse eines anderen Kindes einschränken kann. Auf der Basis gegenseitiger Sympathie können sie dann, unbeeinflußt von sich einmischenden und autoritär entscheidenden Erwachsenen, Techniken entwickeln, um solche Interessenkonflikte zu lösen (vgl. *Cyprian/Wurzbacher* 1975, 339 ff.).

Außerdem bietet die Gruppe den Kindern erhebliche Solidarisierungsmöglichkeiten: Da sich die Ersatzeltern nicht nur um die »eigenen« Pflegekinder, sondern auch um alle anderen Kinder kümmern, wird die Gefahr einer zu starken Einschränkung der freien Persönlichkeitsentfaltung der Kinder nicht allzu groß sein; die Kinder erfahren, daß ein großer

Teil ihrer Bedürfnisse nicht nur von Erwachsenen, sondern auch von der Gruppe der Gleichaltrigen oder anderen Kindern befriedigt werden kann; diese Erfahrung vermittelt ihnen ein Gefühl größerer Unabhängigkeit und stärkt ihr Selbst- und Gruppenbewußtsein. Unter dem Schutz der Gruppe können sie Autonomie und Widerstand gegenüber den Erwachsenen entwickeln; Wohnkollektiv-Kinder werden auf diese Weise selbständiger, eigenwilliger und kritischer sein und besonders empfindsam auf autoritäre Verhaltensweisen Erwachsener reagieren – eine Empfindsamkeit, die sie sich »leisten« können, weil die Gleichaltrigengruppe ein Gegengewicht zur überlegenen Position der Erwachsenen darstellt (vgl. *Cyprian/Wurzbacher* 1975, 342).

Zum Anspruch jedes Wohnkollektivs – auch eines halbprofessionellen – gehört es, daß die Gleichstellung von Mann und Frau bewußt und nachdrücklich bejaht wird. »In der Wohngruppe gibt es keine ›Frauen‹- und keine ›Männer‹arbeit. Die Gruppe achtet streng darauf, daß jeder ... alles tut« (*Kentler* 1972, 10). Wo dieser Anspruch in der Realität nicht eingelöst wird, besteht wenigstens die Solidarisierungsmöglichkeit mit der Gruppe des eigenen Geschlechts, die hier vielleicht eine hilfreiche Unterstützung bieten kann. Im Vergleich zur traditionellen Familie werden dabei den größten Autoritäts- und Privilegienverlust die Männer in Kauf nehmen müssen: Wo alle erwachsenen Mitglieder durch Arbeit im Haus oder im Beruf zum Unterhalt des Kollektivs beitragen, ergeben sich für Männer keine besondere Machtstellungen mehr. Die Sozialisation der Kinder kann also – jedenfalls von den Strukturen her – weitgehend geschlechtsunspezifisch vonstatten gehen; damit steht allen Kindern eine jeweils vergrößerte Palette an Wahrnehmungs- und Ausdrucksformen, produktiven Fähigkeiten und Interessen zur Verfügung (vgl. *Cyprian/Wurzbacher* 1975, 349; 352).

Voraussetzung für das Gelingen dieses Konzeptes ist, neben dem schon erwähnten Problem der Stabilität und Kontinuität, erstens – ähnlich wie beim Pflegefamilienkooperativ und beim Kinderhaus-Verbund – die grundsätzliche Einigung aller Erwachsenen in den wesentlichen Erziehungszielen und -methoden, der ständige Meinungsaustausch über Erziehungsfragen und die regelmäßige Diskussion über das tatsächliche (und nicht nur das beabsichtigte!) Erziehungsverhalten des einzelnen und der Gesamtgruppe. Wo dieses nicht gelingt und Kinder statt dessen einem ständigen Wechselbad unterschiedlicher und inkonsequenter Erziehungsstile und -ziele ausgesetzt sind, können sie schwere Schäden in ihrer Persönlichkeitsentwicklung erleiden; wo es erfolgreich betrieben wird, kann sich eine »inhaltliche Verbesserung des Erziehungsverhaltens« zeigen (*Cyprian/Wurzbacher* 1975, 337).

Zweitens muß soweit wie eben möglich sichergestellt sein, daß nicht nur unter den Erwachsenen, sondern auch in der Gruppe der Kinder prinzipielle und tatsächliche Gleichberechtigung herrscht; würden die leiblichen Kinder der Erzieher in irgendeiner Weise bevorzugt, müßte das ganze Konzept unter dieser inneren Unstimmigkeit leiden.
Ungelöst bleibt auch hier die Frage nach der Schichtspezifität der Erziehung. Wohnkollektive sind bisher ausgesprochene Einrichtungen von Mitgliedern der oberen Mittelschicht. Ihre Professionalisierung verstärkt diese Tendenz eher noch. Auch ein politisch bewußtes oder gar aktives, die Klassengegensätze dieser Gesellschaft reflektierendes und bekämpfendes Wohnkollektiv wird den von ihm betreuten Pflegekindern den Konflikt zwischen den Mittelschichtsnormen der erwachsenen Kollektivmitglieder und ihren Kindern und den Normen des Herkunftsmilieus der Pflegekinder kaum ersparen können. Die schon wiederholt beschriebenen Folgen dieser Entfremdung von der eigenen Klasse werden sich auch im halbprofessionellen Wohnkollektiv schwerlich vermeiden lassen (vgl. dazu *Cyprian/Wurzbacher* 1975, 366).

Das offene Haus

Im Gegensatz zu den bisher beschriebenen Konzepten, die auf fest vereinbarten, mehr oder weniger umfassenden Formen der Zusammenarbeit beruhten, ist es das Prinzip des »offenen Hauses«, auf alles Institutionelle zu verzichten. Statt einer Institution ist das offene Haus eher ein Lebensstil, der einige Privilegien, nämlich zumindest ein »gehobenes« Einkommen und eine flexiblere Zeiteinteilung, voraussetzt. Für den durchschnittlichen Lohnempfänger, der in seiner Sozial- oder Werkswohnung haust und vielleicht noch Schichtarbeit leisten muß, ist dieser Lebensstil unerreichbar.
Die materielle Basis des offenen Hauses ist ein Ein- oder Zweifamilienhaus, eine alte Villa oder eine große Altbauwohnung, jeweils mit ausreichend großem Garten – und mit gut schallisolierten Wänden und Decken zu den Nachbarn hin! Im offenen Haus wohnen zwei oder mehrere Erwachsene mit eigenen und mit Pflegekindern zusammen; der rechtliche Status der Erwachsenen – verheiratet, ledig, geschieden, befreundet ... – spielt keine Rolle; entscheidend ist das Ausmaß der inneren Verbundenheit und äußeren Verbindlichkeit als Voraussetzung für die Entstehung von stabilen Beziehungen und befriedigender Bindungsfähigkeit.
»Offen« ist das offene Haus in mehrfacher Hinsicht:
- Es ist über den Kreis der Kleinfamilie offen für weitere Erwachsene als Mitbewohner und für Freunde, Arbeitskollegen und Nachbarn, die als

Gäste gern gesehen werden.

- Es ist über den Kreis der eigenen Kinder hinaus offen für fremde Kinder, die als vorübergehende oder ständige Pflegekinder aufgenommen und einbezogen werden; Haus und Garten sind offen auch für die Spielkameraden aus der Nachbarschaft.
- Auch die Speisekammer ist offen: Wer zwischendurch mal Hunger oder Durst hat, kann sich jederzeit Brot und Saft holen.
- Das offene Haus hat Regeln – aber es ist offen für eine Änderung dieser Regeln. Die Regeln müssen vernünftig, einsichtig und einfach sein. Ihr Ziel ist, die Freiheit jedes einzelnen so abzusichern, daß die Freiheit eines anderen dadurch nicht übermäßig eingeschränkt wird (vgl. *Neill* 1969, 123).
- Kinder und Erwachsene, Männer und Frauen, Mädchen und Jungen sind gleichberechtigt; wer welche Arbeit zu machen hat, richtet sich nach vernünftigen und einsichtigen Überlegungen und Absprachen und nicht nach der Geschlechtszugehörigkeit.
- Das offene Haus ist offen für Gefühle: Zärtlichkeit und Zuneigung dürfen genauso offen gezeigt werden wie Ärger und – begründbare – Kritik.
- Offenheit besteht auch nach außen: Die Erwachsenen betätigen sich politisch, gewerkschaftlich oder sozial, sie arbeiten in Verbänden, Kirchen und Vereinen mit. Und auch die Kinder besuchen Jugendkreise, Clubs, Sportvereine usw.

Ist ein solches offenes Haus nicht eine unrealistische Idylle? Ein unpolitisch-entpolitisierender Freiraum, der die gesellschaftlichen Widersprüche übertüncht und in dem ein wenig politisch-gewerkschaftliches Engagement und linker »touch« schnell als Alibi zu entlarven sind?
Vielleicht. Mich erinnert es eher an das »kleine, vernünftige Paradies« – jene »warme, offene, anregende« Umgebung, die ein wenig den »Duft der großen weiten Welt« trägt, von der *A. Frommann* gesprochen hat (vgl. S. 161 ff.).
Ich möchte die Fragen, die an das Konzept des offenen Hauses zu stellen wären, in drei Abschnitten zusammenfassen: die Frage nach der Persönlichkeitsentwicklung der Kinder im offenen Haus, also nach den »Wirkungen« und »Nebenwirkungen« der strukturellen Bedingungen; die Frage nach den Möglichkeiten, dieses Konzept zu verwirklichen und die Frage nach der politischen Berechtigung eines solchen »Lebensstils«.

Persönlichkeitsentwicklung: Wichtig wird sein, daß das offene Haus nicht zu offen ist! Rückzugsmöglichkeiten und die Chance, allein sein zu können, müssen für jeden Bewohner unbedingt bestehen. Offenheit darf auch nicht – wie schon gesagt – als Unverbindlichkeit mißverstanden werden: Den Pflegekindern müssen Erwachsene zur Verfügung stehen, auf deren zuverlässige und regelmäßige Zuwendung sich die Kinder verlassen können, die den Kindern Bindungsangebote machen und mit denen sich die Kinder identifizieren können. Damit steht und fällt ohne Zweifel das ganze Konzept.

Sind diese Voraussetzungen aber erfüllt, kann das offene Haus ein Stück weit »therapeutisches Milieu« sein (vgl. *Bettelheim* 1971 a; *Redl* 1970; 1974) – ein Schonraum, in dem Regressionen und Aggressionen toleriert werden, in dem die Kinder zeitweise »vom Zwang zu regelhaftem Verhalten« befreit sind und in dem sie sich »ausverwahrlosen« können (*Mehringer* 1975 b, 152), ohne gleich direkte negative Konsequenzen befürchten zu müssen.

Die in dieser freien Atmosphäre aufwachsenden Kinder werden – vielleicht deutlicher als in den ersten beiden Konzepten – weitgehend frei sein von den zwanghaften Ausprägungen des Gesellschaftscharakters. Die ihnen selbstverständlich zugestandene Mitbestimmung und die Stärke, die sie in der Kindergruppe finden, wird ihre Kritikfähigkeit und ihre Sensibilität gegenüber ungerechten Macht- und Herrschaftsstrukturen fördern. Die große Selbständigkeit kann ihr Selbstvertrauen stärken. Kognitive und soziale Entwicklungsanreize werden ziemlich zahlreich zur Verfügung stehen. – Wieweit Geschlechtsrollenklischees überliefert werden, wird von der Art der Aufgabenstellung abhängen. Psychische Defekte familialer Ursache sind kaum zu befürchten – jedenfalls solange das offene Haus tatsächlich offen ist und die Erwachsenen nicht auf die Kinder zur Befriedigung ihrer eigenen Bedürfnisse oder zum Abschieben ihrer Probleme zurückgreifen müssen.

Kritisch wird es vielleicht mit der notwendigen (?!) Anpassung an äußere Zwänge sein: Schulschwierigkeiten und Leistungsverweigerung können besonders dann eintreten, wenn die Kinder den Schulbetrieb mit seinen entfremdeten Lerninhalten als »langweilig« und »uninteressant« ablehnen und die gewohnte Freiheit, Ungezwungenheit und Kritikbereitschaft auch in der Schule verwirklichen wollen. Ähnliche Probleme können auch am Arbeitsplatz oder in der Lehre auftreten – besonders dann, wenn im Haus das Vorbild eines unter industriellen Bedingungen arbeitenden Erwachsenen fehlt. Die Pflegeeltern im offenen Haus werden dieses Problem von vornherein im Auge behalten und ihre »Zöglinge« nicht zuletzt durch eigenes Vorleben zu einer kritisch-distanzierten Anpassung führen müssen. Das ist freilich »leichter gesagt (›reflektiert‹) als getan« (*Mehringer* 1975 b, 150). Die Frage der Schichtidentität und der sich daraus ergebenden Lebensperspektive bleibt auch in diesem Konzept ungelöst (s. o.).

Realisierbarkeit: Das Konzept des offenen Hauses wird in einigen Fällen verwirklicht – es ist also prinzipiell realisierbar. Ob allerdings in den nächsten Jahren offene Häuser in größerer Zahl entstehen können, ist zweifelhaft (vielleicht werden durch die zunehmende Bereitschaft von Angehörigen der oberen Mittelschicht, Pflegekinder aufzunehmen, in Zukunft die Möglichkeiten, in dieser Richtung zu arbeiten, etwas besser). Die Mieten für geeignete Häuser sind in der Regel kaum zu erschwingen – erst recht nicht dann, wenn wegen der anfallenden Haus- und Betreuungsarbeit nur ein Erwachsener »draußen« arbeiten und verdienen kann. In nur wenigen privilegierten Berufen kann man die Arbeitszeit so flexibel gestalten, daß immer ein Erwachsener im Haus sein und sich auch mit ausreichender Zeit und Gelassenheit um Haushalt und Kinder kümmern kann. Geeignete Halbtagsstellen – die sich bei diesem Konzept ja geradezu anbieten – sind (abgesehen von der meist geringen Bezahlung) rar.
Ideal wäre es, wenn wenigstens die hohen Mietkosten durch die Pflegegelder bestritten werden könnten. Ob Jugendämter allerdings bereit sein werden, in einem – äußerlich vielleicht etwas unordentlichen und ein wenig ungepflegten – Haus, in dem es »wie im Taubenschlag« zugeht, professionelle Pflegestellen einzurichten (und nur die werden ja entsprechend hoch bezahlt), bleibt abzuwarten. Sicher ist hier noch viel Überzeugungsarbeit nötig.

Politische Berechtigung: Die Frage nach der politischen Berechtigung eines solchen Konzeptes und eines solchen Lebensstiles soll nur sehr kurz angesprochen werden, obwohl gerade hier umfassende Überlegungen notwendig wären.
Das Dilemma ist meines Erachtens, daß öffentliche Erziehung eigentlich nur dann, wenn sie in proletarischen Pflegefamilien stattfindet, den Klassenzusammenhang der Pflegekinder und ihre Schichtidentität garantieren kann. Diese Unterschichts-Pflegefamilien sind aber meist zugleich diejenigen, die am umfassendsten die unerwünschten Nebenwirkungen familialer Erziehung überliefern und am wenigsten die hinter der Familienideologie stehenden ökonomischen und politischen Interessen durchschauen (bzw. der ideologischen Beeinflussung am wehrlosesten ausgesetzt sind). Abgesehen davon ist der »Klassenzusammenhang« allein noch lange kein Beweis für tatsächliches politisches Bewußtsein und organisierte politische Aktivität. Die Möglichkeit, politisches Bewußtsein zu erwerben, ist also in der Mittelschicht (in der man ja auch, wenn auch meist weniger unangenehm, seine Arbeitskraft verkaufen muß und – systematisch betrachtet – ebenso ausgebeutet wird) genauso gut, erfahrungsgemäß oft sogar besser gegeben als in der Unterschicht.

Wenn im offenen Haus nun freie, kritische, kreative, genußfähige und engagierte Kinder herangezogen werden, ist die Chance, daß sie für die Verwirklichung freiheitlicherer Lebensbedingungen für die ganze arbeitende Bevölkerung eintreten, vielleicht doch noch größer als beim Aufwachsen unter den oft engen, zur Anpassung zwingenden Lebensverhältnissen einer proletarischen Pflegefamilie.

3.3. Abschließende Gedanken

Am Schreibtisch zu sitzen und Konzepte auszudenken, wie man im Bereich der öffentlichen Erziehung die fatalen Nebenwirkungen familienanaloger Sozialisation umgehen könnte, ist leicht und vergleichsweise angenehm.

Weniger leicht ist es dagegen, alternative Konzepte auch zu verwirklichen. Probleme können dabei – u. a. – in drei Bereichen auftreten: bei der »Auswahl« der Kinder, bei den Voraussetzungen, die die Ersatzeltern bzw. Erzieher mitbringen sollten, und durch die Sozialbürokratie.

Zu den Kindern: Man wird rechtzeitig und gründlich planen müssen, ob überhaupt und wenn ja, wie lange sie auf öffentliche Erziehung »angewiesen« sein werden: Ist die Integration in eine neue, intensiv aufeinander bezogene Gruppe sinnvoll oder ist die baldige Rückführung in die Herkunftsfamilie beabsichtigt? Wieweit können dabei die Wünsche der Kinder berücksichtigt werden? Wenn eine langfristige Ersatzerziehung unumgänglich erscheint, können alle die hier beschriebenen »Einrichtungen« geeignet sein; ist nur eine kurzfristige Unterbringung erforderlich, käme vielleicht eher das offene Haus in Frage, wenn man nicht auf »Jugendpensionen« oder auf Pflegefamilien in der Nachbarschaft der Herkunftsfamilie zurückgreifen kann oder möchte.

In Einzelfällen, besonders bei körperlich oder geistig schwerstbehinderten Kindern und solchen, die (noch) nicht gemeinschaftsfähig sind, werden eher Einzelpflegestellen, die in einem lockeren Verbund mit Beratern und helfenden Einrichtungen stehen (vgl. z. B. *Marschner* 1974; *Luuka* 1974), oder aber kleine, intime, spezialisierte Institutionen angebracht sein (vgl. z. B. *Schmid* 1974). Für Jugendliche, die zu dem Zeitpunkt, an dem sie in öffentliche Erziehung kommen, schon relativ alt sind, kommen neben Jugendwohnkollektiven und -gemeinschaften auch Lehrlingswohngruppen (vgl. *Moosburger* 1975) oder Einzelpflegestellen (vgl. *Luuka* 1974; *Kälvesten* 1974) in Frage.

Zu den Erziehern: Auch an sie stellen die beschriebenen Konzepte ziemlich hohe Anforderungen: Erzieher sind meist weder von ihrer familialen noch von ihrer beruflichen Sozialisation her auf kollektives Leben oder doch auf eine Lebensweise, die sich nicht privatistisch abkapselt, vorbereitet. Auch da, wo in der Erzieherausbildung familienkritische Inhalte vermittelt werden (was sicher nicht die Regel ist), ergibt sich daraus nicht automatisch eine auch gefühlsmäßige Abneigung gegen die ideologiebefrachtete Institution der bürgerlichen Kleinfamilie, im Gegenteil: Häufig kommen sie aus zumindest subjektiv recht intakten Familien und schätzen daher »Familie« affektiv hoch ein. Die von ihnen u. U. verbal geäußerte Familienkritik kann »angelernt«, fremdbestimmt und äußerlich sein.
Bei solchen Voraussetzungen können die Belastungen, die durch den teilweisen Verzicht auf Privatsphäre und Privilegien, durch räumliche und soziale Offenheit, durch die Aufhebung der säuberlichen Trennung von Beruflichem und Privatem und durch den Verzicht auf das hilfreiche Korsett hierarchischer Strukturen entstehen können, schwer und bedrohend erscheinen. Hier müßte durch veränderte Ausbildungsziele und -methoden und durch langfristige, stabilisierende Begleitung verändernd und unterstützend eingegriffen werden.

Zu den Behörden: Ob es sich angesichts der zunehmenden politischen Restauration, die sich im Bereich der Jugendhilfe z. B. in der Streichung von Zuschüssen u. ä. für fortschrittliche Einrichtungen und Initiativen, in der Diskussion um die Wiedereinführung von geschlossenen Heimen (vgl. *Ficht* 1977; *Rabatsch* 1977, 14 ff.; AG IGfH 1977), in der Androhung und Durchführung von Berufsverboten und allgemein in erheblichen Sparmaßnahmen zeigt, die oben beschriebenen Konzepte das ›Wohlwollen‹ und die finanzielle Unterstützung der zuständigen Jugendhilfe-Behörden finden, ist zweifelhaft – besonders dann, wenn deutlich wird, daß sie das »goldene Kalb« Familie und Familienprinzip entweihen wollen. Allerdings scheint es mir den Versuch wert zu sein, auszuprobieren, ob die immer wieder beschworenen Freiräume für die Verwirklichung dieser (ja wirklich nicht sehr »aufregenden«) Konzepte ausreichen.
Sozialpädagogische Theorie und Praxis und die sich aus ihnen ergebenden gesellschaftlichen Konflikte sollen, so hat *Mollenhauer* (1965, 27) einmal formuliert, »Meilensteine auf dem Weg des gesellschaftlichen Fortschritts sein«. Die Analyse der negativen Nebenwirkungen von familialer und ersatzfamilialer Erziehung und die Verwirklichung von Konzepten öffentlicher Erziehung, in denen diese fortschrittshemmenden »Nebenwirkungen« weniger auftreten, können nur dann solche »Meilensteine« sein,

wenn es gelingt, diese alternativen, emanzipatorischen Lebens- und Wohnformen im Gemeinwesen zu verankern. Als kleine, in sich zufriedene »Inseln der Seligen« bleiben sie politisch fruchtlos. Nur wenn sie für die benachbarte Bevölkerung offen, durchsichtig, vernünftig und attraktiv sind, können sie zum Vorbild werden und als Modelle allgemeingültiger, praktikabel veränderter Sozialisations- und Lebensbedingungen wirken. Die politische Reichweite solcher Modelle darf man allerdings nicht überschätzen: Da sie im Reproduktionsbereich angesiedelt sind und wirksam werden, können sie im Bemühen um eine grundlegende Veränderung der gesellschaftlichen Verhältnisse nur unterstützende Bedeutung haben, indem sie den Teufelskreis der sich ständig selbst reproduzierenden und tradierenden Familienideologie zu unterbrechen versuchen.

Anmerkungen

1 Allerdings gab es den Begriff der »Familie« im heutigen Sinn noch gar nicht; er trat sprachlich erst seit dem späten 16. Jahrhundert auf, zunächst in der lateinischen Wortform und ebenfalls in der lateinischen Bedeutung von »Hausgenossenschaft« (vgl. *Weber-Kellermann* 1975, 78).

2 »Nach einem Bericht des Waisenpflegers in Straßburg waren anfangs, also wohl bis weit ins vierzehnte Jahrhundert, nur etwa sechs bis acht verlassene Kinder jährlich zu versorgen« (*Scherpner* 1966, 21).

3 In Hamburg wurde versuchsweise 1709 eine Drehlade eingerichtet; binnen eines Jahres wurden dort 200 Kinder eingelegt (daraufhin schloß man sie lieber wieder ...) (vgl. *Uhlhorn* 1895, 207). In manchen Ländern hat die Einrichtung der Drehlade bis in dieses Jahrhundert hinein bestanden: Napoleon führte sie 1811 in Frankreich wieder ein; erst 1862 wurde dort die letzte Drehlade wieder aufgehoben; in Italien bestanden sie bis 1923, in Spanien bis 1931 (vgl. *Scherpner* 1966, 20, Anm. 9; *Feld* 1927, 176).

4 Das erste urkundlich erwähnte Findelhaus wurde 787 in Mailand gegründet (vgl. *Villaret* 1888, 607).

5 Vgl. dazu z. B. *Martin Butzer,* De Regno Christi, 1550; in: *Krimm* 1963, Dok. 26, S. 45. Vgl. zum Geschichtlichen z. B. *Streisand* 1974, 53 ff.; *Dörschel* 1972, 67 ff.; *Marx*, Das Kapital, Kap. 24 = MEW 23, S. 741 ff.; *Mandel* 1972, 109 ff.

6 Vgl. auch die Nürnberger Armenordnung v. 1522; abgedruckt bei *Krimm* 1963, Dok. 1, S. 16.

7 Als in der 2. Hälfte des 15. Jahrhunderts die Zahl der Bettler in ungeheurem Maße anstieg, wurde in vielen städtischen Bettelordnungen und schließlich 1497 vom Reichstag in Lindau die Arbeitspflicht für alle Armen einheitlich festgelegt und religiös verbrämt – von »Recht auf Arbeit« war allerdings nicht die Rede. Nur die »wirklich« hilfsbedürftigen, also arbeitsunfähigen, ehrenwerten und zum eigenen Gemeinwesen gehörenden Armen sollten noch unterstützt werden, allen anderen wurde die Unterstützung gestrichen, sie wurden zur Zwangsarbeit verpflichtet, ins Gefängnis geworfen oder gar hingerichtet (vgl. *Krimm* 1963, Dok. 28, S. 48; *Uhlhorn* 1895, 113; *Scherpner* 1974, 29 ff.; 1966, 31).

8 Zur Kastenordnung vgl. ausführlich *Uhlhorn* 1890, 71 ff.

9 Außerdem hatte diese großzügige Fürsorge einen unerwünschten Nebeneffekt: Sie führte in Ypern dazu, daß »mehr als bisher Eltern die Stadt unter Zurücklassung ihrer Kinder verließen, andere von auswärts ihre Kinder als Findlinge nach Ypern brachten, so daß bereits 1529 solche Aussetzungen zu Kapitalverbrechen erklärt wurden« (*Scherpner* 1966, 33, Anm. 4).

10 Allerdings kam man in anderen Städten zu anderen Ergebnissen in dieser Frage; in Frankfurt beispielsweise wurde 1641 das Waisenhaus *nicht* vergrößert, weil es sich als billiger erwiesen hatte, die Kinder privat unterzubringen. Diese ökonomische Einsicht setzte sich später weitestgehend durch (vgl. *Hess* 1921, 18).

11 In Nürnberg waren beispielsweise noch zu Beginn des 17. Jahrhunderts etwa gleich viele Kinder in der Findel und in Privatpflege untergebracht (*Scherpner* 1966, 56; vgl. aber das folgende Kapitel).

12 Die Ursache dieser »Verzögerung« liegt wohl in der im Vergleich zu den

Nachbarländern langsameren ökonomischen Entwicklung im politisch und konfessionell zersplitterten Deutschland.

13 Noch im 18. Jahrhundert lebten z. B. etwa ein Drittel der Einwohner der preußischen Städte in sog. Mediatstädten, d. h. solchen Städten, deren Bürger wie erbuntertänige Bauern einem Adligen oder Domänenverwalter zu kostenlosen Dienstleistungen verpflichtet waren (vgl. *Streisand* 1974, 93 f.).

14 So bot Friedrich der Große den Kaufleuten in Hirschberg/Schlesien 1766 eine »Sendung von 1000 Kindern im Alter von 10 bis 12 Jahren an ..., um sie zum Spinnen zu verwenden; die Ablehnung des Angebotes erweckte sein höchstes Mißfallen« (*Weber-Kellermann* 1975, 134).

15 Vgl. die bei *Scherpner* 1966, 50 ff.; *Uhlhorn* 1895, 190 ff.; *Büttel* 1913, 39; *Liermann* 1921, 3 f.; *Hess* 1921, 17; *Rüger* 1934, 62 ff.; *Stein* 1923, 63 u. *Krimm* 1963 ausgewerteten bzw. abgedruckten Belege.

16 Bürgerwaisen wurden in Frankfurt/Main traditionell in Privatpflege auf dem Land oder in der Stadt untergebracht, Findelkinder kamen ins Hospital.

17 Gegen besondere Bezahlung aus dem Armenkasten wurden, wenn Platz vorhanden war, auch bürgerliche Waisen und Arme aufgenommen (so *Hess* 1921, 43).

18 So die Hausordnung; vgl. *Hess* 1921, 44.

19 »Wie viele tausend armer Kinder hat man verwildern, und welche große Menge erwachsenen Bettel-Volckes hat man im Lande herum ziehen lassen, ohne daran zu gedencken, was dieses dem Lande für Schaden bringe, daß eine solche Menge Menschen ohne Zucht, ohne Unterricht, ohne Aufsicht und Ordnung gelaßen und in den Müßiggang übergeben werden, da sie ... in Diebstahl, Hurerey, Mord und Straßenrauben verfallen, und viel andere Greuel und Laster verübet«, fragt er im »Großen Aufsatz« (*Francke* 1962, 81).

20 Nicht aber etwa durch Spielen oder freies Herumtollen außerhalb des Hauses; den Kindern war alles Spielen untersagt, sie hatten sich fast ständig im Haus aufzuhalten.

21 Die Berufsarbeit war für Francke das »asketische Mittel par excellence« (*M. Weber*, zit. n. *Scherpner* 1966, 77).

22 Vgl. hierzu z. B. *Francke*, Instruction des Praeceptors bey denen Waysen-Mägdlein ..., 1871 b, 439; *Richter* 1871, 236 ff.; *Scherpner* 1966, 75 ff.; *Hegel* 1968, 21.

23 In Stuttgart wurde z. B. noch vor der Aufnahme der ersten Kinder ein Vertrag mit einer Basler Firma über die Fabrikation von Strümpfen und Kappen abgeschlossen (vgl. *Lempp* 1910, 13); dringend benötigte Erweiterungsbauten dienten häufig nur der Erweiterung des Produktionsbetriebes; vgl. auch *Kuczynski*, 1968, 16.

24 Allerdings erlitten diese Pläne häufig Schiffbruch – sei es, weil die Landesfürsten eine zu dilettantische Wirtschaftspolitik betrieben, weil der Widerstand der die Konkurrenz fürchtenden Zünfte zu stark wurde oder weil die Produkte der Waisenhäuser einfach nicht erfolgreich abzusetzen waren (vgl. z. B. *Lempp* 1910, 18 f.; *Stein* 1923, 65).

25 »Die Kinder in dumpfe Räume eingesperrt, schlecht genährt, mit Arbeit überbürdet, bei jeder Gelegenheit grausam gezüchtigt, viele krätzig, mit geschwollenen Köpfen oder verkrüppelt. Die Sterblichkeit war eine sehr große ...« (*Uhlhorn* 1895, 687).

26 Im Erfurter Waisenhaus, 1783 als »Spinnanstalt« gegründet, betrug beispielsweise die Arbeitszeit der Kinder täglich 10, im Sommer 12 Stunden. Davor,

dazwischen und danach fanden religiöse Übungen, Unterricht und Essen statt. – Der Spinnmeister trieb die Kinder zu ständigem Fleiß an, da er für jedes fertige Pfund Wolle 6 Pfennige erhielt (vgl. *Jacobs* 1931, 89).

27 *A. Gans*, Das ökonomische Prinzip in der preußischen Pädagogik des 18. Jahrhunderts, Halle 1930, zit. n. *Kuczynski* 1968, 28.

28 »Die Schicht der Bürger, die ohne Sorgen leben konnte, wuchs in Deutschland erst nach ... 1871 auf etwa 10 %« (*Weber-Kellermann* 1975, 110); *Sombart* nennt noch für 1900 weitaus niedrigere Zahlen, ca. 3–5 % (nach *Rosenbaum* 1973, 141).

29 Dieser »Freiwilligkeit‹ wurde dadurch etwas nachgeholfen, daß Arbeitsunwillige keinerlei Unterstützung bekamen (vgl. *Scherpner* 1966, 98).

30 Man ging – so auch *Pestalozzi* – von der Überzeugung aus, daß Kinder von etwa 5 bis 12 Jahren die Hälfte ihres Unterhaltes selbst erwerben könnten; ältere Kinder sollten ihn voll erwerben können (vgl. *Schnabel* 1974, 26); andere – so der Hamburger Syndikus *Sillem* in einem Gutachten von 1780 – waren der Meinung, 6–10jährige könnten etwa ein Viertel ihrer Nahrung, 10–14jährige die Hälfte und ältere die ganze verdienen; vgl. *Jacobs* 1931, 53).

31 Industrieschulen sollten zur »Industriosität« führen. Ein industriöser Mensch kann sich auf Neues, Ungewohntes umstellen und alles aufgreifen, was sich an wirtschaftlicher Betätigung darbietet. Insbesondere setzt er seine Kraft und seine Zeit ökonomisch ein; er sollte mit rastloser Tätigkeit und Ordnungsgeist eine genügende Sorgfalt, Anstelligkeit und Akkuratesse verbinden und auch noch im Genuß ökonomisch handeln (vgl. *Alt* u. a. 1970, 66). – Zu den unterschiedlichen Schultypen und ihrer pädagogischen und politischen Bewertung vgl. *Kuczynski* 1968, 18 ff.

32 *Salzmann* 1785, III. Bd., 360 f., Zit. 361 – »Man lehre das Kind nur so viel, als ihm für seinen Stand brauchbar ist. Alles, was darüber geht, ist von Übel« (*F. v. Cölln*, Beiträge zur Förderung der Volksbildung, Lemgo 1800; zit. n. *Alt*, u. a. 1970, 74).

33 So sehr klar vom Schriftsteller *F. J. Justin* 1782 erkannt; zit. n. *Scherpner* 1966, 100, Anm. 8 a. *Marx* hat das als die »industrielle Reservearmee« beschrieben (MEW Bd. 23, Kap. 23, S. 657 ff.).

34 Im Dubliner Waisenhaus betrug die Kindersterblichkeit sogar 98 %, in Paris 70 % (*Krebs* 1970, 30); in Kassel starben zwischen 1763 und 1781 55 % der neu aufgenommenen Kinder (*Stein* 1923, 117); in Stuttgart während der ersten Jahre ca. 26 % (*Lempp* 1910, 29).

35 Die Philanthropen, Hauptvertreter der deutschen Aufklärungspädagogik, waren von den Ideen *J. J. Rousseaus* stark angeregt (z. B. Naturnähe, Einfachheit der Lebensverhältnisse, körperliche Ertüchtigung, Abhärtung im Landleben, Sexualerziehung, spielerisches Lernen ...), wichen aber in wichtigen Punkten auch stark von ihm ab (z. B. in der Betonung des Erwerbssinns und der Berufstüchtigkeit sowie einem etwas »platten« Zweck-Nutzen-Denken; vgl. *Reble* 1959, 148 ff.).

36 Dabei halte ich mich im wesentlichen an *Jacobs* (Diss. 1931), der in seiner Monographie zu diesem Thema die Originalliteratur aufarbeitet, und an *Liermann* (Diss. 1921) und ziehe *Büttel* 1913, 39–43; 62–69; *Hess* 1921, 85–120; *Stein* 1923, 96–239; *Gillmann* 1927, 32–35 und *Lempp* 1910, 65–103 ergänzend hinzu, ohne dabei in der Regel einzelne Belegstellen anzugeben.

37 Im Dresdener Waisenhaus war vorgeschrieben, die Kinder ein- oder zweimal jährlich (!) spazierenzuführen!

38 Die allzu frühe Ausbeutung der Kinder hatte sich als auf die Dauer durchaus nachteilig erwiesen: In offiziellen Akten dieser Zeit findet sich die Bemerkung: »Es ist ein mit der Sache selbst verbundenes Übel, daß die Kinder, denen diese Art der Beschäftigung frühen Verdienst gibt, mehrenteils ungesund und zu Krüppeln werden und sich in älteren Jahren desto schlechter ernähren können« (zit. n. *Kuczynski* 1968, 61).

39 Der Philanthrop *Salzmann*, der in seinem vielgelesenen 5bändigen Roman »Carl von Carlsberg oder über das menschliche Elend« auch über einen Besuch im Waisenhaus Grünau berichtet, illustriert diesen Kritikpunkt sehr eindrücklich: »Nie habe ich ein so anschauliches Gemählde vom menschlichem Elende gehabt, als in dieser Stube. Ein ganzes Heerdchen Kinder . . ., die hier sollen versorget seyn, und doch so schlecht versorgt waren! Alle sahen sie bleich aus, wie die Leichen, hatten matte, viele triefende Augen, kein Zug von Munterkeit war an ihnen sichtbar, einige hatten verwachsene Füsse, andere verwachsene Hände, und alle starrten von Grätze, die alles Mark auszusaugen schien. Die Stube war schwarz vom Öldampfe, und an den Wänden flossen Ausdünstungen herab, die diese Elenden von sich gaben. Sie waren auf ihre Arbeit so erpicht, daß unsere Gegenwart sie gar nicht störte. Und alle ihre Arbeit war Spinnen. Einige, besonders die Kleineren, sponnen sitzend, die anderen stehend. Mein Herz hätte über den Anblick springen mögen . . . So entfernt auch unser policiertes Publicum seine leidenden Brüder von sich, giebt gern milde Beyträge, damit es nur ihren Anblick nicht haben darf, hängt seinem Vergnügen nach, spricht und singt von des Lebens Freude, unterdessen, daß jene in dem hülflosesten Zustande verzweifeln wollen« (*Salzmann* 1785, Bd. 1, 333 ff.; Zit. 342 f.; 352).

40 Das Singen und Beten gegen Bezahlung konnte so weit gehen, daß die Kinder nachts aus dem Schlaf gezerrt und in die Singstube getrieben wurden, wo sie für eine ihnen gänzlich unbekannte Frau, die gerade im Begriffe war niederzukommen, Not- und Bittgesänge bis zum glücklichen Abschluß der Geburt singen mußten!

41 Als Jahreskosten pro Kind werden z. B. für die Anstaltsunterbringung 40 Thaler, für die Privatverpflegung 25 Thaler angegeben. An anderer Stelle wird errechnet, für das Geld, mit dem man 200 Kinder im Waisenhaus unterhalten könne, könne man 300 in Familien versorgen lassen. Das Altonaer Waisenhaus gibt sogar an, die Anstaltsunterbringung sei dreimal so kostspielig wie eine Unterbringung in Familienpflege.

42 Dieser Punkt gewann besonders durch die inflationäre Geldentwertung besondere Bedeutung, zumal diese Entwicklung gerade die z. T. uralten Waisenhausstiftungen hart traf – wobei ja zur gleichen Zeit die Zahl der zu versorgenden Kinder stark anstieg.

43 Häufig war es so, daß ein Pfarrer zunächst einer Familie die Eignung als Pflegestelle zusprach; traten dann Schwierigkeiten auf, wollte er nicht zugeben, daß er sich mit seinem ersten Urteil geirrt hatte und meldete die Beanstandungen nicht weiter. Außerdem waren Prediger in dieser Frage natürlich unausgebildete Leute, deren Kriterien und Normen von niemandem hinterfragt wurden.

44 Aus der Literatur sind einige Fälle bekannt, in denen dieser Plan in größerem Umfang gelungen zu sein scheint. Dresden startete 1831 einen größeren Versuch, später (1883/84) Leipzig. Frankfurt hatte 1865 53 Kinder in 26 Familien in der hessischen Kleinstadt Lich (bei Nidda) untergebracht. »Den

Lichern ist es eine Ehrensache, die Pfleglinge gut zu halten und zu erziehen, so daß diejenigen, denen bis jetzt noch kein Kind gegeben wurde, es als Zurücksetzung ansehen« (aus dem Bericht der Frankfurter Pflegekommission von 1865; zit. n. *Liermann* 1921, 102; vgl. dies. 93 ff.).

45 Trotz der zahlreichen Versuche, die im »Fiasko« endeten (s. o.), sind auch etliche (angeblich) positive Beispiele bekannt; mustergültig soll z. B. die »Weimarer Waisenversorgungsanstalt« gewesen sein, die Ende des 18. Jahrhunderts für eine gute Auswahl und Beaufsichtigung der Pflegekinder sorgte und, um ausreichend Einfluß auf die Erziehung ausüben zu können, auch die »väterliche Sorge« (das jetzige Elternrecht) für die Kinder übernahm. Es meldeten sich viermal so viele Pflegefamilien als tatsächlich benötigt wurden, so daß man die fähigsten aussuchen konnte (vgl. *Liermann* 1921, 47 ff.; andere Beispiele bei *Jacobs* 1931, 73–98).

46 Darunter muß man sich Gruppen mit etwa 30 bis 40 Kindern vorstellen – was immerhin einen Fortschritt gegenüber den Riesenanstalten bedeutete (im Potsdamer Militärwaisenhaus waren zeitweise 1300 Kinder untergebracht!).

47 Sein Denken blieb dabei allerdings ständisch orientiert: »Der Arme muß zur Armut erzogen werden!« Vgl. *Alt* u. a. 1970, 105 und *Uhlhorn* 1890, 298.

48 Nämlich »jene Jahrzehnte, in denen eine verhältnismäßig stabile wirtschaftliche Lage der Kleinbauernhöfe und die hausindustrielle Textilarbeit der gesamten Familie einen großen Teil der Landbewohner trotz feudaler Bedrükkung und Reglementierung einen relativ auskömmlichen Ertrag einbrachten und dem Kleinbauern und Taglöhner das Gefühl einer ökonomischen Sicherheit verliehen« (*Alt* u. a. 1970, 107 f.); vgl. *Collong* 1929, 25: Pestalozzis »Blick war dabei rückwärts gerichtet ...«.

49 Malthus' Grundannahme war, daß sich die Menschen unbeschränkt vermehren würden, wenn der Vermehrung nicht bestimmte Grenzen entgegenstünden. Diese Grenzen sah er im Nahrungsmittelangebot gegeben. So sei das soziale Elend und die gedrückte Lage der Arbeiter auf das Mißverhältnis von Bevölkerungswachstum und Nahrungsmittelspielraum zurückzuführen. Der Hunger stelle – neben präventiven und repressiven Hemmungen – ein natürliches Regulativ für die Bevölkerungsvermehrung dar (vgl. *Siebel* 1974, 274).

50 Weitere Gründe – wie das Nachlassen der »freien Liebestätigkeit« aufgrund von Kirchenflucht, kirchenpolitische Entwicklungen in der Revolutionszeit usw. vgl. *Uhlhorn* 1890, 302.

51 Aus einem Bericht des Regierungspräsidenten von Potsdam vom 25. 11. 1818: »Auch in dem hiesigen Regierungsdepartement ... werden schon Kinder von fünf bis sechs Jahren, teils in Werkstätten ihrer Eltern, teils in den Fabriken, zu ganz mechanischen Arbeiten abgerichtet ... In den Fabriken fängt die Arbeit um sechs Uhr früh an und dauert gewöhnlich bis abends um neun Uhr, die Mittagsstunde allein ausgenommen, ununterbrochen fort« (zit. n. *Kuczynski* 1968, 68 f.).

52 Sehr umfassend behandelt *Wichern* (1975 c) in seinem Handbuchartikel »Rettungsanstalten als Erziehungshäuser in Deutschland« (1868) die Geschichte der Rettungsanstalten und alle wichtigen und strittigen Erziehungsprinzipien. In einer statistischen Übersicht nennt er »404 Rettungsanstalten, außerdem viele Erziehungsvereine«, die bis 1867 bestanden hatten oder noch bestanden (1975 c, 407 ff.).

53 Pestalozzi besuchte kurz vor seinem Tode (1826) die Anstalt seines Schülers und Freundes Zeller. Zu seinem Empfang sangen die Kinder das Goethesche

Lied: »Der du von dem Himmel bist« (vgl. *Uhlhorn* 1890, 332). Unter dem Eindruck des vom Geiste der Liebe Christi geleiteten Hauswesens soll er bei seinen Gängen durchs Haus öfters still vor sich hingesagt haben: »Das war's, was ich wollte« (*E. Zeller* n. *Krimm* 1963, Dok. 86, 151 f.).

54 In den Beuggener Akten sind einzelne Fälle aufgezeichnet, »in denen Lehramtszöglinge Liebesverhältnisse mit Mädchen anknüpften, oder besonders reizbare (!) Knaben die festgesetzten ... Schranken zwischen beiden Geschlechtern zu durchbrechen versuchten«. So etwas wurde natürlich keinesfalls geduldet! (*Ruth* 1927, 18, Anm. 1).

55 Aus dem 10. Jahresbericht von Kornthal und Wilhelmsdorf, Stuttgart 1833, S. 7 f.; zit. n. *Ruth* 1927, 19 f.

56 *H. W. Thiersch*, Chr. H. Zellers Leben, Bd. II, S. 250; zit. n. *Ruth* 1927, 21.

57 Von der Recke prägte den Namen »Rettungsanstalt«, der bald von der ganzen Bewegung übernommen wurde.

58 Aus: »Der Menschenfreund«, Düsselthal 1848; zit. n. *Krimm* 1963, Dok. 82, S. 139.

59 Der Berner Patrizier *Philipp Emanuel Fellenberg* (1771–1844) hatte auf der Grundlage der pädagogischen Ideen Pestalozzis 1799 auf seinem Gut in Hofwyl (Schweiz) eine (ständisch gegliederte) »Musteranstalt der Nationalbildung« errichtet, zu der auch eine vielbeachtete Armenerziehungsanstalt gehörte. In dieser Musteranstalt war die Arbeit – und zwar vor allem die landwirtschaftliche Arbeit – der entscheidende Erziehungsfaktor. Spezielles Ziel der Armenerziehungsanstalt war es, den »Mann des Volkes« durch Vermittlung der notwendigen Kenntnisse dahin zu bringen, daß er seinen Acker auf die bestmöglichste Weise nutzen könne.
Zur Armenschule, die ab 1810 unter der Leitung von *Johann Jakob Wehrli* (1790–1855) stand, gehörte eine Landkolonie in Maikirch, in der Armen- und Waisenkinder zusammen mit einem Erzieher ganz autark und finanziell unabhängig leben sollten, nachdem sie anfangs mit Arbeitsgerät und Vieh ausgestattet worden waren; sie bauten sich selbst Hütten, stellten Kleidung her und ernährten sich vom Ertrag ihrer Arbeit. Denn: »Nicht dadurch, daß man des Lebens Schwierigkeiten zu sehr vermindert, versichert man Glück und Erfolg der Jugend, sondern indem man sie lehrt, heiteres Sinnes und frohen Mutes die Schwierigkeiten zu besiegen, macht man sie stark und zufrieden« (*Fellenberg*, zit. b. *Lange* 1834, Nr. 11, S. 42). Obwohl dieses pädagogische Experiment (»Spatencultur« – *Lange*) schon nach einigen Jahren abgebrochen werden mußte, stieß die Idee der Landkolonie und Feldgärtnerei für arme und verwaiste Stadtkinder auf großes Interesse und wurde vielerorts aufgegriffen; auch die Rettungshausbewegung – *Wehrli* selbst gründete 1843 eine Rettungsanstalt – wurde von ihr beeinflußt (vgl. *Lange* 1834; *Scherpner* 1966, 123; 190; *Wichern* 1975 c, 390; *Alt* u. a. 1970, 117).

60 »Auf den Schlachtfeldern hatten sie die Leichen geplündert, Uhren und Pistolen gestohlen und nachts, um sich vor dem Sturmwind und dem Erfrieren zu schützen, Hütten von Toten gebaut ... Man warf sich, um den Durst zu stillen, in schlammige Pfützen, Bäche von Menschenblut trank man ...« – aus *Falks* ›Kriegsbüchlein‹, Weimar 1815, zit. n. *Reis* 1931, 30.

61 Wesentlich individualistischer erklärt *Wichern* den Untergang der Falkschen Einrichtung (1975 c, 386).

62 Aus einer Eingabe an die Berliner Polizeibehörde von 1841; zit. b. *Kuczynski* 1968, 44.

63 Zur Einschätzung und Einordnung der umstrittenen und komplexen Gestalt Wicherns vgl. den anläßlich des 25. Gründungstages des Centralausschusses für die innere Mission ... herausgegebenen Sammelband von *v. Hase* und *Meinhold*, Reform von Kirche und Gesellschaft 1848/1973 (1973).

64 Die Nähe zu den Ideen *Pestalozzis* ist gerade hier sehr deutlich. Wichern betrachtete sich als den eigentlichen »Erben« Pestalozzis und glaubte zudem zu wissen, weshalb Pestalozzi letztlich gescheitert sei: Ihm fehlte »die alleinige Waffe zur Überwindung des Feindes; er steht im Vorhof der Arbeit wie ein Prophet; was er sein Lebtag so tragisch vergeblich mit aller Liebe seines Herzens und Lebens erstrebt, sah er erst am Ende seiner Tage von anderen, die ihre Hülfe aus höhern Quellen als er geschöpft, verwirklicht«. ... Er war »eben nur Pestalozzi, der nicht dazu gelangte, die Herrlichkeit und Fülle des Evangeliums als die alleinige Kraft des Heils sich entfalten zu lassen ...« (*Wichern* VI, 81 f.; vgl. *Weniger* 1927, 264). Inhaltlich findet sich die Übereinstimmung übrigens auch im Familienbild: Wie Pestalozzi steht Wichern nicht die Wirklichkeit der zerrissenen, entleerten Proletarierfamilien seiner Zeit vor Augen – obwohl gerade Wichern sie kannte! –, sondern das idealtypische Bild der alten Landfamilie bzw. der bürgerlichen Familie des 18./19. Jahrhunderts (vgl. oben S. 37 und *Weber-Kellermann* 1975, 102 ff.).

65 Die Mädchen wurden von »Schwestern« erzogen. Zur Frage der Koedukation vgl. *Wichern* 1975 c, 416 f. u. *Wichern* V, 237 ff. u. VI, 129 ff. Dem »Familienbruder« waren weitere in Ausbildung befindliche Brüder zur Unterstützung und Vertretung zugeordnet, die im Dachgeschoß des Familienhauses wohnten.

66 Nahezu dieselben Argumente werden auch heute noch vom SOS-Kinderdorf-Verein zur Begründung ihrer »Mutter-Familien« angeführt; vgl. 1.3.3.

67 Über Wicherns Anstaltsorganisation – mit der Verbindung von intensivem »Familienleben« und gruppenübergreifenden Dorfveranstaltungen, vielseitiger Berufsförderung, Erziehungsberichten, Kommunikationswegen, Supervision, Eltern- und Öffentlichkeitsarbeit, Nachbetreuung für die Entlassenen sowie Ausbildungsstätte für Diakone – kann hier leider nicht berichtet werden (vgl. dazu *Scherpner* 1966, 140–148); ohne Zweifel war die innere pädagogische Organisation des Rauhen Hauses von einem wesentlich höheren Standard, als er in den meisten Heimen unserer Zeit zu finden ist. Entsprechend weiß Wichern von guten Erfolgen seiner Erziehung zu berichten: Nahezu 75% der Zöglinge hatten sich nach ihrer Entlassung aus dem Rauhen Haus »gut geführt« (vgl. *Scherpner* 1966, 147).

68 Im selben Jahr war das Kommunistische Manifest erschienen (*Marx/Engels* 1969); zur Entstehung beider Dokumente u. zu ihrem Vergleich s. *Brakelmann* 1973, 32 ff.

69 »Der Ruf zur Freiheit des Glaubens ist verschränkt mit dem Aufruf zur Einfügung der personalen und sozialen Existenz in einen göttlich legitimierten Sozialkosmos, der durch patriarchalische und obrigkeitliche Elemente strukturiert ist. Die Proklamation der Freiheit in Jesus Christus und der Einübung in den Gehorsam vielfältiger Untertanenschaft produziert mit innerer Konsequenz den Typ des ›frommen Untertanen‹« (*Brakelmann*, 35).

70 Wichern »spielt die alte Rolle des Samariters, die die Wunden heilt, die die Räuber geschlagen haben«. *Marx* und *Engels* dagegen »proklamieren den Kampf gegen die ›Räuber‹ selbst ...« (*Brakelmann* 1973, 40).

71 Damit soll zwar ein zentraler Aspekt der politischen Funktion des Erzie-

hungssystems *Wicherns* herausgestellt werden, nicht aber sein ganzer – auf vergleichsweise großer Freiheit, auf Liebe und Individualisierung bauender – pädagogischer Ansatz verurteilt werden; vgl. dazu *Priepke* 1973. War Wichern auf evangelischer Seite der »Vorreiter« des Familienprinzips, so war es im katholischen Lager *Don Giovanni Bosco*, der in Turin-Valdocco zusammen mit seiner Mutter Margeritha eine große, familienähnlich strukturierte Lebens- und Hausgemeinschaft schuf, die ebenfalls stark religiös motiviert und ausgerichtet war. Seine Einrichtung wurde zum Modell für über 500 ähnliche Gründungen (vgl. z. B. *Messerschmid* 1957, 1370).
Für England brachte der anglikanische Arzt *Thomas John Barnado* (1845–1905) eine Neubesinnung und -orientierung in der öffentlichen Erziehung. Tausende von heimatlosen, verlassenen Kindern rettete er vor dem (letztlich tödlichen) Schicksal, in einer Kohlenmine oder einer Fabrik arbeiten zu müssen und brachte sie in Pflegefamilien und eigenen Heimen (homes) unter, die sich um eine menschliche, persönliche, familiäre Note bemühten (vgl. *Mehringer* 1976 a, 25 ff.).

72 Erst sehr spät trafen Wichern und Werner einmal kurz persönlich zusammen; vgl. dazu *Werner* in *Wurster* 1888, 320 f.).

73 »Was auf sie (= seine Frau) warte an Sorge, Verleugnung, Enttäuschung, verhehlte er ihr nicht; er sagte ihr klar, daß sie von ihm persönlich *nichts* zu erwarten habe, daß ihre schwere Aufgabe nur die sei, ihm eine Gehilfin in seiner Arbeit zu sein . . . Sie war entschlossen, den verleugnungsreichen Schritt zu tun« (*Wurster* 1888, 107).

74 1863 wurden in seinen zahlreichen Einrichtungen in Württemberg über 1800 Menschen versorgt (vgl. *Wurster* 1888, 270).

75 Er selbst verwandte diesen erst später aufkommenden Begriff noch nicht; der Sache nach trifft er jedoch auf Werner und sein Werk voll zu (vgl. *Schrey* 1962, 181 ff.).

76 Während um 1800 noch etwa 80% der Bevölkerung auf dem Lande lebten, waren es um 1900 nur noch etwa 25% (vgl. *Dörschel* 1972, 143)!

77 Der moderne Kapitalismus hat »dem Familienverhältnis seinen rührenden sentimentalen Schleier abgerissen, die spießbürgerliche Wehmut in dem eiskalten Wasser egoistischer Berechnung ertränkt, die persönliche Würde in den Tauschwert aufgelöst« (*Marx*, zit. n. *Rühle* 1922, 36). Zur Wohn- und Lebenssituation vgl. auch *August Bebel*, Die Frau und der Sozialismus, 1879 ff.; *Otto Rühle* 1922, 147 ff.

78 In Hamburg lebten 1905 von insgesamt 2385 Kostkindern 1709, also 71%, in ländlichen oder kleinstädtischen Pflegestellen (vgl. *Liermann* 1921, 92).

79 Vgl. allgemein Angaben zur Kinderarbeit b. *Kuczynski* 1968, 121 ff., 190 ff.; zur Lage der Pflegekinder 200 f.

80 Die Möglichkeiten des Eingriffes wurden später (1900) mit der Einführung des BGB (bes. § 1666 a. F.) wieder etwas eingeschränkt.

81 Der sonst gar nicht so unkritische *Uhlhorn* wird hier, wo er nicht mehr Geschichte, sondern Gegenwart beschreibt, recht distanzlos, wenn er beschönigend schreibt: »Die Arbeit der Rettungshäuser und Erziehungsvereine ist vom Staate durch das Zwangserziehungsgesetz aufgenommen und erweitert . . .« (*Uhlhorn* 1890, 413 f.)!

82 Aus den »Richtlinien für die Kriegswitwen und -waisen seitens der Nationalstiftung für die Hinterbliebenen der im Kriege Gefallenen zu gewährenden Fürsorge«; zit. n. *Liermann* 1921, 109 f.

83 Aus einem Aufruf des Präsidenten der Königlichen Ansiedlungskommission vom April 1916; zit. n. *Liermann* 1921, 112.

84 Von den damals sicher 100 000 FE-Zöglingen in Deutschland (Preußen allein über 64 000) entstammten 90% dem Proletariat; vgl. *Hoffmann-Gewinner* 1928, 7; *Rühle* 1922, 320 ff. Wenn auch die Zahl der FE-Zöglinge heute insgesamt wesentlich niedriger liegt, ist der Anteil an Arbeiterjugendlichen nahezu gleich geblieben.

85 Zahlen aus einem Bericht des Landeshauptmannes des Provinzialverbandes Schlesien:
1921: 17,85% der männlichen Zöglinge in einem Lehrverhältnis, 82,15% in Dienst, meist in bäuerlichen Betrieben;
1922: 20,58% bzw. 79,42% (zit. n. *Brandt* 1929, 12).

86 Auf die unterschiedlichen Quellen und Ausprägungen der sozialpädagogischen Bewegung und ihre Beziehungen zur Jugendbewegung und zur Landerziehungsheimbewegung kann hier nicht eingegangen werden; vgl. dazu *G. Herrmann* 1956.

87 *Bondy* schildert in einem Bericht über eine Tagung der aus der sozialpädagogischen Bewegung hervorgegangenen »Gilde Soziale Arbeit« die Mehrheit der Tagungsteilnehmer: »Die Vertreter eines grundsätzlich langen Heimaufenthaltes schätzen den Wert der Familienerziehung . . . mit guten Gründen als sehr gering ein; erst recht den Wert der Ersatzfamilie, die doch für die meisten der Fürsorgezöglinge allein in Betracht kommt« (*Bondy* 1929, 55).

88 Gerade die Tatsache, daß diese Kleinstheime eine enge Verbindung zu anderen ergänzenden Einrichtungen des Pestalozzi-Fröbel-Hauses unterhielten, zeigt ihre große Nähe zum heutigen Organisationsmodell der Außenwohngruppen eines Stamm-Heimes (vgl. S. 104 ff.).

89 Zur Gestaltung der Hausordnung vgl. *Radlmaiers* Buch: Die Hausordnung in der Erziehungsanstalt, Donauwörth, o. J. (1923), in dem es unter anderem heißt: »Bei Zöglingen und Erziehern soll es keinen Zweifel geben, was von Fall zu Fall Rechtens ist«, es soll bei Zurechtweisung eines Zöglings nie die Antwort oder Ausrede möglich sein: »Das habe ich nicht gewußt . . . Festgelegt soll alles sein!« (*Radlmaier* 1923, 9 f.).

90 Über die öffentliche Erziehung im 3. Reich liegen erstaunlicherweise kaum Veröffentlichungen vor. Die Darstellung ihrer Entwicklung ist bisher grob und recht allgemein geblieben. Für den Bereich der Fürsorgeerziehung versucht *R. Kraus* (1974) diese Lücke zu füllen; er beschäftigt sich dabei allerdings weitgehend mit – ohne Zweifel auch wichtigen – organisatorisch-institutionell-juristischen Fragen und läßt inhaltliche Probleme weitgehend außer acht. Bezeichnend für das Ausklammern dieser Epoche ist auch die im übrigen sehr umfassende Arbeit von *F. F. Röper*, der im Zuge seiner Geschichte des verwaisten Kindes in Anstalt und Heim vom Frühchristentum bis heute über die Entwicklung während des 3. Reiches ganze vier Sätze verliert (*Röper* 1976, 241).

91 *Becker*, Die Familie, 1935, 19; zit. n. *Weber-Kellermann* 1975, 179.

92 Um die Vergleichbarkeit zu erhalten, wurden von den letzten Zahlen im Statistischen Jahrbuch die Zahlen für die »eingegliederten Ostgebiete«, die österreichischen »Reichsgaue« sowie die Reichsgaue Sudetenland und Danzig-Westpreußen abgezogen (vgl. die entspr. Stat. Jahrbücher).

93 Einschl. der FEH-Fälle in Sachsen und Hamburg (daher eine vergleichsweise etwas höhere Zahl!).

94 Altes Reichsgebiet, aber, im Gegensatz zu den anderen Zahlen (vgl. Anm. 92) einschl. des – sehr kleinen – Memellandes.

95 Die neu aufgerechneten Zahlen bei *Kraus* (1974, 181 ff.) liegen insgesamt jeweils etwas höher; bei ihnen sind aber die »neuerworbenen« Reichsgaue in die Zahlenangaben mit einbezogen. Für unsere vergleichenden Zwecke erscheinen mir daher die Angaben der Statistischen Jahrbücher geschickter zu sein, da sie fast immer eine Rückrechnung auf das alte Reichsgebiet erlauben.

96 Vgl. Vierteljahreshefte zur Statistik des Deutschen Reiches, 47. Jg., 1938, H. 1, S. 126; zit. b. *Kraus* 1974, 207.

97 Vgl. Erlaß des Reichsministers des Inneren vom 27. 12. 1938 betr. »Unterbringung von Kindern aus politisch unzuverlässigen Familien« (wieder abgedruckt in: päd. extra Sozialarbeit, H. 1, Jg. 1, 1977, S. 32).

98 In Preußen überwog weiterhin die Zahl der in Fremdfamilien untergebrachten FE-Zöglinge, doch erhöhte sich auch hier der Anteil der Unterbringungen in der eigenen Familie beträchtlich; vgl. *Kraus* 1974, 193. Übrigens wird auch heute noch Fürsorgeerziehung (FE) nicht allzu selten in der eigenen Familie durchgeführt: 1972 etwa waren insgesamt 20,9% der FE-›Zöglinge‹ in Familien untergebracht, davon 15,1% in der eigenen, 5,8% in anderen (vgl. Statist. Bundesamt, Öffentl. Sozialleistungen/Öffentl. Jugendhilfe, Fachserie K Reihe 2, 1972, S. 12).

99 Die weder im Heim noch in Familien untergebrachten FE-Zöglinge waren zum größten Teil in »Dienst- und Arbeitsstellen« eingewiesen worden; ihr Anteil liegt bei gut 20%.

100 »Die Heimerziehungs*würdigkeit* ist ein Erfordernis, das erst mit dem nationalsozialistischen Umbruch völlig in seiner Bedeutung für die Heimerziehung und ihren Erfolg erkannt wurde. Die Forderung der Heimerziehungswürdigkeit bedeutet nichts anderes, als die Erkenntnisse der Erbbiologie für die Heimerziehung nutzbringend anzuwenden« (*Webler* 1939, 8).

101 Aus einem Erlaß des Württ. Innenministeriums vom 7. 11. 1938 zit. n. *Webler* 1939, 14 ff.; Zit.: 15. – Für die »erbkranken« und als »erbkrank verdächtigen« FE-Zöglinge (nach Angaben der amtlichen Reichsstatistik waren das 1934 12,8% der männlichen und 14,3% der weiblichen Zöglinge; vgl. *Kraus* 1974, 208) wurde gemäß dem »Gesetz zur Verhütung erbkranken Nachwuchses« ein Antrag auf Unfruchtbarmachung beim Erbgesundheitsgericht gestellt; allein 1934 und 1935 – spätere Zahlen wurden nicht mehr veröffentlicht! – wurden fast 3500 dieser Anträge genehmigt. 1935 schwebten außerdem noch mehr als 2400 weitere Anträge. Der Anteil der Ablehnungen lag nur bei etwa 10% (*Kraus* 1974, 208 f.).

102 So *Papke*, Gesundheitsdienst im neuen Staat; in: NS-Volksdienst, 1. Jg. Nov. 1933, S. 37; zit. n. *Kraus* 1974, 169; ähnlich *Althaus*, vgl. *Kraus* 1974, 171 f. 1939 gab es in dieser Frage einen Umschwung; vgl. *Kraus* 1974, 177.

103 »Wenn aber die staatliche Jugendfürsorge in ihrem umfassenden und verhütenden Charakter anerkannt und der Erziehungswille der staatlichen Gesetzgebung erlebt wird, dann erscheint die Jugendfürsorge nicht mehr nur als Angelegenheit der Caritas. Sie wird vielmehr Ausdruck einer völkischen Gesamtverpflichtung. Damit bestätigt sie aber zugleich in ihrer neuen Gestalt und Sinngebung den Totalitätsanspruch, den der Staat auch im Gebiete der Jugendfürsorge erheben muß« (Schlußsätze der Dissertation von *Frauendiener* 1936, 87).

104 »Die günstigste Dauer des Aufenthaltes im gutgeleiteten Heim bei erbgesun-

den, normalen Zöglingen dürfte zwischen 6 und 12 Monaten liegen« (*Webler* 1939, 45).

105 *O. Glaue*, Leitfaden des Jugendrechts und der Jugendhilfe, 1941; zit. n. *Kraus* 1974, 164.

106 Heimjugendlichen war dagegen die Mitgliedschaft in der HJ wegen »Unwürdigkeit« in der Regel verboten! (Vgl. *Webler* 1939, 54.)

107 In Preußen erhöhte sich der Anteil der FE-Unterbringungen in Fremdfamilien; vgl. Anm. 98.

108 Vgl. z. B. *A. Mehringer*, Reform der Anstalt, in: UJ, 1. Jg. 1949, 12 ff.; *E. Müller-Zadow*, Zur Kasuistik und Pädagogik familienloser Kinder, 1953; *E. Maraun*, Heimerziehung oder Familienunterbringung, 1949 ...

109 »Die Ehe und Familie wurden ... als der natürliche Halt und Schutz empfunden und ihr Bestand als letzte menschliche Sicherheit erlebt« – so beschreibt *H. Schelsky* in seinem 1953 erschienenen Buch »Wandlungen der deutschen Familie in der Gegenwart« die allgemeine Erfahrung aus der Zeit des Zusammenbruchs (zit. n. *Minz* 1971, 5); vgl. *Weber-Kellermann* 1975, 206 u. *Rosenbaum* 1973, bes. 37 ff.

110 Beispiele hierzu aus der Fachliteratur:
Schneider, Familienerziehung, 1953; *Schneider*, Katholische Familienerziehung, 5. Aufl. 1951 (»... stellt einen wertvollen Beitrag zur immer stärker werdenden Familienerziehung in Deutschland dar.« O. *Specht* in: UJ 5. Jg. 1955, 192); *Violett*, Vom Wesen und Geheimnis der Familie, 1952 (von UJ ausdrücklich empfohlen); *A. Mehringer*, Kann eine Mutter ersetzt werden? 1951; *Trost*, Die erzieherische Bedeutung der Familie, 1952; *Gathen*, Die wachsende Bedeutung von Ehe und Familie, 1949; *Zarncke*, Muttertypen der Gegenwart, 1951/52 ...; vgl. auch *Rosenbaum* 1975, 1.

111 In Pflegefamilien waren 1950 gut 120 000 Kinder untergebracht (BRD ohne Berlin-West und Saarland); das bedeutet eine außerordentlich starke Zunahme gegenüber dem Vorkriegsstand (ca. 70 000 im vergleichbaren Gebiet). In FE waren mehr als 47 000 Kinder und Jugendliche, davon knapp die Hälfte in Heimen. Wie viele Kinder insgesamt in Heimen untergebracht waren, läßt sich den amtlichen Statistiken nicht entnehmen (vgl. Statist. Jahrbuch 1952, 357).

112 »Heimerziehung« wird hier und im folgenden als – meist undifferenzierter – Sammelbegriff für die unterschiedlichen Formen der Heimunterbringung gebraucht, als zusammenfassender Begriff also für Institutionen der Ersatzerziehung und Institution für Dissoziale.

113 Im Vorwort zu einem Lehrplan für das Fach »Theorie der Heimerziehung« von 1951 heißt es: »Der Praktizismus hat erschreckende Formen angenommen; Unterschätzung der Theorie, Überschätzung des eigenen Wissens und Vernachlässigung der Weiterbildung sind Formen desselben. Diese Situation bestätigt die Notwendigkeit der Schaffung einer Theorie der Heimerziehung und ihrer Aneignung und Anwendung durch die Heimerzieher« (zit. n. *Reimert* 1951, Vorwort).

114 *Lachenmeir* war bei *A. Mehringer* Hospitant im Münchner Waisenhaus während der Zeit der Umstellung auf das Familienprinzip.

114a Die »Familiengruppe« war also von vornherein nur »Mutter-Familie«, d. h. unvollständige Familie.

115 Er meinte dabei nicht, daß man die Familie, die eigenen Eltern ganz ersetzen könne, sondern nur, daß es darum gehe, einen möglichst guten Ersatz zu

bieten (vgl. *Mehringer* 1976 a, 60). Diese Meinung hatten ja auch schon *Pestalozzi* und *Wichern* vertreten.

116 Aus: Stimmen zur »Reform der Anstalt«; in: UJ, 1. Jg. 1949, H. 3, 38 f.

117 UJ, 7. Jg. 1955, 373 ff.; Zitat: 375.

118 Genau das gleiche Schicksal hatten die Ergebnisse der Hospitalismusforschung gefunden, die immerhin seit *v. Pfaundlers* Artikel im »Handbuch für Geburtshilfe« (1915!) auch in Deutschland bekannt waren und gerade zu Beginn der 50er Jahre durch die Untersuchungen von *Spitz* und das WHO-Gutachten von *Bowlby* (deutsch erst 1972) bestätigt wurden.

119 *Minz* (1971, 4) berichtet von einer 1965 durchgeführten Erhebung, die ergab, daß »über 60« Kinderheime und Kinderdörfer in der BRD nach eigenen Angaben mit »familienanalogen Gruppen« arbeiteten. Falls diese Erhebung tatsächlich alle Heime erfaßt haben sollte – was unwahrscheinlich ist –, wären das weniger als 5 % aller in Frage kommenden Heime. Darüber hinaus sind hier aber auch aus grundsätzlichen Überlegungen Zweifel an der Exaktheit irgendwelcher Zahlen angebracht, denn: Wann ist die Bezeichnung »familienanalog« oder »Familiengruppe« eigentlich zutreffend und sachlich berechtigt? Welche räumliche Ausstattung, welche Gruppengröße und -zusammensetzung gehören dazu, wie groß darf der Personalwechsel höchstens sein (Mehringers »Gruppenmütter« blieben durchschnittlich 7 Jahre, aber das ist sicher eine seltene Ausnahme), gehören »Mutter« und »Vater« dazu oder sind auch Müttergruppen »richtige« Familiengruppen? . . .

120 Eine 1976 veröffentlichte Stellungnahme der Internationalen Gesellschaft für Heimerziehung – IGfH – zur Arbeitszeitregelung im Heim (»Findorfer Programm«) stellt dazu fest: »Die Anzahl der Erzieher pro Gruppe darf nicht beliebig vermehrt werden. Von den Kindern sind mehr als 3 Erzieher als konstante Bezugspersonen nicht ohne schwere Schäden zu verkraften, wobei von einer Gruppenstärke von 8 bis 10 Kindern ausgegangen wird . . .« (*Mehringer* 1976 c, 485 f.; ders. 1977; vgl. auch *Rumpf* 1977).

121 Die von *Wyss* zusammengetragenen Gründe (Lieblosigkeit der Erzieher, weil die Bande des Blutes fehlen, weil er überansprucht ist, weil er die Anstaltsordnung nicht überwinden kann, weil ihn äußerlich sichtbare Erfolge – Garten- und Obstbau, Vieh, Basteln – mehr locken oder weil er pädagogisches Fehlverhalten zeigt) scheinen mir zweit- oder drittrangig zu sein bzw. sich erst aus den im folgenden dargestellten Widersprüchen zu ergeben; z. T. sind sie schlicht Ideologie (*Wyss* 1969, 43 ff.).

122 Zitate aus dem 1. Wildbader Memorandum, der Stellungnahme des Beirates zur Reform der Heimerziehung in Hessen und dem sog. Hohritter-Papier; zit. n. *Bäuerle* 1974, 13.

123 Vgl. neben der von Heim herausgegebenen Festschrift auch *Späth/Schweitzer* 1977, 47.

124 *Raschke* u. a.: Ev. Kinder- und Jugendheim Stammheim – Ein Fest – und was man auch noch wissen sollte. Notizen zur Lage. Manuskriptdruck 1976. Zusätzlich zu diesen Quellen führte ich informierende Gespräche mit mehreren ehemaligen Mitarbeitern.

125 Es soll hier nicht bestritten werden, daß es auch Erzieher geben kann, die nicht in erster Linie aus Erwerbsgründen Erziehungsarbeit leisten, entweder, weil sie noch weitere Einnahmequellen haben (Besitz, Verdienst des Ehepartners . . .), oder aber, weil sie ein ganz besonderes Interesse an der Kindererziehung mitbringen (stark intrinsisch motiviert sind). »Mütterlichkeit« und

»Christlichkeit« sind hier die traditionell vorherrschenden Motive. Neuere Untersuchungen zeigen aber deutlich, daß gerade die Berufsmotive »Mütterlichkeit« und »Christlichkeit« unter jungen Erziehern stark abnehmen (*Heinsohn/R. Knieper* 1974, 219 ff.). »Der Staat kann also bei der Anstellung seiner Lohnerzieher nicht mehr mit vorab gegebenen, ihm gratis zuwachsenden Motivationen wie Mütterlichkeit und Christlichkeit rechnen. Mit ihrem Schwinden entfallen auch die Voraussetzungen eines Familienleben imitierenden Erziehungsprozesses in den staatlichen Einrichtungen selbst« (ebd., 224).

126 Daß diese These tendenziell stimmt, kann man nicht nur mit den Untersuchungen von *Tausch* und *Tausch* belegen, die als häufiges Erzieherverhalten »Geringschätzung, Verständnislosigkeit, Kälte und Feindseligkeit« nennen (vgl. *Heinsohn/B. M. C. Knieper* 1976, 21), sondern dafür ist auch die Heim- und Kindergartensituation tausendfacher anschaulicher Beweis.

127 Heime und Behörden reagierten hier in einigen Fällen erstaunlich flexibel, so daß sie binnen weniger Jahre fast alle ursprünglich mit politischen Absichten durchgesetzten Alternativen zu therapeutischen Bausteinen innerhalb des Systems öffentlicher Erziehung »umfunktionieren« konnten. Mit diesen Veränderungen wird natürlich nicht etwa der Charakter der öffentlichen Erziehung verändert. Die Reformen dienen vielmehr dazu, kritische Strömungen bei Mitarbeitern aufzufangen und rebellische »Zöglinge« zu beschwichtigen. Objektive Verbesserungen für die Kinder und Jugendlichen – die man nicht bestreiten soll – dienen damit zugleich der Verschleierung der repressiven und anpassenden Funktion der öffentlichen Erziehung.

128 Die Zahlen von 1962 sind ohne West-Berlin und das Saarland.

129 Vgl. z. B.: *Wenzel* 1970; *Wilfert* 1971; *Martikke* 1971; *Ahlheim* u. a. 1971; *Roth* 1973; *Thiersch* 1973; 1977, 75 ff.; *Bonhoeffer* 1973; *Bäuerle/Markmann* 1974; *Dietl* u. a. 1976.

130 Über die Konzeptionen und den gegenwärtigen Stand der wichtigsten deutschen Kinderdörfer berichtet *Röper* 1976, 244 ff.; einige pädagogische Zielvorstellungen entwickelt *Kerkhoff* 1977, 65 ff.

131 Vertreter der Kinderdorfbewegung zitieren gern *Konfuzius:* »Besser ist es, ein kleines Licht anzuzünden, als über die Finsternis zu schimpfen« (zu diesem undialektischen Optimismus vgl. *Krebs* 1970, 61; zur Frage der internationalen Verständigung vgl. *Ledermann* 1965).

132 SOS = societas socialis; deutsche Zentrale in München.

133 Bei Fragestellung nach einer fortschrittlichen pädagogischen Konzeption wären wohl die Veröffentlichungen der Pestalozzi-Kinderdörfer und die der Kinderdörfer Anton-Afritsch und Pöttsching in Österreich (Erziehung zur Solidarität) interessanter; vgl. zu den letzteren *Birzele* 1965 und *Gehmacher* (1967 und 1970).

134 Diesen Eindruck hinterließ jedenfalls ein Gespräch, das ich dankenswerterweise am 16. 12. 1974 in München mit Vertretern des Sozialpädagogischen Instituts des SOS-Kinderdorfvereins führen durfte; vgl. auch *Then* 1976, 212: »Auch wenn die ersten positiven Erfahrungen bereits vorliegen, herrscht gerade bei der Gründergeneration noch eine gewisse Skepsis vor.«

135 »Die SOS-Kinderdorf-Bewegung ist völlig unpolitisch, steht aber auf dem Boden einer demokratischen und christlich-weltanschaulichen Ausrichtung« (es wird von den »Müttern« religiöse Festigkeit erwartet), *Lairaiter* 1966, 84; »politische Erziehung ist offensichtlich ein ziemlich dunkles Kapitel, sie erschöpft sich bei den älteren »Müttern« besonders im Anschalten der Tages-

schau ...« (Gedächtnisprotokoll vom Gespräch in München am 16. 12. 1974).

136 »In den SOS-Kinderdörfern wird das Familienprinzip wieder aktiviert und erfolgreich dem Kollektiv entgegengestellt« (aus einem Schreiben des SOS-Zentralsekretariats Wien vom 21. 11. 1963 an die Mitglieder des Bundestages).

137 In der Werbung wurde besonders auch die Leistung H. Gmeiners herausgestellt, der in manchen Flugblättern mit Henri Dunant und J. H. Pestalozzi verglichen wird.

138 Zur Zeit der Untersuchung von *Vollert* (1970, 13 f.) lag bei 84 % der SOS-Kinder das Sorgerecht nicht mehr bei den leiblichen Eltern; 85 % der Kinder hatten keinen Kontakt mehr zum Elternhaus – beides sind ungleich höhere Prozentsätze als in anderen Heimen!

139 Siehe hierzu ein ausführliches Interview mit *Hermann Gmeiner*, das unter dem Titel »Mütterlichkeit als Heilungsfaktor – Der gelenkte Pflegeplatz« in Zeit-Zeichen, Zeitschrift für Sozialarbeit, JS 2 (1964), Heft 8 veröffentlicht wurde.

140 Auszüge aus dem 30seitigen internen Papier »Ergebnisse einer Untersuchung in den deutschen SOS-Kinderdörfern und Jugendwohngemeinschaften über Entlassung von Kindern und Jugendlichen«, München 1972 (also noch vor der Einrichtung der einjährigen theoretischen Ausbildung und der Einstellung von psychologisch/pädagogischen Kräften): In den Jahren 1965 bis 1971 »wuchsen« 53 Jugendliche und Kinder aus den Einrichtungen des SOS-Kinderdorf-Vereins heraus; die Ablösung gelang – nach Meinung der Leiter der jeweiligen Einrichtung – bei 23 % mit sehr gutem Erfolg, bei 53 % mit gutem und bei 24 % mit weniger gutem Erfolg, vgl. Ergebnisse ... S. 4; 17 % von diesen wurden straffällig oder in sonstiger Weise auffällig (S. 11). Im gleichen Zeitraum wurden ebenso viele Kinder (53) herausgegeben; 86 % wegen so massiver Verhaltensstörungen, daß sie »für die Kinderdorf-Familien bzw. die Wohngemeinschaften untragbar waren und/oder für die die vorhandenen erzieherischen Mittel und Förderungsmöglichkeiten in den SOS-Einrichtungen nicht ausreichten«; 77 % der Herausgegebenen waren 14 Jahre und älter (Ø 15,5 Jahre), sie waren im Schnitt relativ spät (im Vergleich zu anderen Heimkindern allerdings früh!) ins Kinderdorf aufgenommen worden (Ø 8,5 Jahre) und waren durchschnittlich 7 Jahre im Kinderdorf gewesen (vgl. S. 13 ff.; 19). »Die ›Mütterlichkeit‹ allein bzw. die vier Prinzipien im SOS-Kinderdorf reichen für diese Fälle nicht aus« (S. 21). Vielmehr sei eine Intensivierung der heilpädagogisch-therapeutischen Arbeit und Hilfe in den verschiedenen Einrichtungen des Vereins nötig (S. 22). Weitere 30 Kinder wurden meist auf Betreiben der Eltern aus den Kinderdörfern herausgenommen, z. T. mit negativem Erziehungsergebnis, da »durch den vorhandenen Kontaktmangel zwischen den Einrichtungen des Vereins und den Eltern der Kinder ... eher die Voraussetzung dafür gegeben ist, zum Scheitern verurteilte Familienzusammenführung zu ermöglichen, als diese zu verhindern« (S. 28). Vgl. außerdem *Zobus* 1978.

141 Vgl. die Bibliographie von *Dobberkau* (1974).

142 Z. B. berichtet *Maraun* 1950, 187, über ein Berliner Pflegenest mit 10 Kindern in einer großenWohnung, das von einer – dafür Gehalt erhaltenden – Kindergärtnerin und ihrem (berufstätigen) Mann geleitet wurde. Von einem Ehepaar, das vollberuflich acht Pflegekinder heilpädagogisch betreute, berichtet *De Vulder* 1954.

143 Vgl. z. B. Berichte von *Harbing* 1956, 520 f.; *Mehringer* 1957 a, 34 ff., sowie

das Memorandum des Home Office über die Leitung von Kinderheimen in England, in Auszügen abgedruckt in: UJ 10. Jg. 1958, 97 ff.

144 *Siegfried* 1953; Sonderhefte »Pro Juventute« Nr. 7/8, 1956 und 5, 1958.

145 Zahlenangaben aus: Statist. Bundesamt, Fachserie K, Reihe 2. Öffentliche Jugendhilfe, 1970–1971, 1972, 1973, 1974 u. 1976. Vgl. hierzu auch *Bonhoeffer* 1974, 11; *Familienbericht* 1975, 127 f.

146 Zahlenangaben aus: Statistische Jahrbücher 1952 u. 1958 sowie den bei Anm. 145 angegebenen Veröffentlichungen. Bei den Zahlen der letzten Jahre müssen die geburtenschwächeren Jahrgänge mit in Betracht gezogen werden.

147 Interessant ist noch, daß sehr viele Pflegeverhältnisse erst nach Beginn der Pflege den Jugendämtern bekannt werden. Eine Auszählung Stuttgarter JA-Akten zeigte z. B., daß bei 206 von 360 Pflegestellen – 57,3% – die Entscheidung darüber, ob das Pflegeverhältnis zustande kommen sollte oder nicht, bereits gefallen war, ehe es dem Jugendamt bekannt wurde, das dann die Verhältnisse nur noch legitimieren konnte (vgl. *Maurer* 1975, 38 f.).

148 Möglicherweise hat sich bezüglich der Schichtzugehörigkeit von Pflegeeltern in den letzten Jahren allerdings eine »Tendenzwende« angekündigt, die von den älteren Untersuchungen (vgl. *Blandow* 1976, 82) noch nicht erfaßt werden konnte. Berichte auf dem Kongreß »Kinder in Ersatzfamilien« zeigten jedenfalls, daß Pflegekinder auch für Mittelschichtsfamilien zunehmend interessant zu werden scheinen.

149 Zit. n. UJ 29. Jg. 1977, 175.

150 Vgl. *R. K. Merton*, Social Theory and Social Structure, New York 1957; zit. b. *Ortmann* 1972, 88.

151 Unter »Professionalisierung« soll hier, ohne damit hinter die umfangreiche Diskussion zum Professionalisierungsbegriff in der Sozialarbeit und insbesondere um die inhaltliche Füllung des Begriffes zurückfallen zu wollen (vgl. z. B. *Otto* 1973, bes. S. 253 ff.), schlicht als »pädagogisches Expertentum« im Sinne fachlicher Befähigung verstanden werden, wobei dieses Expertentum beruflich ausgeübt wird.

152 Das Gesagte soll nur an einem einzigen Beispiel verdeutlicht werden, das dem Munde des früheren baden-württembergischen Ministerpräsidenten *Hans Filbinger* (CDU) entstammt: »Die politischen Grundwerte, denen diese Regierung verpflichtet ist, decken sich mit den Grundwerten der Familie ... Einer Institution, die Freiheit erlebbar macht – Freiheit in Verantwortung, die den einzelnen sich frei entfalten und sozial binden läßt, die den Sinn für Ordnung, Tradition und bürgerliche Tugenden entwickelt. Weil all dies auch unsere Werte sind, sind wir die natürlichen Verbündeten der Familie ...« (FR vom 15. 12. 77).

153 Zur begrifflichen Klärung: Ich gehe von einer zweigeteilten (dichotomen) Klassengesellschaft aus, in der sich die immer größer werdende Klasse der Produktionsmittellosen in mehrere deutlich unterschiedene, wenn auch empirisch schwer zu trennende Schichten untergliedert, wobei sich die Schichtzugehörigkeit aus einer wie auch immer gewichteten Addition der Einzelmerkmale Einkommen, Beruf, Bildung, Prestige und evtl. weiteren Einzeldaten »ergibt«. Zum Problem der Abgrenzung und Vergleichbarkeit der Begriffe vgl. z. B. *Mollenhauer* u. a. 1975, 149 ff.

154 Daten zur ökonomischen Ungleichheit und zur Schichtmobilität siehe z. B. *Gottschalch* u. a. 1971, 71 ff.; *Göbels* 1972, 87 ff.; *Milhoffer* 1973, 154 ff.; *Jaeggi* 1973, 64 ff.

155 Belege und nähere Einzelheiten vgl. z. B. bei folgenden Autoren: BMBW 1976, 13 ff.; 30 ff.; *Braun* 1975, 114 ff.; Familienbericht 1975, 19, 34, 55 f., 67 f., 96; *Göbels* 1972; *Gottschalch* u. a. 1971, 94 ff.; 102 ff.; 113 f.; 160 f.; *Hagemann-White/Wolff* 1975, 292 ff., 300 ff.; *Jaeggi* 1973, 237; *Lehr* 1973, 68 f.; *Milhoffer* 1973, 155, 159 ff.; 177 ff., 201 ff.; *Mollenhauer* u. a. 1975, 31 ff.; *Neidhardt* 1969, 58 ff.; *ders.* 1973, 232; ders. 1975 b, 175; *Ortmann* 1972, 155 ff.; *Rosenbaum* 1973, 127 ff.; *Schenda* 1972, 38 ff.; *Wurzbacher/Cyprian* 1973, 237; *Klee* 1977.

156 Da, wo die »zunehmende wirtschaftliche Unabhängigkeit der Frau (ihre) sexuellen Hemmungen« beseitigte (*Reich* 1971, 150), zeigte sich, daß diese »Befreiung« eine durchaus zweischneidige Angelegenheit ist: Die größere Öffnung der Sexualität gegenüber gesellschaftlicher Einflußnahme führte sehr schnell dazu, daß auch der Bereich der Sexualität den kapitalistischen Leistungs- und Verwertungsnormen unterstellt wurde (vgl. *Wendt* 1977, 21).

157 Zum Phänomen, daß diese Charakterzüge, die in der libidinösen Struktur relativ stabil verankert sind, sich langsamer verändern als die wirtschaftlichen und gesellschaftlichen Veränderungen, vgl. *Fromm* 1970 b, 58 f.

158 Die Arbeit von *Vollert* – die einzige veröffentlichte größere Untersuchung über die Erziehungssituation in (SOS-)Kinderdörfern ist schon recht alt (das Material stammt z. T. aus dem Jahre 1965). Bei der Übernahme dieser Daten ist Vorsicht geboten; möglicherweise sind einige Aussagen inzwischen überholt.

159 In diesem Zusammenhang wäre auch zu fragen, ob die von *Vollert* (1970, 185) beobachteten »geschlechtsspezifischen Akzente« in den Ferienlagern noch zutreffen und welche Auswirkungen die »fast militärisch straffe Ordnung« und die zahlreichen sportlichen Wettkämpfe usw. im Jungenlager für die Entwicklung des Geschlechtsrollenbildes haben.

160 Zitat aus einem Praktikumsbericht (von 1972) aus dem Kinderdorf eines städtischen Trägers: »Bis vor einem halben Jahr (hatte) eine sehr autoritäre Hausmutter die Leitung inne. Nicht nur, daß die Kleineren jeden Nachmittag schlafen mußten, es wurde ihnen auch der Mund zugeklebt und die Augen verbunden, wenn sie nicht still waren. Sie durften nichts tun, ohne die Hausmutter vorher gefragt zu haben. Es mußte ständig die strengste Ordnung herrschen, teilweise gab sie ihnen nicht einmal ihr zustehendes Taschengeld. Als dann die neue Hausmutter kam, wußten sie zunächst mit ihrer größeren Freiheit nichts anzufangen. Ihre vorherige Passivität schlug in Aggressivität um, z. B. schlugen sie ihre Puppen; fragte man sie nach dem Grund, so war die Antwort: ›Ich bin jetzt Tante A. (die frühere Hausmutter)‹« (*Roemer* 1972, 7).

161 Aus einem Praktikumsbericht (von 1971) über ein katholisches Kinderdorf: »Durch die, viele Jahre bleibenden, Erzieherinnen ist hier die Kontinuität der Erziehung weitgehend gewährleistet. Der große Fehler der Familienhäuser liegt in der festeingefahrenen, autoritär gehaltenen Tagesordnung, die selten Raum für spezifische Behandlung einzelner Kinder läßt. In den Familienhäusern herrscht ein unpolitisches, oftmals anregungsloses Klima. Wer hier arbeiten will, muß sich die Freiräume für seine Arbeit erst schaffen. Die Hausmütter wissen, ... wie sie z. B. Ersatzdienstleistende von der Gruppe isolieren können, wie sie neue Ansätze unterdrücken können« (*Liebenow* 1974, 31) ... »Das feste System von Verboten und festen Strafen für die gängigen ›Delikte‹ erlaubte es jedem im Haus, sich für Alternativen zu entscheiden, die Größe anstehender Konflikte genau abzuschätzen, die Folgen

abzuwägen mit dem Interesse am ›Delikt‹« (ders., 43).

162 Eigene Beispiele berichtet *Moosburger* (1975, 80): »Als ich noch Gruppenerzieher im Heim war, störte mich solches (unruhig drängelnde) Verhalten bei Tisch wesentlich weniger. Ich hatte mehr Distanz, ich war im Dienst, wie man sagt. Nun aber mußte ich damit leben, tagaus, tagein. Ich konnte nicht mehr auch einmal in Ruhe mein Essen genießen. In der Gruppe war ich jetzt öfter viel erschöpfter als wenn ich körperlich schwer gearbeitet hätte.« ... »Ich konnte das Verhalten der Jugendlichen zwar verstehen, aber das bedeutete noch nicht, daß ich damit leben konnte« (ders., 134) ... »Was Ordnung und Sauberkeit betraf, bestanden zwischen den Jugendlichen und mir unterschiedliche Vorstellungen. Ich wollte den Jugendlichen nicht vorbehaltlos meine Erwartungen aufoktroyieren, sah aber auch nicht ein, mich vorbehaltlos ihnen anzuschließen« (ebd., 153; ebenso *Menges* 1976, 43 f.; 87 ff.).

163 *Menges* (1976, 119 f.) berichtet, daß in ihrer AWG 2 weibliche und 1 männlicher Erzieher eingesetzt waren, obwohl in der Gruppe nur Jungen waren. »Auf unsere Frage an die Heimleitung, warum in dieser Gruppe nicht besser zwei männliche Erzieher eingesetzt würden – die Wahrscheinlichkeit gemeinsamer Interessen wäre vielleicht größer – wurde geantwortet, daß die Hausarbeit nur von zwei weiblichen Erziehern geleistet werden könne, weil Männer dazu nicht in der Lage seien. Während von der Heimleitung also eher eine geschlechtsspezifische Erziehung intendiert wurde, fanden sich in der Praxis recht unterschiedliche Beispiele für die Rollenaufteilung. ... Die Chancen, daß in der AWG keine geschlechtsspezifische Erziehung stattfindet, sind ... – im Vergleich zur Familie – relativ groß.«

164 Ähnlich *Hoch* (1975, 83): »Der Erzieher steht nicht unter dem Ordnungszwang des Heimes.«

165 Übrigens scheinen die oben beschriebenen, auf Mitbestimmung und viel Freiheit der Kinder abzielenden Erziehungsvorstellungen durchaus nicht überall üblich zu sein. *Menges* (1970, 110 f.) berichtet über ihre Arbeit in einer Wohngruppe, daß sie dort einer starken Kontrolle nicht nur durch die Nachbarschaft, sondern durch die Kollegen benachbarter AWGs ausgesetzt war, die sich häufig über zu liberale Erziehungsmethoden beklagten.

166 Genauere Daten gibt es m. W. auch hierzu nicht. Eine Auswertung von 320 Pflegekinderakten des Jugendamtes Stuttgart (*Maurer* 1975, 47) zeigte, daß bei einem 7stufigen Schichtmodell (nach *Scheuch* 1961 und *Moore/Kleining* 1960) ca. 18% der Pflegekinder der Mittelschicht entstammten, davon weit überwiegend der unteren Mittelschicht, und knapp 40% der Unterschicht. Das Dilemma liegt bei den restlichen 43%: Sie konnten aufgrund fehlender Angaben in den Akten nicht kategorisiert werden.

167 Die Unterschiede lassen sich nur zum kleineren Teil auf die unterschiedlichen Schichtmodelle zurückführen.

168 Die – in diesem Punkt allerdings auch lokal nicht repräsentative – Aktenerhebung von *Maurer* (1975) zeigte, daß bei Schichtunterschieden die Gefahr eines Scheiterns des Pflegeverhältnisses deutlich größer ist – ein Aspekt, der mit in die Debatte um die zunehmende Qualifizierung und Professionalisierung der Pflegefamilien mit einfließen sollte!

169 Ein Hinweis darauf könnte die Tatsache sein, daß Pflegemütter in aller Regel nicht berufstätig sind (vgl. *Bonhoeffer* 1976, 161; dazu aber *Widemann* 1976, 168).

170 Die folgenden Skizzen beruhen auf eigenen Besuchen und Interviews bzw. auf

Praktikumsberichten. Um die Anonymität zu wahren, sind die äußeren Daten teilweise verändert.

171 Vgl. hierzu die Diskussion über die Berufstätigkeit von Pflegemüttern auf dem Kongreß ›Kinder in Ersatzfamilien‹; IGfH 1976, 161.

172 »Voraussetzung für die Genehmigung einer Pflegestelle soll eine stabile Lebenssituation sein. – Auch andere Lebensgemeinschaften als die Ehe oder alleinstehende Frauen bzw. Männer können diesen Anspruch erfüllen« (Votum der AG L, IGfH 1976, 141; vgl. auch Votum von Frau *Reichel*, ebd., S. 34).

173 Über derartige, sich gegenseitig beratende Pflegeelterngruppen ist in der Literatur schon vereinzelt berichtet worden.

174 *Hochmair* u. a. berichten über einen solchen Verbund von 3 Kinderhäusern bzw. 4 Kinderhaus-Elternpaaren, ohne allerdings auf Einzelheiten einzugehen: »In einem Kinderhaus bilden 4 Ehepaare, die in 4 Wohnungen leben, eine enge Gemeinschaft. Die Kinder wachsen in erster Linie bei 3 Ehepaaren jeweils zusammen mit den leiblichen Kindern auf, während der Mann des 4. Ehepaares vorwiegend die Organisation des Kinderhauses übernimmt. Alle Erwachsenen sind über alle Kinder informiert, also auch über die, die nicht direkt in der betreffenden Familie leben« (1976, 13 f.). In diesem Verbund befinden sich 22 Pflegekinder.

175 Bei den rheinischen Kinderhäusern haben sich bereits 2 Arbeitskreise von Kinderhauseltern gebildet, in denen gemeinsame Probleme besprochen werden (*Hochmair* u. a. 1976, 86 ff.; zu den Vorbehalten, die viele Eltern solchen Kreisen gegenüber haben, vgl. ebd. 91).

176 Probleme werden besonders auch dann auftreten, wenn Lehrlinge in den Gruppen wohnen, die morgens früh regelmäßig zur Arbeit gehen müssen. Hier kann dann das Vorbild des Erziehers fehlen.

177 Der Begriff »Wohnkollektiv« ist hier – abweichend von der oben zitierten Definition von Kollektiv – in Anlehnung an den Aufsatz von *Cyprian* und *Wurzbacher* (1975) gewählt worden, da auf diesen in der Begründung wiederholt Bezug genommen wird. Cyprian und Wurzbacher benutzen den Begriff des Wohnkollektivs angesichts der »verwirrenden Begriffsvielfalt als Oberbegriff« und verstehen darunter »das Zusammenleben von mehr als zwei erwachsenen Personen in einem gemeinsamen Haushalt«, wobei »die Mitglieder nicht verwandt sein müssen und zwischen ihnen kein Angestelltenverhältnis ... vorliegen darf« (1975, 318). Wenn dazu mindestens ein bis zwei Kinder vorhanden sind, die Gruppe also aus mindestens zwei Generationen besteht, von denen die eine Generation noch nicht voll sozialisiert ist, handelt es sich – nach *Koschorke* – bei diesen Wohnkollektiven um einen Spezialfall der Großfamilie (1972, 557).

178 Versuche, in denen eine große Zahl von Erwachsenen täglich in der Erziehungsverantwortung abwechselten, haben sich nicht bewährt; als günstiger haben sich Regelungen erwiesen, die dem Kind eine vorausschaubare Ordnung lieferten und ihm für längere Zeit, mindestens einige Monate lang, feste Bezugspersonen bereitstellten (vgl. *Cyprian*/*Wurzbacher* 1975, 338).

179 Vgl. dazu sehr anschaulich die Fallgeschichte Udo in: Berliner Autorengruppe, Kinderläden, Revolution der Erziehung oder Erziehung zur Revolution, S. 77 ff.

Literaturverzeichnis

1. *Ackermann, N. W., Franklin, P. F.*, Familiendynamik und die Umkehrbarkeit von Wahnbildung; in: *I. Boszormenyi-Nagy* u. *I. L. Framo* (Hg.), Familientherapie, Theorie und Praxis, Reinbek 1975, Bd. 2, S. 9 ff.
2. *AFET (Allgemeiner Fürsorge-Erziehungs-Tag)*, Stellungnahme des AFET zur Tätigkeit des SOS-Kinderdorf-Vereins in der BRD vom 9. 7. 1974; in: UJ, 16. Jg. 1964, S. 457 ff.
3. *AGJ (Arbeitsgemeinschaft für Jugendhilfe)*, Heftthema: Verbesserung des Pflegekinderwesens. 5. Internationales Expertengespräch zur Jugendhilfe in Bonn; in: Forum Jugendhilfe, 2/1977.
4. *Ahlheim, R.* u. a. (Autorenkollektiv), Gefesselte Jugend. Fürsorgeerziehung im Kapitalismus; Frankfurt/M. 1971.
5. *Alt, R.* u. a. (Autorenkollektiv), Zur Geschichte der Arbeitserziehung in Deutschland, Teil 1: Von den Anfängen bis 1900; Reihe Monumenta Paedagogica Bd. x, Berlin (DDR) 1970.
6. *Arbeitsgruppe ›Geschlossene Heime‹* der Tagung der IGfH (10–13. 5. 1977), »Freiheitsberaubung . . .«; Stellungnahme zu der Diskussion um abgeschlossene Unterbringung von Kindern und Jugendlichen; in: päd. extra Sozialarbeit, 1. Jg. 1977, H. 7/18 (= AG IGfH 1977).
7. *Assel, H.-G.*, Die Perversion der politischen Pädagogik im Nationalsozialismus; Reihe Schriften der Pädagogischen Hochschulen Bayerns, München 1969.
8. *Bäuerle, W.*, Reform der Heimerziehung; in UJ 1972 S. 251 ff.; (wieder abgedruckt in *Bäuerle/Markmann* (Hg.), Reform der Heimerziehung; Weinheim 1974, S. 1 ff.).
9. *Bäuerle, W.*, Familienpflege im System der Jugendhilfe der Bundesrepublik; in: *Bonhoeffer/Widemann* 1974, S. 35 ff. (= 1974 a).
10. *Bäuerle, W., Markmann, J.* (Hg.), Reform der Heimerziehung; Weinheim 1974.
11. *Bäuerle, W.*, Vorwort zu: *Hochmair* u. a. 1976, Kinderhäuser, S. 1 ff.
12. *Ballauf, Th., Schaller, K.*, Pädagogik. Eine Geschichte der Bildung und Erziehung. Bd. 3: 19./20. Jahrhundert; Freiburg/München 1973.
13. *Barasch, R., Hütte, M., Nolte, E.*, Trebebericht. Zusammenfassende Stellungnahme zur Trebeproblematik in Berlin; hg. v. Senator für Familie, Jugend u. Sport, Berlin o. J. (1974).
14. *Bateson, G., Jackson, D. D., Haley, J., Weakland, J. H.*, Auf dem Wege zu einer Schizophrenie-Theorie (1956); in: *Bateson* u. a. (Hg.), Schizophrenie und Familie, Frankfurt/M. 1969, S. 11 ff.

15. *Behm, K., Kirchner, K.*, Unsere Arbeit im neuen Staat; in: Zeitschrift für Gesundheitsverwaltung und Gesundheitsfürsorge, 4. Jg. 1933, S. 394 ff.
16. *Behnke, E.*, Die heutige Lage der Anstaltserziehung; in: Die Erziehung, 5. Jg. 1930, S. 541 ff.
17. *Bernfeld, S.*, Kinderheim Baumgarten; in: ders., Antiautoritäre Erziehung und Psychoanalyse. Ausgewählte Schriften; hg. von *L. v. Werder* u. *R. Wolff*, Bd. 1, Darmstadt 1969, S. 84 ff.
18. Berliner Autorengruppe, Kinderläden: Revolution der Erziehung oder Erziehung zur Revolution; Reinbek 1971.
19. *Bettelheim B.*, Liebe allein genügt nicht. Die Erziehung emotional gestörter Kinder; 2. Aufl., Stuttgart 1971 (= 1971 a).
20. *Bettelheim, B.*, Die Kinder der Zukunft. Gemeinschaftserziehung als Weg einer neuen Pädagogik; Wien-München-Zürich 1971 (= 1971 b).
21. *Beyreuther, E.*, Art. Erweckungsbewegung im 19. Jahrhundert; in: Die Religion in Geschichte und Gegenwart, 3. Aufl., Bd. 2, Tübingen 1958, Sp. 621 ff.
22. *Biesenkamp, R., Kalb, P. E.*, Unabhängig von Vereinsvorständen, kein fachfremder Einfluß. Das private »Unternehmen« »Jugendheim Marbach GmbH«; in: b:e, 9. Jg. 1976, H. 11/42 ff.
23. *Birzele, K.*, Aktive Kinder. Theorie und Praxis eines Erziehungsversuches im Kinderdorf; Wien-München 1965.
24. *Blandow, J.*, Rollendiskrepanzen in der Pflegefamilie; München 1972.
25. *Blandow, J.*, Werbung, Auswahl, Vermittlung und Beratung der Ersatzfamilien; in IGfH (1976); Frankfurt/M. 1976, S. 80 ff.
26. *Blinkert, B., Huppertz, N.*, Der Mythos der Supervision – kritische Anmerkungen zu Anspruch und Wirklichkeit; in: NP, 4. Jg. 1974, S. 117 ff.
27. *BMBW (Bundesministerium für Bildung und Wissenschaft)*, Arbeiterkinder im Bildungssystem; Bonn 1976.
28. *BMJFG (Bundesministerium für Jugend, Familie und Gesundheit)*, Zweiter Familienbericht. Stellungnahme der Bundesregierung und Bericht der Sachverständigenkommission; Bonn 1975 (= Familienbericht 1975).
29. *Bonhoeffer, M.*, Totale Heimerziehung oder begleitende Erziehungshilfe?; in: *Giesecke, H.* (Hg.), Offensive Sozialpädagogik, Göttingen 1973, S. 70 ff.
30. *Bonhoeffer, M.*, Aus Kritik am Heim: Ersatzfamilien; in: *Bonhoeffer/Widemann* (1974), S. 124 ff.

31. *Bonhoeffer, M.*, Bericht über die Plenumsdiskussion zum Abschluß des Kongresses; in: IGfH (1976), S. 158 ff.
32. *Bonhoeffer, M., Widemann, P.* (Hg.), Kinder in Ersatzfamilien Stuttgart 1974.
33. *Bondy, C.*, Probleme der Fürsorgeerziehung; in: Die Erziehung, 4. Jg. 1929, S. 53 ff.
34. *Borchers, D., Hantschel, O., Jablonski, D.*, Der Pflegekinderdienst der Stadt Dortmund; in: *Bonhoeffer/Widemann* (1974), S. 146 ff.
35. *Bornemann, M.*, Erfahrungsberichte aus der Familienpflege; in: Theorie und Praxis der sozialen Arbeit, 27. Jg. 1976, S. 226 ff.
36. *Bowlby, J.*, Mutterliebe und kindliche Entwicklung; München 1972 (Orig. engl. 1951).
37. *Brakelmann, G.*, Denkschrift und Manifest. Hoffnungen auf eine menschlichere Welt; in: *v. Hase/Meinhold* (1973), S. 32 ff.
38. *Brandenburger, H.*, Art. Eva von Tiele-Winckler; in: Die Religion in Geschichte und Gegenwart, 3. Aufl., Bd. VI, Tübingen 1962, Sp. 895 ff.
39. *Brandt, A.*, Gefesselte Jugend in der Zwangsfürsorgeerziehung; Berlin o. J. (1929).
40. *Braun, H.*, Die moderne Kleinfamilie – Strukturelle Isolierung und Möglichkeiten ihrer Überwindung; in: *G. Biermann* (Hg.), Familie zwischen gesellschaftlichen Zwängen und individuellen Bedürfnissen, Fellbach 1975.
41. *Brosch, P.*, Fürsorgeerziehung – Heimterror, Gegenwehr, Alternativen; Frankfurt/M. 1975.
42. *Brückner, P.*, Gewalt in der Sozialisation – Zur Situation in der Familie; in: Arbeitsgruppe Kinderschutz, Gewalt gegen Kinder, Reinbek 1975, S. 117 ff.
43. *Brusten, M.*, Prozesse der Kriminalisierung, in: *H. U. Otto/S. Schneider* (Hg.), Gesellschaftliche Perspektiven der Sozialarbeit, Bd. 2, Neuwied 1973, S. 85 ff.
44. *Büttel, M.*, Die Armenpflege in Frankfurt mit besonderer Berücksichtigung der Kinderpflege im 18. u. 19. Jahrhundert; Diss. Frankfurt/M. 1913.
45. *Büttner, Chr.*, Chancen kollektiver Erziehung; in: NP 4. Jg. 1974, S. 228 ff.
46. *Burbulla, I.*, Möglichkeiten, in einer Außenwohngruppe selbständiges Handeln zu fördern; unveröffentl. Jahresarbeit im Anerkennungsjahr, Fachschule f. Soz. Päd. Nagold, 1976.
47. *Caesar, B.*, Autorität in der Familie; Reinbek 1972.
48. *Carspecken, F.*, Möglichkeiten und Grenzen der Vermittlung in

Familienpflege und Heimerziehung; in: UJ, 28. Jg. 1976, S. 440 ff.
49. *Canziani, W.*, Das System der Betreuung familienloser Kinder; in: Blätter der Wohlfahrtspflege, 111. Jg. 1964, S. 6 ff.
50. *CDU (Christlich-Demokratische Union)*, Leitsätze zur Familienpolitik; veröffentl. in Bonn am 13. Mai 1976 (= CDU 1976).
51. *Claessens, D.*, Familie und Wertsystem; 2. Aufl. Berlin 1967.
52. *Colla, H. E.*, Tagungsbericht: Kinder in Ersatzfamilien. Berlin 12.–14. 11. 1975; in: NP 6. Jg. 1976, S. 171 ff. (= 1976 a).
53. *Colla, H. E.*, Die Entwicklung in den Heimen; in: b:e, 9. Jg. 1976, H. 11/34 ff. (= 1976 b).
54. *Collong, F.*, Pestalozzi als Nationalerzieher; Diss. Köln 1929.
55. *Cooper, D.*, Der Tod der Familie; 3. Aufl. Reinbek 1975.
56. *Cyprian, G., Wurzbacher, G.*, Strukturbedingungen frühkindlicher Sozialisation in Wohnkollektiven; in: *F. Neidhardt* (Hg.), Frühkindliche Sozialisation, Theorien und Analysen; Stuttgart 1975, S. 317 ff.
57. *Dietl, Fr., Heitger, M., Jochum, M.* (Hg.), Heimerziehung; Wien/München 1976.
58. *Dobberkau, B.*, Verzeichnis der Literatur zur Ersatzfamilie seit 1964; in: *Bonhoeffer/Widemann* (1974), S. 423 ff.
59. *Dörschel, A.*, Geschichte der Erziehung im Wandel von Wirtschaft und Gesellschaft; Berlin 1972.
60. *Droescher, L.*, Zur Frage der Waisenerziehung; in: Die Erziehung, 1. Jg. 1926, S. 404 ff.
61. *Dührssen, A.*, Heimkinder und Pflegekinder in ihrer Entwicklung; Göttingen 1958, 4. Aufl. 1972.
62. *Familienbericht*, vgl. BMJFG 1975 (Zf. 28).
63. *F.D.P. (Freie Demokratische Partei)*, Stichworte zur Sozial-, Gesellschafts- und Gesundheitspolitik; Reihe F.D.P. im 7. Deutschen Bundestag, Heft IV, Bonn 1976.
64. *Feld, W.*, Art. Findelfürsorge; in: *L. Elster* u. a. (Hg.) Handwörterbuch der Staatswissenschaften, 4. Aufl. Bd. 4, Jena 1927, S. 174 ff.
65. *Ficht, J.*, Kann die öffentliche Erziehung die ihr gestellten Aufgaben noch erfüllen?; in: UJ 29. Jg. 1977, S. 100 ff.
66. *Fichte, J. G.*, Reden an die deutsche Nation; hg. v. *E. Spranger*, Leipzig 1944.
67. *Fischer, H.-G., Fischer-Flecke, M., Lüdde, H.*, Psychotherapie in Gruppen; in: b:e, 9. Jg. 1976, H. 11/56 ff.
68. *Flitner, A., Bittner, Vollert, M.*, Pädagogische Probleme des Kinderdorfes. Umrisse einer praxisbegleitenden Untersuchung; in: Zeitschrift für Pädagogik, 12. Jg. 1966, S. 1 ff.
69. *Flosdorf, P.*, Heimerziehung als sozialpädagogische Methode; in:

Theorie und Praxis der sozialen Arbeit, 24. Jg. 1973, S. 365 ff.
70. *Flosdorf, P.*, Heimsozialisation im Spannungsfeld institutioneller Versorgung und Emanzipation; in: *Schmidle, P., Junge, H.* (Hg.), Sozialisationsfeld Heimerziehung, Freiburg 1975, S. 47 ff.
71. *Focke, K.*, Erklärung der Bundesregierung zum Internationalen Jahr der Frau, abgegeben von Bundesminister Frau Dr. Focke vor dem Deutschen Bundestag am 30. 1. 1975; in: BMJFG, Materialien zum Internationalen Jahr der Frau, Bonn 1975.
72. *Focke, K.*, Bilanz und Perspektiven sozialdemokratischer Familienpolitik; in: SPD, Familie, Fachkonferenz in Darmstadt 1976, Bonn 1976, S. 35 ff.
73. *Francke, A. H.*, Von der Erziehung der Jugend zur Gottseligkeit und Klugheit; in: *ders.*, Schriften über Erziehung und Unterricht, hg. v. *K. Richter*, Berlin 1871, S. 43 ff. (= 1871 a).
74. *Francke, A. H.*, Instruction des Praeceptors bey denen Waysen-Mägdlein; in: *ders.*, Pädagogische Schriften, hg. v. *K. Richter*, Berlin 1871, S. 438 ff. (= 1871 b).
75. *Francke, A. H.*, Der große Aufsatz; hg. v. O. *Podczeck*, Berlin (DDR) 1962.
76. *Francke, A. H.*, Die Fußstapfen des noch lebenden und waltenden liebreichen und getreuen Gottes (1701); in: *ders.*, Werke in Auswahl, hg. v. E. Peschke, Berlin 1969, S. 30 ff.
77. *Frauendiener, F.*, Der Gestaltswandel der staatlichen Jugendfürsorge; Diss. Tübingen 1936 (Reihe Neue deutsche Forschungen 118).
78. *Fritz, A.*, Zur Fürsorgeerziehung in der Inneren Mission; in: Die Erziehung, 5. Jg. 1930, S. 351 ff.
79. *Fromm, E.*, Autorität und Familie; sozialpsychologischer Teil; in: *Horkheimer, M./Fromm, E.* (Hg.), Studien über Autorität und Familie, Teil 1, Paris 1936 (Nachdruck Graz 1971).
80. *Fromm, E.*, Über Methode und Aufgabe einer analytischen Sozialpsychologie (1932); in: *ders.*, Analytische Sozialpsychologie und Gesellschaftstheorie, Frankfurt/M. 1970, S. 9 ff. (= 1970 a).
81. *Fromm, E.*, Die psychoanalytische Charakterologie und ihre Bedeutung für die Sozialpsychologie (1932); in: *ders.*, Analytische Sozialpsychologie ..., S. 41 ff. (= 1970 b).
82. *Frommann, A.*, Heimerziehung – Menschlichkeit als Methode; in: Blätter der Wohlfahrtspflege, 116. Jg. 1969, S. 165 ff.
83. *Frommann, A.*, Das vernünftige Paradies; in: UJ 23. Jg. 1971, S. 545 ff.
84. *Frommann, A.*, Privatleben von Kindern – eine öffentliche Aufgabe?; in: *Bonhoeffer/Widemann* (1974), S. 141 ff.

85. *Fuhrmann, E.*, Kinderhäuser im Rheinland; in: UJ 28. Jg. 1976, S. 344 ff.
86. *Gathen, D.*, Die wachsende Bedrohung von Ehe und Familie; in: Kinderheim Nr. 1/1949, S. 16 ff.
87. *Gehmacher, E.*, Die Kinderdorf-Erziehung – Kitt der modernen Gesellschaft; in: Sozialistische Erziehung, H. 4/1967, S. 105 ff.
88. *Gehmacher, E.*, Eine Kommune als Erziehungsheim; in: Sozialistische Erziehung, H. 7/8/1970, S. 180 ff.
89. *Gillmann, J.*, Die Entwicklung der Waisen- und Armenkindererziehung in Baden; Freiburg 1927.
90. *Gmeiner, H.*, Das Kinderdorf in der Bewährung; in: Blätter der Wohlfahrtspflege, 104. Jg. 1957, S. 364 ff.
91. *Gmeiner, H.*, Mütterlichkeit als Heilungsfaktor – Der gelenkte Pflegeplatz, Interview mit H. Gmeiner; in: Zeit-Zeichen, 2. Jg. 1964, H. 8., S. 3 ff.
92. *Göbels, W.*, Die sozio-ökonomische Lage von Familien: Ihr Einfluß auf die Sozialisation des Kindes; in: *G. Hundertmarck/H. Ulshoefer* (Hg.), Kleinkindererziehung, Bd. 1, München 1972, S. 84 ff.
93. *Gottschalch, W.*, *Neumann-Schönwetter, M.*, *Soukup, G.*, Sozialisationsforschung; Frankfurt/M. 1971.
94. *Goode, W. J.*, Soziologie der Familie; 4. Aufl. München 1971.
95. *Großmann-Aden, W.*, Sozialisationsbedingungen in der Pflegefamilie; in IGfH (1976), S. 106 ff.
96. *Günther, K. H.*, Geschichte der Erziehung; 1. Aufl. Berlin (DDR) 1957.
97. *Günther, K. H.*, Geschichte der Erziehung; 11. Aufl. Berlin (DDR) 1973.
98. *Haensch, D.*, Repressive Familienpolitik; Reinbek 1969.
99. *Haensch, D.* u. a., Überlegungen zu Problemen von Familien in der BRD und Hinweise auf einige daraus abzuleitende gesellschaftspolitische Maßnahmen; in: Probleme der Familie und der Familienpolitik in der BRD, Bd. 7, Schriftenreihe des BMJFG, Stuttgart 1973.
100. *Hagemann-White, C.*, *Wolff, R.*, Lebensumstände und Erziehung. Grundfragen der Sozialisationsforschung; Frankfurt/M. 1975.
101. *v. Hase, H. C.*, *Meinhold, P.* (Hg.), Reform von Kirche und Gesellschaft 1848/1973. Johann Hinrich Wicherns Forderungen im Revolutionsjahr 1848 als Fragen an die Gegenwart; Stuttgart 1973.
102. *Harbing, I.*, Viele Pflegenester in England; in: UJ, 8. Jg. 1956, S. 520 ff.
103. *Heck, B.*, Der besondere Schutz der Familie durch die staatliche Ordnung; in: Blätter der Wohlfahrtspflege, 111. Jg. 1964, S. 114 ff.

104. *Hegel, E.*, Vom Rettungshaus zum Kinderdorf. Ein Beitrag zur Geschichte des Familienprinzips in der fürsorgenden Erziehung; München 1968.

105. *Heinsohn, G., Knieper, B. M. C.*, Das Desinteresse lohnabhängiger Pädagogen als zentrales Problem der Erziehung; in: *Kl.-J. Bruder* u. a. (Hg.), Kritik der Pädagogischen Psychologie. Falsche Theorien einer falschen Praxis; Reinbek 1976, S. 20 ff.

106. *Heinsohn, G., Knieper, R.*, Theorie des Familienrechts; Frankfurt/M. 1974.

107. *Heitkämper, P.*, Unfriedensstruktur Familie? – Ansätze zu einer Hypothese; in: Theorie und Praxis der sozialen Arbeit, 5. Jg. 1976, S. 178 ff.

108. *Herrmann, G.*, Die sozialpädagogische Bewegung der zwanziger Jahre; Weinheim 1956.

109. *Herrmann, W.*, Probleme der Fürsorgeerziehung; in: Die Erziehung, 2. Jg. 1927, S. 171 ff.

110. *Herrmann, W.*, Probleme der Fürsorgeerziehung; in: Die Erziehung, 4. Jg. 1929, S. 430 ff.

111. *Hess, M.*, Die Geschichte des Frankfurter Armen-, Waisen- und Arbeitshauses von 1679–1810; Diss. Frankfurt/M. 1921.

112. *Heß, M.*, Gegenwartssituation und Entwicklungstendenzen in der Pflegekinderfürsorge; in: Heilpädagogische Werkblätter, 24. Jg. 1955, S. 60 ff. u. 127 ff.

113. *Hoch, U.*, Von der traditionellen Heimerziehung zur Erziehung in Ersatzfamilien; unveröffentl. Diplomarbeit, Tübingen 1975.

114. *Hochheimer, W.*, Die permanente Reproduktion der autoritären Persönlichkeit. Zur Problematik der Erziehungsmechanismen und sozialen Kontrollen in der organisierten Gesellschaft; in: Arbeitsgruppe Kinderschutz, Gewalt gegen Kinder, Reinbek 1975, S. 155 ff. (Wiederabdruck aus: G. Hartfiel (Hg.), Die autoritäre Gesellschaft, Köln 1969, S. 54 ff.).

115. *Hochmair, G., Möllhof, B., Möllhof, M., Völker, P.*, Kinderhäuser. Situation, Entwicklung und pädagogische Leistungsfähigkeit; Frankfurt/M. (IGfH), 1976.

116. *Hoffmann, G.*, Ersatzfamilien. Bericht über eine Veranstaltung der IGfH; in: Sozialpädagogik, 17. Jg. 1976, S. 93 ff.

117. *Hoffmann-Gewinner, M.*, Die Fürsorgeerziehung; in: Bürgerliche oder proletarische Jugendfürsorge?; Zeitschriften-Reihe des Reichsverbandes für dissidentische Fürsorge e. V., Nr. 1, o. J. (1928), S. 5 ff.

118. *Hofmann, W.*, Wissenschaft und Ideologie; in: *ders.*, Universität, Ideologie, Gesellschaft; 5. Aufl. Frankfurt/M. 1971.

119. *Hollweg, A.*, Emanzipation – soziale Hilfe – Heil. Zusammenhang von gesellschaftspolitischem und sozialpädagogischem Denken bei Wichern; in: v. Hase/Meinhold (1973), S. 141 ff.
120. *Horkheimer, M.*, Autorität und Familie; in: *Horkheimer, M., Fromm, E.*, Studien über Autorität und Familie, Teil 1, Paris 1936 (Nachdruck Graz 1971).
121. *Horkheimer, M.*, Autorität und Familie in der Gegenwart. Erkenntnis und Verantwortung; in: Festschrift für Theodor Litt, Düsseldorf 1960.
122. *IGfH (Internationale Gesellschaft für Heimerziehung):* Zeitschriften-Bibliographien zum Thema Heimerziehung 1965–1970: erschienen zum FICE-Kongreß in Königstein, Frankfurt/M. 1971; 1971–1973: in: Materialien zur Heimerziehung, Nr. 4/1974.
123. *IGfH* (Hg.), Kongreß Kinder in Ersatzfamilien. Thesen – Diskussionen – Ergebnisse; Frankfurt/M. (IGfH), 1976.
124. *Jacobs, J.*, Der Waisenhausstreit; Diss. Quakenbrück 1931.
125. *Jaeggi, U.*, Kapital und Arbeit in der Bundesrepublik; Frankfurt/M. 1973.
126. *Jakubowski, F.*, Der ideologische Überbau in der materialistischen Geschichtsauffassung; Diss. Danzig 1936, nachgedruckt Frankfurt/M. 1968.
127. *Janssen, K.*, Die Familie bei Schleiermacher und bei Wichern; in: Dienst unter dem Wort. Festgabe für Helmut Schreiner, 1953.
128. *Janssen, K.*, Emanzipation und Sozialisation. Wichern als Pädagoge; in: *v. Hase/Meinhold* (1973), S. 245 ff.
129. *Janzen, W.*, Heim und Elternhaus; in: Evangelische Jugendhilfe, 73. Jg. 1953, S. 168 ff.
130. *Joithe, R.*, Erfahrungen mit dem Familienprinzip in der Heimerziehung; in: UJ 3. Jg. 1951, S. 36 f.
131. *Juckel, M.*, Die SOS-Kinderdörfer; in: UJ, 14. Jg. 1962, S. 535 ff.
132. . . ., Jugendwohnkollektive: Schwierigkeiten, den Alltag zu verändern; in: Sozialmagazin, 2. Jg. 1977, H. 7/12 ff.
133. *Kälvesten, A.-L.*, Familienpflege – als Behandlung oder anstatt Behandlung?; in: *Bonhoeffer/Widemann* (1974), S. 180 ff.
134. *Kellotat, H.*, Entwickelte Heimkollektive – Bedingungen für die allseitige Persönlichkeitsformung; in: Jugendhilfe, H. 1/1974, S. 7 ff. (= 1974 a).
135. *Kellotat, H.*, Zum zweckmäßigen Aufbau des Kinderkollektivs im Heim; in: Jugendhilfe, H. 4/1974, S. 109 ff. (= 1974 b).
136. *Kentler, H.*, Die Wohngruppe als gesellschaftliche Institution; in: *J. Feil* (Hg.), Wohngruppe, Kommune, Großfamilie; Reinbek 1972, S. 7 ff.

137. *Kerkhoff, E.*, Die pädagogische Aufgabe von Kinderdörfern; in: Sozialpädagogische Blätter, Jg. 1977, S. 65 ff.

138. *Kietz, G.*, Seit 24 Jahren Kinderheime mit Familiengruppen; in: UJ, 7. Jg. 1954, S. 500 ff.

139. *Klafki, W.* u. a., Funk-Kolleg Erziehungswissenschaft. Eine Einführung in drei Bänden; Frankfurt/M. 1970.

140. *Klee, E.*, Gefahrenzone Betrieb. Verschließ und Erkrankung am Arbeitsplatz; Frankfurt/M. 1977.

141. *Klumker, Chr. J.*, Armenpflege und Kinderfürsorge im letzten Jahrhundert in Deutschland; in: Zeitschrift für das Armenwesen, 14. Jg. 1913, S. 2 ff.

142. *Koch, H.-B.*, Entpolitisierung durch Beratung? Aspekte zur Begründung eines Verdachtes am Beispiel der Supervision; in: NP, 5. Jg. 1975, S. 198 ff.

143. *Koetter, R.*, Wir leben in Familiengruppen; in: UJ, 2. Jg. 1950, S. 197 f.

144. *Kolb, R.*, SOS – Wer rettet wen? Kinderdorf oder Kinderheim; in: Blätter der Wohlfahrtspflege, 108. Jg. 1961, S. 347 ff.

145. *Kohl, H.*, Freiheitliche Lebenschancen für die Familien. Rede vor dem Familienbund der Deutschen Katholiken, LV Bayern, am 16. 5. 1976 in Bamberg; Bonn o. J. (1976).

146. *Koschorke, M.*, Familiale Formen des Zusammenlebens; in: Kölner Zeitschrift f. Soz. u. Soz.-psychologie, Jg. 1972, S. 557 ff.

147. *Kraus, R.*, Die Fürsorgeerziehung im dritten Reich (1933–1945); in: Archiv für Wissenschaft und Praxis der sozialen Arbeit, 5. Jg. 1974, S. 161 ff.

148. *Krebs, B.*, Zur Problematik der Ersetzung der Familienerziehung durch Heimerziehung in den Kinderheimen der Jugendhilfe der DDR; Diss. Berlin (DDR) 1970.

149. *Krey, I.*, Die Mutter-Auswahl ist streng; in: Frankfurter Rundschau vom 25. 5. 1977.

150. *Krimm, H.*, Quellen zur Geschichte der Diakonie, Bd. 2, Reformation und Neuzeit; Stuttgart 1963.

151. *Kubale, B.*, Neues von der Jugendheim Marbach GmbH; in: UJ, 28. Jg. 1976, S. 222 f. (= 1976 a).

152. *Kubale, B.*, Geschichte der Jugendheim Marbach GmbH; in: b:e, 9. Jg. 1976, H. 11/41 (= 1976 b).

153. *Kubis, H.*, Heimerziehung in der Gesellschaft; in: Sozialpädagogik, 12. Jg. 1970, S. 146 ff.

154. *Kuczynski, J.*, Geschichte der Kinderarbeit in Deutschland, Bd. 1: Geschichte; Berlin (DDR) 1968.

155. *Küchenhoff, W., Brauer, J.*, Zur Situation der Heimerziehung; in: UJ, 15. Jg. 1963, S. 442 ff.
156. *Lachenmeir, S.*, Das Familiengruppensystem in der Anstalt; Diss. München 1952.
157. *Lachnit, M.*, Die Familiengruppe ist ein besseres Werkzeug; in: UJ, 5. Jg. 1953, S. 285.
158. *Laing, R. D.*, Mystifikation, Konfusion und Konflikt; in: *I. Boszormenyi-Nagy* u. *J. L. Framo* (Hg.), Familientherapie, Theorie und Praxis, Bd. 2, Reinbek 1975, S. 110 ff.
159. *Laireiter, M.* (Hg.), Die Fremdversorgung der Jugend; Salzburg 1966.
160. *Landesamt für Datenverarbeitung und Statistik Nordrhein-Westfalen*, Statistische Berichte – Die öffentliche Jugendhilfe in Nordrhein-Westfalen 1973/74 (ersch. 1977); 1975 (ersch. 1977); 1976 (ersch. 1978).
161. *Lange, Chr. Fr.*, Über Beschäftigungsanstalten auf dem Lande für städtische Armenkinder, unter dem allgemeinen Gesichtspuncte ..., Die Feldgärtnerei ...; Dresden u. Leipzig 1834.
162. *Lange, U.*, Der SOS-Kinderdorf-Verein und der AFET; in: UJ, 17. Jg. 1965, S. 175 ff. (= 1965 a).
163. *Lange, U.*, Stellungnahme zum Thema SOS-Kinderdorf; in: Zeit-Zeichen, 3. Jg. 1965, H. 2, S. 26 ff. (= 1965 b)
164. *Lange, U.*, Das Gespräch mit SOS; in: UJ, 18. Jg. 1966, S. 413 f.
165. *Leber, A.*, Unterbringung von Kindern und Jugendlichen außerhalb der Familie. Empfehlungen des Deutschen Vereins für öffentliche und private Fürsorge; Frankfurt/M. 1972.
166. *Ledermann, A.*, »Nationale Kinderdörfer sind eine Übergangslösung« – ein Gespräch mit A. Ledermann, Zentralsekretär der Schweizerischen Stiftung Pro Juventute; in: Zeit-Zeichen, 3. Jg. 1965, H. 2, S. 7 ff.
167. *Lehr, U.*, Die Bedeutung der Familie im Sozialisationsprozeß. Gutachten für das BMJFG; Schriftenreihe des BMJFG, Heft 6, Stuttgart 1973.
168. *Lempp, E.*, Geschichte des Stuttgarter Waisenhauses 1710–1910; Stuttgart 1910.
169. *Leski, R.*, Wesenseigene Lebensformen der Heimerziehung; in: Blätter der Wohlfahrtspflege, 115. Jg. 1968, S. 158 ff.
170. *Leski, R.*, Heimerziehung – außerhalb des Heimes. Begründung und Darstellung eines Versuches; in: *Bonhoeffer/Widemann* (1974), S. 262 ff.
171. *Lessing, H., Liebel, M.*, Art. Georg-von-Rauch-Haus; in: päd. extra-

Lexikon (Nr. 11 vom 1. 6. 1975 und Nr. 13/14 vom 15. 7. 1975).

172. *Letschert, H.*, Über die Arbeit der Stichting Therapeutische Gesinzverpleging in Groningen, Niederlande; in: *Bonhoeffer/Widemann* (1974), S. 172 ff.

173. *Liebel, M., Swoboda, H., Bott, H., Knöpp, E.* (Hg.), Jugendwohnkollektive – Alternative zur Fürsorgeerziehung?; München 1972.

174. *Liebenow, H.*, Bericht über den Ersatzdienst in einem Kinderdorf; unveröffentl. Praktikumsbericht, Tübingen 1974.

175. *Liegle, L.*, Familie und Kollektiv im Kibbutz; Weinheim 1971.

176. *Liegle, L.*, Art. Kollektiverziehung; in: *Chr. Wulf* (Hg.), Wörterbuch der Erziehung, München 1974, S. 328 ff.

177. *Liermann, E.*, Das Problem der Waisenversorgung in Deutschland in seiner geschichtlichen und sozialpolitischen Entwicklung von der Mitte des 18. Jahrhunderts bis zur Gegenwart; Diss. Frankfurt/M. 1921.

178. *Lidz, Th.*, Der gefährdete Mensch. Ursprung und Behandlung der Schizophrenie; Frankfurt/M. 1976.

179. *Lingelbach, K. Chr.*, Erziehung und Erziehungstheorien im nationalsozialistischen Deutschland; Diss. Marburg 1969; Reihe Marburger Forschungen zur Pädagogik, Bd. 3, Weinheim 1969.

180. *Ludwig, Ph.*, Grundlagen und Ziele staatlicher Familienpolitik; in: Der öffentliche Gesundheitsdienst, H. 5/1954, S. 168 ff.

181. *Luuka, Ülo*, Konzeption und Auswahl der Erziehungsstellen (des LWV Hessen); in: *Bonhoeffer/Widemann* (1974), S. 226 ff.

182. *Schwester Magdalena*, Die Familiengruppe im Heim; in: UJ, 7. Jg. 1954, S. 530 ff.

183. *Mandel, E.*, Marxistische Wirtschaftstheorie, Bd. 1; 2. Aufl. Frankfurt/M. 1972.

184. *Mannschatz, E.*, Entwurf zu einer Methodik der Kollektiverziehung; Berlin (DDR) 1968.

185. *Maraun, E.*, Heimerziehung oder Familienunterbringung?; in: UJ, 1. Jg. 1949, H. 10/14 ff.

186. *Maraun, E.*, Pflegekindfamilie; in: UJ, 2. Jg. 1950, S. 187.

187. *Marschner, H.*, Heilpädagogische Pflegestellen – Alternative zur Heimunterbringung in schwierigen Fällen; in: *Bonhoeffer/Widemann* (1974), S. 195 ff.

188. *Martikke, H.-J.*, Jugend in der Fürsorgeerziehung; Berlin 1971.

189. *Marx, K.*, Das Kapital. Kritik der politischen Ökonomie. Bd. 1; Berlin (DDR) 1972.

190. *Marx, K., Engels, Fr.*, Manifest der Kommunistischen Partei; Stuttgart 1969.

191. *Maurer, M.-A.*, Gründe für die Stabilität und Instabilität von Pflegeverhältnissen aus dem Bereich des Jugendamtes Stuttgart; unveröffentl. Diplomarbeit, Tübingen 1975.
192. *Mehringer, A.*, Reform der Anstalt; in: UJ, 1. Jg. 1949, S. 12 ff.
193. *Mehringer, A.*, Kann eine Mutter ersetzt werden?; in: UJ, 3. Jg. 1951, S. 102 ff.
194. *Mehringer, A.*, Pädagogische Gespräche in Berliner Heimen; in: UJ, 8. Jg. 1956, S. 231 ff.
195. *Mehringer, A.*, »It's worth while doing that«; in: UJ, 9. Jg. 1957, S. 34 ff. (= 1957 a).
196. *Mehringer, A.*, Das Berufsbild des Heimerziehers; Basel 1957 (= 1957 b).
197. *Mehringer, A.*, Heimerziehung – zwischen ›Anstalt‹, verwässertem ›Familienprinzip‹ und pädagogischem 8-Stunden-Tag; in: UJ, 11. Jg. 1959, S. 571 ff.
198. *Mehringer, A.*, Das Pflegekinderwesen aus der Sicht der Heimerziehung; in: UJ, 16. Jg. 1964, S. 194 ff.
199. *Mehringer, A.*, Das Kinderheim; in: K. Brehm (Hg.), Pädagogische Psychologie der Bildungsinstitutionen, Bd. 1; München/Basel 1968, S. 128 ff.
200. *Mehringer, A.*, Die Misere der Heimerziehung; in: UJ, 22. Jg. 1970, S. 193 ff.
201. *Mehringer, A.*, Die Stechuhr – im Heim; in: UJ, 27. Jg. 1973, S. 313 (= 1975 a).
202. *Mehringer, A.*, Eine kleine Heilpädagogik; in: UJ, 27. Jg. 1975, S. 146 ff. (= 1975 b).
203. *Mehringer, A.*, Heimkinder. Gesammelte Aufsätze zur Geschichte und zur Gegenwart der Heimerziehung; München 1976 (= 1976 a).
204. *Mehringer, A.*, Kinder in Ersatzfamilien. Bericht vom Kongreß der IGfH in Berlin im November 1975; in UJ, 28. Jg. 1976, S. 53 ff. (= 1976 b).
205. *Mehringer, A.*, Nicht mehr als drei Erzieher in der Gruppe. Stellungnahme der IGfH zur Arbeitszeitregelung im Heim; in: UJ, 28. Jg. 1976, S. 481 ff. (= 1976 c).
206. *Mehringer, A.*, Arbeitszeitregelung und Konfliktsituation für das Kind; in: Neue Schriftenreihe des AFET, H. 27/1977.
207. *Meinhof, U.M.*, Heimkinder in der BRD – aufgehoben oder abgeschoben; in: Frankfurter Hefte, H. 9/1966, S. 619 ff.
208. *Meinhof, U.M.*, Bambule. Fürsorge – für wen?; Berlin 1972.
209. *Memorandum des Home Office* über die Leitung von Kinderheimen in England; in: UJ, 10. Jg. 1958, S. 97 ff.

210. *Menges, I.*, Zur Problematik von Ersatzfamilien. Ein Vergleich zwischen Eltern und Erziehern, dargestellt am Beispiel der Rolle von Erziehern in Außenwohngruppen; unveröffentl. Diplomarbeit, Tübingen 1976.
211. *Messerschmid, F.*, Art. Bosco, Don Giovanni; in: Die Religion in Geschichte und Gegenwart, 3. Auflage, Bd. 1 Tübingen 1957, Sp. 1370.
212. *Meuth, G., Miehle, W.*, Zielperspektiven und Lernmöglichkeiten in einer sozialpädagogischen Wohngemeinschaft; unveröffentl. Diplomarbeit, Tübingen 1976.
213. *Meyer-Dettum, K.*, Heilpädagogische Pflegestellen. Ergänzung oder Alternative zur Heimerziehung?; in: Bonhoeffer/Widemann, (1974), S. 287 ff.
214. *Meyer-Dettum, K.*, Möglichkeiten und Grenzen familiarer Sozialisation für Kinder und Jugendliche in öffentlicher Ersatzerziehung; in: IGfH (1976) S. 98 ff.
215. *Milhoffer, P.*, Familie und Klasse; Frankfurt/M. 1973.
216. *Minz, H.E.*, Familienanaloge Heimerziehung; in: Neuer Rundbrief, H. 1/1971, S. 4 ff.
217. *Mitarbeiter des Wespinstiftes, Mannheim*, Protokoll einer Arbeitsbesprechung; in: UJ, 16. Jg. 1964, S. 121 f.
218. *Mitscherlich, A.*, Auf dem Weg zur vaterlosen Gesellschaft. Ideen zur Sozialpsychologie; München 1963.
219. *Mobilisierung der Erziehungskräfte der Familie;* XV. Europäische Familienkonferenz in Bonn 1977; BMJFG Bonn 1978.
220. *Mollenhauer, K.*, Einführung in die Sozialpädagogik; Weinheim 1965.
221. *Mollenhauer, K., Brumlik, M., Wudtke, H.*, Die Familienerziehung; München 1975.
222. *Moosburger, N.*, Jugendwohngruppen für Heimkinder. Eine Hilfe zur Verselbständigung; unveröffentl. Diplomarbeit, Tübingen 1975.
223. *Müller-Zadow, E.*, Zur Kasuistik und Methodik familienloser Kinder; in: Evangelische Jugendhilfe, 73. Jg. 1953, H. 2/36 ff.
224. *Neidhardt, F.*, Stabilisierungseffekte der Familie; in: Hamburger Jahrbuch für Wirtschafts- und Gesellschaftspolitik, Bd. 14, Tübingen 1969, S. 53 ff.
225. *Neidhardt, F.*, Die Familie in Deutschland; 3. Aufl. Opladen 1971; 4. Aufl. Opladen 1975 (= 1975 a).
226. *Neidhardt, F.*, Strukturbedingungen und Probleme familialer Sozialisation; in: *D. Claessens/P. Milhoffer* (Hg.), Familiensoziologie; Frankfurt/M. 1973, S. 205 ff.

227. *Neidhardt, F.*, Systemtheoretische Analysen zur Sozialisationsfähigkeit der Familie; in: *ders.* (Hg.), Frühkindliche Sozialisation; Stuttgart 1975, S. 162 ff. (= 1975 b).
228. *Neill, A. S.*, Theorie und Praxis der antiautoritären Erziehung; Reinbek 1969.
229. *Nestmann, F., Schweitzer, H.*, Da muß Tünche drüber; in: Sozialmagazin, 2. Jg. 1977; H. 7/50 ff.
230. *Neubauer, V.*, Grundzüge einer SOS-Kinderdorfpädagogik; in: Schule und Psychologie (1958), S. 248 ff.
231. *N. N.*, Tageslauf in einer familiengegliederten Gruppe in einem Berliner Kinderheim (anonymer Bericht von 2 Heimerzieherinnen); in: Neuer Rundbrief, 2. Jg. 1971, S. 9 ff.
232. *Ortmann, H.*, Arbeiterfamilie und sozialer Aufstieg; 2. Aufl. München 1972.
233. *Otto, H.-U.*, Professionalisierung und gesellschaftliche Neuorientierung – Zur Transformation des berufl. Handelns in der Sozialarbeit; in: *Otto, H.-U./Schneider, S.:* Gesellschaftl. Perspektiven der Sozialarbeit, Bd. 2, Neuwied 1973, S. 247 ff.
234. *Oursler, F. u. W.*, Father Flanagan of Boys Town; Garden City, N.Y., 1949.
235. *Pestalozzi, J. H.*, Sämtl. Werke; hg. v. *A. Buchenau, E. Spranger u. H. Stettbacher*, Berlin/Leipzig/Zürich 1927 ff.
236. *v. Pfaundler, M.*, Physiologie der Neugeborenen; in: *A. Döderlein* (Hg.), Handbuch Geburtshilfe, Bd. 1; Wiesbaden 1915, S. 725 ff.
237. *Pizzey, E.*, Damit sie nicht werden wie ihre Väter. Kinder im Frauenhaus; in: Sozialmagazin, 2. Jg. 1977, H. 4/24 ff.
238. *Podgornik, R.*, Vom Kinderheim zum Heilpädagogischen Heim; in: UJ, 28. Jg. 1976, S. 543 ff. (= 1976 a).
239. *Podgornik, R.*, Eine Konzeption: Vom Kinderheim zum Heilpädagogischen Heim (verkürzte Fassung von Nr. 238); in: b:e, 9. Jg. 1976, S. 38 ff. (= 1976 b).
240. *Pongratz, L., Hübner, H. O.*, Lebensbewährung nach öffentlicher Erziehung; Neuwied/Berlin 1959.
241. *Priepke, M.*, Freiheit gewähren. Wicherns Beitrag zur Pädagogik heute; in: *v. Hase/Meinhold* (1973), S. 249 ff.
242. *Rabatsch, M.*, Gefesselte Jugend '77: Zurück zu den geschlossenen Heimen?; in: päd.extra Sozialarbeit, 1. Jg. 1977, H. 7/14 ff.
243. *Radlmaier, L.*, Die Hausordnung in der Erziehungsanstalt; Donauwörth o. J. (1923).
244. *Radlmaier, L.*, Eigenart und Eigenwert der Anstaltserziehung; in: Blätter der Anstaltspädagogik, 15. Jg. 1925, S. 33 ff.

245. *Radlmaier, L.*, Unsere Stellung zu den neuen Anstaltssystemen; in: Blätter der Anstaltspädagogik, 18. Jg. 1928, S. 130 ff.
246. *Randlinger, St.*, Anstaltserziehung und Familienpflege; in: Blätter der Anstaltspädagogik, 18. Jg. 1928, S. 1 ff.
247. *Raschke, G.* u. a., 150 Jahre Evangelisches Kinder- und Jugendheim Stammheim. Ein Fest – und was man auch noch wissen sollte. Notizen zur Lage; Manuskriptdruck Aidlingen 1976.
248. *Reble, A.*, Geschichte der Pädagogik; 4. Aufl. Stuttgart 1959.
249. *Redl, F.*, Kinder, die hassen; Freiburg 1970.
250. *Redl, F.*, Das therapeutische Milieu; in: *ders.*, Erziehung schwieriger Kinder; 2. Aufl. München 1974, S. 72 ff.
251. Referentenentwurf für ein neues Jugendhilfe-Gesetz, Bonn 1974; Neuentwurf Bonn 1977; »Begründung« dazu; maschinenschriftl. Vervielfältigung, o. O., o. J.
252. *Reich, W.*, Die sexuelle Revolution; Frankfurt/M. 1971.
253. *Reimert, E.*, Die Grundfragen der Heimerziehung an den Heimschulen des Landes Sachsen-Anhalt während der ersten vier Nachkriegsjahre; Diss. Halle/ S. 1951.
254. *Reis, T.*, Johannes Falk als Erzieher verwahrloster Jugend; Berlin 1931.
255. *Richter, H. E.*, Eltern, Kind und Neurose; Reinbek 1969.
256. *Richter, H. E.*, Die Gruppe; Reinbek 1972 (= 1972 a).
257. *Richter, H. E.*, Patient Familie; Reinbek 1972 (= 1972 b).
258. *Richter, H. E.*, Lernziel Solidarität; Reinbek 1974.
259. *Richter, K.*, A. H. Franckes Schriften über Erziehung und Unterricht; hg. v. *K. Richter*, Berlin 1971.
260. *Rieforth, A.*, Die heilende Fürsorgeerziehung; Diss. Köln 1935.
261. *Roemer, Chr.*, Praktikumsbericht; unveröffentl. Manuskript, Tübingen 1972.
262. *Röper, F. F.*, Das verwaiste Kind in Anstalt und Heim. Ein Beitrag zur historischen Entwicklung der Fremderziehung; Göttingen 1976.
263. *Rosenbaum, H.*, Familie als Gegenstruktur zur Gesellschaft; Stuttgart 1973.
264. *Roth, J.*, Heimkinder; Köln 1973.
265. *Rüger, W.*, Die Kinderfürsorge im Nürnberger Almosenwesen des XVII. Jahrhunderts; Nürnberg 1934.
266. *Rühle, O.*, Das proletarische Kind; 2. Aufl. München 1922
267. *Rumpf, J.*, Die Arbeitszeit des Heimerziehers; in: UJ, 29. Jg. 1977, S. 259 ff.
268. *Ruth, K.*, Die Pädagogik der süddeutschen Rettungshausbewegung. Chr. H. Zeller und der schwäbische Pietismus; Diss. Frankfurt/M. 1927.

269. *Salzmann, Chr.-G.*, Carl von Carlsberg, oder über das menschliche Elend; Bd. 1–6; 2. Aufl. Frankfurt/M. 1785–1789.
270. *Sauer, G.-M.*, Außenwohngruppen für Heimkinder; in: UJ, 26. Jg. 1974, S. 174 ff.
271. *Sauer, G.-M.*, Heimerziehung 1977 — einige (hoffentlich nicht repräsentative) Eindrücke; in: UJ, 30. Jg. 1978, S. 173 ff.
272. *Schenda, R.*, Das Elend der alten Leute; Düsseldorf 1972.
273. *Scherpner, H.*, Die Kinderfürsorge in der Hamburgischen Armenreform vom Jahre 1788; Diss. Frankfurt/Berlin 1927.
274. *Scherpner, H.*, Geschichte der Jugendfürsorge; Göttingen 1966.
275. *Scherpner, H.*, Theorie der Fürsorge; 2. Aufl., Göttingen 1974.
276. *Schink, H.-D.*, Pflegeeltern-Kongreß; in: UJ, 27. Jg. 1975, S. 78 f.
277. *Schmid, U.*, Die Überwindung der Heimerziehung im Osterhof; in: *Bonhoeffer/Widemann* (1974), S. 248 ff.
278. *Schmidle, P., Junge, H.* (Hg.), Sozialisationsfeld Heimerziehung. Beiträge zur Heimerziehung; Freiburg 1975.
279. *Schmidt, M.*, Art. Pietismus; in: Die Religion in Geschichte und Gegenwart, 3. Aufl., Bd. 5 1961, Sp. 370 ff.
280. *Schnabel, R.*, Von der Armenkinderpflege bis zur Familienpflege heute; in: *Bonhoeffer/Widemann* (1974), S. 22 ff.
281. *Schnädelbach, H.*, Was ist Ideologie?; in: Das Argument, 10. Jg. 1969, H. 50, S. 71 ff.
282. *Schneider, F.*, Katholische Familienerziehung; 5. Aufl. 1951.
283. *Schneider, F.*, Familienerziehung; in: Kinderheim, 31. Jg. 1953, S. 146 ff.
284. *Schohaus, W.*, Einleitung: Pestalozzi, sein Leben, seine Persönlichkeit, sein Wirken; in: J. H. Pestalozzi, Werke, hg. v. *W. Schohaus*, Gotha 1927, Bd. 1, S. 1 ff.
285. *Schrader-Klebert, K.*, Die kulturelle Revolution der Frau; in: Kursbuch 17 (1969), S. 1 ff.
286. *Schrey, H. H.*, Art. Religiöser Sozialismus; in: Die Religion in Geschichte und Gegenwart, 3. Aufl., Bd. VI, Tübingen 1962, Sp. 181 ff.
287. *Schumann, H., Sauer, G.-M.*, Rezension zu Bonhoeffer/Widemann (1974); in: NP 5. Jg. 1975, S. 265 ff.
288. *Seibert, U.*, Die Fremdplacierung von Kindern und das Kinderdorf – Tagungsbericht; in: UJ, 16 Jg. 1964, S. 8 ff.
289. *Siebel, W.*, Einführung in die systematische Soziologie; München 1974.
290. *Siegfried, A.*, Pflegekinderfamilien; in: Pro Juventute, H. 10/1953.
291. *Sölle, D.*, Der Heilige Geist und das psychische Elend; in: Junge

Kirche, 38. Jg. 1977, S. 122 ff. (überarbeitete Fassung eines Kapitels aus: *D. Sölle,* Die Hinreise; Stuttgart 1975).

292. *SOS-Kinderdorf-Verein:* Vorläufige Erwiderung des SOS-Kinderdorf e. V. zu der Stellungnahme des AFET, März 1965.

293. *SOS-Kinderdorf-Verein:* Ergebnisse einer Untersuchung in den deutschen SOS-Kinderdörfern und Jugendwohngemeinschaften über Entlassungen von Kindern und Jugendlichen; unveröffentl. Manuskriptdruck, München 1972.

294. *Späth, K. H., Schweitzer, H.,* Geld und Seele. Therapien im Kinderheim; in: Sozialmagazin, 2. Jg. 1977, H. 5/44 ff.

295. SPD (Sozialdemokratische Partei Deutschlands), Thesen und Grundsätze sozialdemokratischer Familienpolitik. Entwurf; in: SPD, Familie, Sozialdemokratische Fachkonferenz, Darmstadt 1976; Bonn 1976, S. 51 ff.

296. *Specht, F.,* Sozialpsychiatrische Gegenwartsprobleme der Jugendverwahrlosung; Stuttgart 1967.

297. *Speckmann, H.,* Bemerkungen zum Gmeiner-Interview. Ein kritischer Beitrag aus der Sicht der Psychologie; in: Zeit-Zeichen, 2. Jg. 1964, H. 9, S. 4 ff.

298. *Spitz, R.,* Die Entstehung der ersten Objektbeziehungen; Stuttgart 1957.

299. *Sprey, Th.,* Mehrfach benachteiligt: Pflegekinder und Pflegeeltern im 2. Familienbericht der Bundesregierung; in: UJ, 29. Jg. 1977, S. 194 ff. (= 1977 a).

300. *Sprey, Th.,* »Pflegefamilie sein – Pflegefamilie werden . . .«. Reineberger Tagungsnotizen; in: UJ, 29. Jg. 1977, S. 212 ff. (= 1977 b).

301. Statistisches Bundesamt, Statistische Jahrbücher; ab 1952.

302. Statistisches Bundesamt, Fachserie K, Öffentliche Sozialleistungen, Reihe 2: Öffentliche Jugendhilfe; Stuttgart 1970, 1971, 1972, 1973, 1974, 1976.

303. Statistisches Reichsamt, Statistisches Jahrbuch für das deutsche Reich; Berlin, 53. Jg. 1934 – 59. Jg. 1941/42.

304. *Stein, K.,* Das Waisenhaus in Kassel 1690–1866. Ein Beitrag zur Geschichte des Fürsorge-, Erziehungs- und Schulwesens in Kurhessen; Diss. Frankfurt/M. 1923.

305. ›Stern‹ (Magazin), Heft 45/1974: SOS für Kinder, S. 72 ff. u. Heft 10/1977: Ehe '77. Für den Mann noch attraktiv?, S. 50 ff., sowie Heft 10/1978: Lieber allein als zu zweit. Immer mehr Frauen und Männer leben ohne feste Bindungen, S. 72 ff.

306. *Streisand, J.,* Deutsche Geschichte in einem Band; 3. Aufl., Berlin (DDR) 1974.

307. *Swoboda, H.*, Art. Fürsorgeerziehung; in: päd.extra Lexikon, Nr. 13/14 v. 15. 7. 1975.
308. *Then, V.*, 25 Jahre SOS-Kinderdorf; in: UJ, 28. Jg. 1976, S. 208 ff.
309. *Thieme, W.*, Mutter Eva. Werke und Leben von Eva-Maria von Tiele-Winckler; Kassel 1949.
310. *Thiersch, H.*, Anspruch, Wirklichkeit und Funktion der Heimerziehung; in: Theorie und Praxis der sozialen Arbeit, 24. Jg. 1973, S. 362 ff. (= 1973 a); erweitert in: *ders.*, Kritik und Handeln, Neuwied 1977, S. 75 ff.
311. *Thiersch, H.*, Institution Heimerziehung; in: H. Giesecke (Hg.), Offensive Sozialpädagogik; Göttingen 1973, S. 56 ff. (= 1973 b).
312. *Thiersch, H.*, Verwahrlosung; in: *H. Giesecke* (Hg.), Offensive Sozialpädagogik; Göttingen 1973, S. 24 ff. (= 1973 c).
313. *Thiersch, H.*, Thesenskizze; Pflegestellen – öffentliche Erziehung in privaten Institutionen; in: *Bonhoeffer/Widemann* (1974), S. 98 ff. (= 1974 a).
314. *Thiersch, H.*, Interaktionistische Aspekte der Jugendhilfe. Fragestellungen und Forschungsaufgaben; in: Mehr Chancen für die Jugend; Schriftenreihe des BMJFG, Bd. 13, Stuttgart 1974, S. 238 ff. (= 1974 b).
315. *Thiersch, H.*, Zusammenfassung des Kongreßberichtes; in: IGfH (1976), S. 147 ff.
316. *Thiersch, H.*, Kritik und Handeln. Gesammelte Aufsätze; Neuwied 1977.
317. *Thiersch, H.*, Sozialpädagogik und Alltagshandeln; in: NP 8 Jg. 1978, S. 6 ff.
318. *Trost, F.*, Die erzieherische Bedeutung der Familie; in: Evangelische Kinderpflege, 4. (60.) Jg. 1952, S. 125 ff.
319. *Ueckert, I.*, Das Bild eines Menschen: J. H. Pestalozzi; in: Sozialpädagogik, 4. Jg. 1962, S. 166 ff.
320. *Uhlhorn, G.*, Die christliche Liebesthätigkeit. Bd. 3: Die Liebesthätigkeit seit der Reformation; Stuttgart 1890.
321. *Uhlhorn, G.*, Die christliche Liebesthätigkeit; Stuttgart 1895 (Nachdruck 1959).
322. *Verch, W.*, Auswirkungen des Geburtenrückganges auf den Heimplatzbedarf; in: Blätter der Wohlfahrtspflege, 123. Jg. 1976, S. 246 f.
323. *Villaret, A.*, Art. Findelwesen; in: Handbuch der gesamten Medizin, Bd. I., Stuttgart 1888, Sp. 607 ff.
324. *Violett, J.*, Vom Wesen und Geheimnis der Familie; Salzburg 1952.
325. *Vollert, M.*, Erziehungsprobleme im Kinderdorf; Stuttgart 1970.
326. *de Vulder, G.*, Drei Pflegekindernester; in: UJ, 6. Jg. 1954, S. 508 ff.

327. *Weber, J.*, Zur Bildung von Familiengruppen in Erziehungsanstalten; in: Blätter für Anstaltspädagogik, 18. Jg. 1928, S. 8 ff.
328. *Weber, M.*, Die protestantische Ethik und der Geist des Kapitalismus; hg. *v. J. Winckelmann*, Bd. 1, München/Hamburg 1969.
329. *Weber-Kellermann, I.*, Die deutsche Familie; 2. Aufl. Frankfurt/M. 1975.
330. *Webler, H.*, Die Heimerziehung in der Jugendhilfe; Reihe Handbuch der Jugendhilfe, Heft 10, Berlin 1939.
331. *Weniger, E.*, Die Gegensätze in der modernen Fürsorgeerziehung; in: Die Erziehung, 2. Jg. 1927, S. 261 ff.; 342 ff.
332. *Weniger, E.*, Selbstkritik in der Fürsorgeerziehung; in: Die Erziehung, 4. Jg. 1929, S. 714 ff.
333. *Wendt, H.*, Pannendienst bei Verkehrsstörungen; in: Psychologie heute, 4. Jg. 1977, Heft 8, S. 20 ff.
334. *Wenzel, H.*, Fürsorgeheime in pädagogischer Kritik; Stuttgart 1970.
335. *Wichern, J. H.*, Gesammelte Schriften, Bd. V u. VI; hg. v. *J. Wichern*, Hamburg 1908.
336. *Wichern, J. H.*, Die innere Mission der deutschen evangelischen Kirche (Auszüge); in: *Krimm* (1963), Dok. 127, S. 246 ff.
337. *Wichern, J. H.*, Der Kommunismus und die Hülfe wider ihn; in: *Krimm* (1963), Dok. 197, S. 411 ff.
338. *Wichern, J. H.*, Pädagogik für das Rauhe Haus. Eine Vorlesungsreihe (1841–1845); in: *J. H. Wichern*, Sämtliche Werke, hg. v. P. Meinhold, Bd. VII, Die Schriften zur Pädagogik, Hamburg 1975, S. 17 ff. (= 1975 a).
339. *Wichern, J. H.*, Die Aufgabe der Erziehung. Ein Entwurf (1846?); in: wie 338, S. 304 ff. (= 1975 b).
340. *Wichern, J. H.*, Rettungsanstalten als Erziehungshäuser in Deutschland (1868); in: wie 339., S. 374 ff. (= 1975 c).
341. *Widemann, P.*, Sozialisation in Familie und Gruppe; in: *Bonhoeffer/Widemann* (1974), S. 103 ff.
342. *Widemann, P.*, Schlußbemerkungen der IGfH zum Kongreßthema; in: IGfH (1976), S. 166 ff.
343. *Wild, M.*, Daten zur Situation der Frau; in: Baden-Württemberg in Wort und Zahl, 23. Jg. 1975, Heft 12, S. 375 ff.
344. *Wilfert, O.*, Das Erziehungsheim gestern, heute und morgen; Neuwied 1971.
345. *Wördehoff, B.*, Differenzierung der Heimerziehung – von der Bewahranstalt zum spezialisierten Verbundsystem; in: NP, 5. Jg. 1975, S. 229 ff.
346. *Wolff, R.*, Kindesmißhandlungen und ihre Ursachen; in: Gewalt

gegen Kinder, hg. v. Arbeitsgruppe Kinderschutz; Reinbek 1975, 13 ff.

347. *Wolff, R.*, Strukturmerkmale und Leistungsfähigkeit von Familie und Wohngemeinschaft; in: IGfH (1976). S. 102 ff.

348. *Wurster, P.*, Gustav Werner, zum 50jährigen Jubiläum gewidmet; Reutlingen 1884.

349. *Wurster, P.*, Gustav Werners Leben und Wirken; Reutlingen 1888.

350. *Wurzbacher, G. u. Cyprian, G.*, Sozialisationsmängel der Kleinfamilie unter besonderer Berücksichtigung der BRD; in: Probleme der Familie und der Familienpolitik in der BRD; Schriftenreihe des BMJFG Bd. 7, Stuttgart 1973.

351. *Wyss, P.*, Grundprobleme der Anstaltserziehung; Diss. Bern 1969.

352. *Zarncke, L.*, Muttertypen der Gegenwart; in: Psychologische Rundschau, 2./3.Jahrgang 1951/52, S. 99 ff.

353. *Zobus, U.*, Zum Prozeß des Herauswachsens aus einer Einrichtung der Heimerziehung in die Selbständigkeit; in: UJ 30. Jg. 1978, 338 ff.

Abkürzungen

b:e	=	Zeitschrift betrifft: erziehung, Weinheim
FR	=	Frankfurter Rundschau, Frankfurt
IGfH	=	Internationale Gesellschaft für Heimerziehung, Frankfurt/M.
UJ	=	Zeitschrift Unsere Jugend, München
NP	=	Zeitschrift Neue Praxis, Neuwied
AWG	=	Außenwohngruppe
BMJFG	=	Bundesministerium für Jugend, Familie und Gesundheit
BMBW	=	Bundesministerium für Bildung und Wissenschaft
FE	=	Fürsorgeerziehung
FEH	=	Freiwillige Erziehungshilfe.

Leserinformation zur Reihe Kritische Texte: Sozialarbeit, Sozialpädagogik, Soziale Probleme

Handlungskompetenz und Jugendkriminalität, *Ein interaktionistisches Konzept zur Aufdeckung gesellschaftlicher Unterprivilegierung. Von Ralf Bohnsack.*

Emanzipatorische Sozialpädagogik und Strafrecht, *»Unzucht mit Kindern« – ein Beispiel bürgerlicher Zwangsmoral. Von Ignatz Kerscher.*

Erziehung und Veränderung, *Zur Begründung einer praxisbezogenen Sozialisationstheorie. Von Walter Hollstein und Marianne Meinhold.*

Stigmatisierung – *Zur Produktion gesellschaftlicher Randgruppen, Herausgegeben von Manfred Brusten und Jürgen Hohmeier, 2 Bände.*

Supervision, *Analyse eines fragwürdigen Kapitels der Sozialarbeit. Von Norbert Huppertz.*

Sozialpädagogik, Psychoanalyse und Sozialkritik, *Perspektiven sozialer Berufe. Von Aloys Leber/Helmut Reiser (Hrsg.), 2. Auflage.*

Kinder spielen Konflikte, *Zur Problematik von Simulationsverfahren für Soziales Lernen. Von Volker Gold, Wolfgang L. Ranftl, Marianne Vogel, Mignon Wagner, Inge Weber. 2. Auflage.*

Soziale Kontrolle, *Soziologische Theoriebildung und ihr Bezug zur Praxis der sozialen Arbeit. Von Peter Malinowski und Ulrich Münch.*

Sozialplanung für wen? *Gesellschaftsstruktur, Planung und Partizipationen. Von Friedrich Ortmann (Hrsg.).*

Wie Obdachlosigkeit gemacht wird, *Die Entstehung und Entwicklung eines sozialen Problems. Von Peter Höhmann.*

Konfliktfeld Sexualität. *Im Auftrag der Gesellschaft zur Förderung Sozialwissenschaftlicher Sexualforschung (GSS). Von Ignatz Kerscher.*

Kritik und Handeln, *Interaktionistische Aspekte der Sozialpädagogik. Von Hans Thiersch.*

Jugendfreizeitzentrum für Soziales Umfeld. *Eine sozialwissenschaftliche Studie zur stadtteilorientierten Jugendarbeit. Von Raymund Krisam und Hans Georg Tegethoff.*

Arbeiterjugend – heute. *Von Elke Stark-von der Haar.*

Studienführer für Sozialarbeiter/Sozialpädagogen. *Ausbildung und Beruf im Sozialwesen. Von Henrik Kreutz und Rainer Landwehr (Hrsg.).*

Opfer des Arbeitsmarktes. *Zur Theorie der strukturierten Arbeitslosigkeit. Projektgruppe Arbeitsmarktpolitik, Claus Offe (Hrsg.).*

Elternbildung als sozialpädagogische Aufgabe, *Erfahrungen, Modelle, Vorschläge. Von Barbara Schmitt-Wenkebach.*

Freizeitpädagogik in der nachindustriellen Gesellschaft, *2 Bände von Wolfgang Nahrstedt.*